ΤΥΠΙΚΟΝ ΕΝΟΡΙΩΝ

ΤΟΜΟΣ Α΄

ΟΡΘΡΟΣ ΚΑΘΗΜΕΡΙΝΩΝ
ΕΑΝ ΤΥΧΕΙ ΑΓΙΟΣ ΜΗ ΕΟΡΤΑΖΟΜΕΝΟΣ

ΠΑΝΑΓΙΩΤΗΣ Δ. ΠΑΠΑΔΗΜΗΤΡΙΟΥ

ΤΥΠΙΚΟΝ ΕΝΟΡΙΩΝ

Τόμος Α΄

ΟΡΘΡΟΣ ΚΑΘΗΜΕΡΙΝΩΝ
ἐὰν τύχει Ἅγιος μὴ ἑορταζόμενος

- Πλῆρες Ἐγκόλπιον Ὄρθρου
- Πλήρης Τυπικὴ Διάταξις τοῦ Ὄρθρου, μετ' ἐπεξηγηματικῶν σχολίων
- Στοιχεῖα Θείας Λειτουργίας
- Συστηματοποίησις καὶ Κατανόησις τοῦ Τυπικοῦ
- Πίναξ μὲ ἀναλυτικὴν ταξινόμησιν τῶν Ἀκολουθιῶν τοῦ Μηναίου

Ἀθήνα ͵βκβ΄

Τυπικὸν Ἐνοριῶν (Τόμος Α΄) – Ὄρθρος καθημερινῶν ἐὰν τύχει Ἅγιος μὴ ἑορταζόμενος

Ἔκδοσις 3η: Ἀθήνα, Ὀκτώβριος ‚βκβ΄ (2022)

ISBN: 978-618-84650-4-6

Στοιχεῖα ἐκδόσεως, καὶ παλαιότερες ἐκδόσεις· βλέπε εἰς τὸ τέλος τοῦ βιβλίου.

Συγγραφεύς καί ©

Παναγιώτης Δ. Παπαδημηϑίϛ

Δρ. Ἠλεκτρ. Μηχανικός – Φυσικός

ἠλ. ταχ.: typikonenorion@gmail.com

ἠλ. δ.: analogion.gr/typikon/enorion

* * *

Typikon Enoriōn (Vol. 1):
Orthros kathēmerinōn ean tychei Hagios mē heortazomenos
(Daily Orthros (Matins) with non-celebrated Saint)
by Panagiōtēs D. Papadēmētriou
3rd edition: October 2022

Ἀφιεροῦται,
εἰς τὴν σύζυγόν μου Στυλιανήν,
εἰς τοὺς γονεῖς μου, Δημήτριον καὶ Εὐαγγελίαν,

εἰς τοὺς φιλακόλουθους ἐκκλησιαστικοὺς καὶ λαϊκούς,

καὶ εἰς ὅλους τοὺς ἱερεῖς καὶ ἱερομονάχους ποὺ ἁγίασαν
τελώντας ἐν τῷ ἱερῷ Ναῷ, καθημερινῶς, καὶ ἐν ταπεινώσει,
τὶς ἱερὲς Ἀκολουθίες, καὶ τὴν Θείαν Λειτουργίαν

Ἐν ἐκκλησίαις εὐλογεῖτε τὸν Θεόν (Ψαλμ. ξζ΄ 27)

Στήκετε, καὶ κρατεῖτε τὰς παραδόσεις (Β΄ Θεσ. β΄ 15)

Πάντα εὐσχημόνως καὶ κατὰ τάξιν γινέσθω (Α΄ Κορ. ιδ΄ 40)

Καὶ ἐσὺ εὐλαβέστατε Ἀναγνῶστα, ποὺ τυχὸν ὠφελεῖσαι ἀπὸ τὸ παρὸν
βιβλίον λέγε μετὰ κατανύξεως, «Κύριε Ἰησοῦ Χριστὲ ἐλέησον τὸν δοῦλόν
Σου Παναγιώτη καὶ τὴν οἰκογένειά του»

Βοηθήματα - Ἀναφορές - Συντομογραφίες

ΤΜΕ	Τυπικὸν τῆς Μεγάλης τοῦ Χριστοῦ Ἐκκλησίας, ὑπὸ Γεωργίου Βιολάκη, 1888.
ΤΚΠ	Τυπικὸν Ἐκκλησιαστικόν, ὑπὸ Κωνσταντίνου Πρωτοψάλτου, Κωνσταντινούπολις 1838.
ΤΓΡ	Τυπικὸν Οἰκονόμου Γεωργίου Ῥήγα (1908), Πατρ. Ἵδρυμα Πατερικῶν Μελετῶν, Θεσ/νίκη 1994.
ΖΤ	Ζητήματα Τυπικοῦ, Οἰκονόμου Γεωργίου Ῥήγα.
ΤΑΣ(χ)	Τυπικὸν τῆς ἐν Ἱεροσολύμοις Λαύρας τοῦ Ὁσίου Σάββα (ἔτους χ).
ΤΟΕ	Τυπικὸν Ὄρθρου Ἐνοριῶν, Παναγιώτου Δ. Παπαδημητρίου, ἐκδ. Ἄθως (Σταμούλη) 2008.
ΤΕ (τ.Β΄)	Τυπικὸν Ἐνοριῶν (Τόμος Β΄) : Ὄρθρος καθημερινῶν ἐὰν τύχει Ἅγιος ἑορταζόμενος, Παναγιώτου Δ. Παπαδημητρίου, 2022.
ΗΕΕ(χ)	Ἡμερολόγιον τῆς Ἐκκλησίας τῆς Ἑλλάδος (ἔτους χ), Ἀποστ. Διακονία.
ΔΕΕ(χ)	Δίπτυχα τῆς Ἐκκλησίας τῆς Ἑλλάδος (ἔτους χ), Ἀποστ. Διακονία.
ΗΟΠ(χ)	Ἡμερολόγιον τοῦ Οἰκουμενικοῦ Πατριαρχείου (ἔτους χ), ἐκδ. Οἰκ. Πατριαρχείου.
ΜΤ(χ)	Μικρὸν Τυπικόν (ἔτους χ), συντάσσεται ἀπὸ ἐπιτροπή, ἐκδ. Νεκτάριος Δ. Παναγόπουλος.
ΤΔΠ(χ)	Τυπικὴ Διάταξις (ἔτους χ), Ἀποστόλου Παπαχρήστου.
ΑΤ	Ἁγιορειτικὸν Τυπικὸν τῆς Ἐκκλησιαστικῆς Ἀκολουθίας, Ἱ.Κ. Εὐαγγελισμοῦ Καρυαὶ Ἅγιον Ὄρος, ἐκδ. Καστανιώτη, ἔκδ. γ΄ 2004.
ΤΣ	Τάξις τῶν ἱερῶν Ἀκολουθιῶν τοῦ Σαββάτου, Γ. Γ. Μπεκατώρου, Ἀθῆναι 1983.
ΣΤ	Σύστημα Τυπικοῦ, πρωτ. Κωνσταντίνου Παπαγιάννη, Ἀποστ. Διακονία, 2006.
ΤΚΔ	Τυπικόν (Ὑμνολογία-Λειτουργική, Ἱστορία Ἐκκλησιαστικῆς Βυζαντινῆς Μουσικῆς), π. Κωνσταντίνου Δ. Δεληχρήστου, Λάρισα, 2002.
ΠΑΡ	Παρακλητική, ἤτοι Ὀκτώηχος ἡ Μεγάλη, Βενετία 1858.
ΜΒ	Μηναῖα ὑπὸ Βαρθολομαίου Κουτλουμουσιανοῦ, Βενετία 1889.
ΤΡ	Τριῴδιον κατανυκτικόν, Βενετία 1876.
ΕΙΡ	Εἱρμολόγιον – περιέχον τοὺς εἱρμοὺς τῶν κανόνων κατ' ἦχον, ἐκδ. Βασ. Ῥηγοπούλου.
ΙΟΠ	Ἱερατικὸν Οἰκουμενικοῦ Πατριαρχείου, Κωνστ/πολη, 1895.
ΙΕΡ	Ἱερατικόν, Ἀποστολικὴ Διακονία, ἐκδ. α΄, 1962, ἀνατύπ. ζ΄, 2000.
ΩΡΒ	Ὡρολόγιον τὸ Μέγα, ὑπὸ Βαρθολομαίου Κουτλουμουσιανοῦ, Βενετία 1870.

ΩΡΛ   Ὡρολόγιον τὸ Μέγα, Ἀποστολικὴ Διακονία, ἔκδ. γ΄ 1995.

ΨΛΤ   Ψαλτήριον μετὰ τροπαρίων καὶ εὐχῶν, Ἱ.Μ. Παντοκράτορος Ἅγιον Ὄρος, 2014 (ἐκ τοῦ περγαμηνοῦ κώδικος 43 τοῦ τέλους τοῦ ια΄ αἰῶνος).

ΕΓΚ   Ἐγκόλπιον τοῦ Ἀναγνώστου, ὑπὸ ἀνωνύμου, Ἀποστ. Διακονία, ἔκδ. ΙΔ΄ 1996.

ΕΚΠ   Ἐγκόλπιον Ἀναγνώστου καὶ Ψάλτου, ὑπὸ π. Κων. Παπαγιάννη, Ἀποστολικὴ Διακονία, ἔκδ. ΣΤ΄ 2005.

ΣΥΛ   Συλλειτουργικόν, ἔκδ. Ἱ.Μ. Σίμωνος Πέτρας, Ἅγιον Ὄρος, 1997.

ΛΤΚ   Λειτουργικόν, (α΄ ἐκδ. 1778 ὑπὸ π. Χρυσάνθου Μοσχοπούλου, β΄ ἐκδ. 1891) γ΄ ἐκδ. 2013 Saint Louis, ὑπὸ π. Κωνσταντίνου Τερζοπούλου.

ΜΤΕ   Μεγάλη Τεσσαρακοστή, Ἀποστ. Διακονία, ἔκδ. Ε΄ 1999.

ΔΤΑ   Διάταξις τῆς Ἀγρυπνίας κατὰ τὸ Τυπικὸν τοῦ Ἀγ. Σάββα, Ἀρχιμ. Δοσιθέου, ἔκδ. γ΄ Ἱερᾶς Μονῆς Παναγίας Τατάρνης, 2005.

ΤΑΡ   Τάξις Ἀρχιερατικοῦ Ἑσπερινοῦ, Ὄρθρου καὶ Θείας Λειτουργίας, Ἱερὰ Ἀρχιεπ. Ἀθηνῶν, Ἀθῆναι 2000.

ΤΠΧ   Τάξις Πατριαρχικῶν Χορῶν (Ἐγκύκλιος), 1987.

ΤΔΠΝ   Τυπικὴ Διάταξις τῶν ἐν τῷ Πατριαρχικῷ Ναῷ (περί τό 1930)..., εἰς Ἐπιστημονικὴ Παρουσία Ἑστίας Θεολόγων Χάλκης, τ. Β΄, 1991.

ΕΣΕ   Εἱρμολόγιον Μητρ. πρ. Λεοντοπόλεως Σωφρονίου Εὐστρατιάδου, β΄ ἔκδ., Π. Κυριακίδη, Ἀθήνα 2006.

PG   Ἑλληνικὴ Πατρολογία (Patrologiae Graecae Cursus Completus).

ΣΥΜ(χ)   Περιοδικόν «ΣΥΜΒΟΛΗ» (ἐπιθεώρησις τυπικοῦ), τεῦχος χ.

Ἑλληνικὴ ἀρίθμησις

Α, α = 1	Ι, ι = 10	Ρ, ρ = 100	͵Α, ͵α = 1000
Β, β = 2	Κ, κ = 20	Σ, σ = 200	͵Β, ͵β = 2000
Γ, γ = 3	Λ, λ = 30	Τ, τ = 300	͵Γ, ͵γ = 3000
Δ, δ = 4	Μ, μ = 40	Υ, υ = 400	͵Δ, ͵δ = 4000
Ε, ε = 5	Ν, ν = 50	Φ, φ = 500	͵Ε, ͵ε = 5000
Ϛ, ϛ = 6	Ξ, ξ = 60	Χ, χ = 600	͵Ϛ, ͵ϛ = 6000
Ζ, ζ = 7	Ο, ο = 70	Ψ, ψ = 700	͵Ζ, ͵ζ = 7000
Η, η = 8	Π, π = 80	Ω, ω = 800	͵Η, ͵η = 8000
Θ, θ = 9	Ϟ, ϟ = 90	Ϡ, ϡ = 900	͵Θ, ͵θ = 9000

Τό ϛ λέγεται στίγμα.
Τό ϟ λέγεται κόππα.
Τό ϡ λέγεται σαμπί.

Π.χ. κβ΄ = 22, ν΄ = 50, ͵αϡϟϛ΄ = 1996, ͵βκβ΄ = 2022.

Ἱερὸν Εὐαγγέλιον

«οὗ γάρ εἰσι δύο ἢ τρεῖς συνηγμένοι εἰς τὸ Ἐμὸν ὄνομα, ἐκεῖ εἰμι ἐν μέσῳ αὐτῶν», Ματθ. ιη΄ 20

Προφήτης Δαυίδ

«εὐφράνθην ἐπὶ τοῖς εἰρηκόσι μοι· εἰς οἶκον Κυρίου πορευσόμεθα».

Ψαλμ. ρκα΄ 1

«μίαν ᾐτησάμην παρὰ Κυρίου, ταύτην ἐκζητήσω· τοῦ κατοικεῖν με ἐν οἴκῳ Κυρίου πάσας τὰς ἡμέρας τῆς ζωῆς μου».

Ψαλμ. κς΄ 4

«ἐν ἐκκλησίαις εὐλογεῖτε τὸν Θεόν».

Ψαλμ. ξζ΄ 27

«εὐλογήσω τὸν Κύριον τὸν συνετίσαντά με».

Ψαλμ. ιε΄ 15

«καθ’ ἑκάστην ἡμέραν εὐλογήσω Σε καὶ αἰνέσω τὸ ὄνομά Σου εἰς τὸν αἰῶνα καὶ εἰς τὸν αἰῶνα τοῦ αἰῶνος».

Ψαλμ. ρμδ΄ 2

Ο ΑΡΧΙΕΠΙΣΚΟΠΟΣ ΑΘΗΝΩΝ ΚΑΙ ΠΑΣΗΣ ΕΛΛΑΔΟΣ

ΙΕΡΩΝΥΜΟΣ Β΄

Ἀρ.Πρωτ./Ν/ΕΞ. 3716 /2019   Ἐν Ἀθήναις τῇ 9η Μαΐου 2019

Ἀξιότιμον
κ. Παναγιώτην Παπαδημητρίου

Κύριε Παπαδημητρίου, Χριστός Ἀνέστη!

Ἔλαβα τά πονήματά σας μέ τίτλο «Τυπικό Ἐνοριῶν» καί «ὁ Γέρων Εὐδόκιμος Μοναστερλῆς» πού εἴχατε τήν εὐγένεια νά μοῦ ἀποστείλετε καί σᾶς εὐχαριστῶ.

Συγχαίροντας γιά τό ἀποτέλεσμα τῆς προσπαθείας σας, σᾶς εὔχομαι νά εἶστε πάντοτε τόσο παραγωγικός καί νά σᾶς ἐνδυναμώνει ὁ Κύριος ὥστε νά προσφέρετε καί ἄλλα ἀξιόλογα πνευματικά ἔργα. Νά ἔχετε τήν εὐχή τοῦ μακαριστοῦ γέροντά σας.

Μετ᾽ Ἀναστασίμων Εὐχῶν
Ὁ Ἀρχιεπίσκοπος

† Ἀθηνῶν Ἱερώνυμος β΄

«...ἐκφράζω ὑμῖν τὰς θερμάς μου εὐχαριστίας διὰ τὴν ἐνημέρωσιν καὶ τὰς συγχαρητηρίους μου προσρήσεις...»

Μητροπολίτης Πειραιῶς Σεραφείμ (19/12/2017)

«...εὐχαριστοῦμεν ἐκ μέσης καρδίας, συγχαίροντες διὰ τὴν προσπάθειαν. Εἴθε ὁ Κύριος ἡμῶν Ἰησοῦς Χριστὸς νὰ φωτίζῃ καὶ ἐνισχύῃ ὑμᾶς, ὥστε νὰ συνεχίζητε τὰς δημιουργικὰς προσπαθείας ὑμῶν εἰς τὸν χῶρον τῶν τυπικῶν διατάξεων ἐν τῇ θείᾳ Λατρείᾳ.»

Μητροπολίτης Κορίνθου Διονύσιος (23/1/2018)

«Σᾶς εὐχαριστῶ διὰ τὴν ἀποστολὴν τοῦ βιβλίου σας «Τυπικὸν Ἐνοριῶν» καὶ σᾶς συγχαίρω διὰ τὴν πρωτοβουλία σας ὑπὲρ τῶν Ἐφημερίων μας. Διὰ τοὺς φιλακολούθους Ἱερεῖς εἶναι ἄριστον βοήθημα...»

Μητροπολίτης Φθιώτιδος +Νικόλαος (24/1/2018)

«Θερμὰ σᾶς εὐχαριστῶ γιὰ τὰ εὐγενῶς σταλέντα δύο πονήματα τῆς ἀγάπης καὶ ἀφοσιώσεώς σας πρὸς τὴν Ἁγία μας Ἐκκλησία «Τυπικὸν Ἐνοριῶν» καὶ «Τυπικὸν Ὄρθρου Ἐνοριῶν».

Τὰ δύο αὐτὰ ἐξαίσια καὶ εὔχρηστα συγγράμματά σας, συναποτελοῦν μία πολύτιμη συμβολὴ στὴν κατανόηση καὶ ἐφαρμογὴ τοῦ κατὰ τὴν τάξη τῆς Ἐκκλησίας Τυπικοῦ κατὰ τὶς ἱερὲς ἀκολουθίες, τὸ ὁποῖο τυγχάνει κυριολεκτικὰ ἡ «σπονδυλικὴ στήλη» τῆς ἐκκλησιαστικῆς εὐταξίας, ἑνὸς σημαντικοῦ παράγοντα γιὰ τὴν συμμετοχὴ κλήρου καὶ λαοῦ στὴν ὀρθόδοξη λειτουργικὴ καὶ τὴν ἐν γένει λατρευτικὴ ζωή.

Σᾶς συγχαίρω θερμὰ διότι, παράλληλα μὲ τὴν κατὰ πάντα ἐπιτυχῆ ἐνασχόλησή σας στὸν τομέα τῶν θετικῶν ἐπιστημῶν δὲν παραλείπετε νὰ ἀσχολεῖσθε παραγωγικὰ μὲ θέματα ποὺ ἀφοροῦν τὴν Ἐκκλησία μας ὡς ἐνεργὸ κύτταρο καὶ ἀκούραστος ἐργάτης τοῦ Κυριακοῦ Ἀμπελῶνα.

Εὔχομαι κάθε εὐλογία καὶ ἀνταπόδωση παρὰ Θεοῦ στὰ θεοφιλῆ ἔργα τῶν χειρῶν σας μὲ ὑγεία, δύναμη καὶ πλούσιες τὶς ἀγαθοδωρίες τῆς Χρηστότητός Του»

Μητροπ. Ἰλίου, Ἀχαρνῶν καὶ Πετρουπόλεως Ἀθηναγόρας
(Μ. Τεσ/κοστή 2019)

«... Δεχθεῖτε τὰ συγχαρητήριά μου γιὰ τὴν πληρότητα τῆς καταγραφῆς τῶν περιπτώσεων, τὴν ἀρτιότητα τῆς μελέτης καὶ συγγραφῆς, κυρίως γιὰ τὸν ἔνθεο ζῆλο σας γιὰ τὴν ὀρθὴ τέλεση τῶν ἱερῶν ἀκολουθιῶν τῆς Ἐκκλησίας μας μέσα στὸ πλαίσιο τῶν ἐνοριῶν.

Εὔχομαι ὁ Θεὸς νὰ σᾶς ἀξιώνῃ πάντοτε νὰ βοηθᾶτε τὸν κλῆρο, τοὺς ἱεροψάλτες καὶ τὸν φιλακόλουθο λαὸ σὲ θέματα ὑμνολογικοῦ τυπικοῦ καὶ νὰ σᾶς δώσῃ φώτιση νὰ προχωρήσετε καὶ στὴ συγγραφὴ πονημάτων γιὰ παρόμοια θέματα τοῦ ἑσπερινοῦ καὶ τῶν λοιπῶν ἀκολουθιῶν τοῦ νυχθημέρου.»

Σεβ. Μητροπολίτης Βεροίας, Ναούσης καὶ Καμπανίας
Παντελεήμων
(5/9/2019)

«... Συγχαίροντες ἐγκαρδίως γιὰ τὸ ἐκδοτικὸ σας ἐπίτευγμα, εὐχόμεθα νὰ συνεχίσετε μὲ τὸν ἴδιο ἱερὸ ζῆλο νὰ ἐπιμελεῖσθε ἀναλόγου περιεχομένου ἐγχειρίδια, τὰ ὁποῖα συμβάλλουν στὴ συστηματοποίηση καὶ κατανόηση τοῦ Τυπικοῦ, γιὰ τὴν ἀρτιότερη τέλεση τῶν Ἱερῶν Ἀκολουθιῶν στὶς κατὰ τόπους Ἐνορίες.»

Διευθυντής Πατριαρχικῆς Ἐκκλ. Σχολῆς Κρήτης
Θωμᾶς Παναγιώτου (6/6/2019)

«... Ἡ ἐπιμελημένη ἔκδοσή τους, ἡ ἐπιστημονικὴ τεκμηρίωση τῶν πηγῶν λειτουργικῆς ποὺ υἱοθετεῖτε, οἱ θεματικὲς ἑνότητες οἱ ὁποῖες ἀναπτύσσονται μὲ τόση ἀρτιότητα καὶ ἐνάργεια, ἀποκαλύπτουν πρόδηλα ὅτι τὰ ἐν λόγῳ συγγράμματα κάλλιστα μποροῦν νὰ ἀξιοποιηθοῦν ὡς διδακτικὰ ἐγχειρίδια, ἀλλὰ καὶ ὡς ἐργαλεῖα ἐμπέδωσης τῆς ὀρθῆς καὶ παραδοσιακῆς τέλεσης τῶν ἱερῶν ἀκολουθιῶν τῆς πλούσιας λειτουργικῆς παράδοσης τῆς καθ᾽ ἡμᾶς Ἀνατολῆς.»

Διευθύντρια Ἐκκλ. Γυμνασίου-ΓΕΕΛ Νεάπολης Θεσ/νίκης
Αἰκατερίνη Γαλώνη (4/6/2019)

«... Πρόκειται γιὰ ἐκδόσεις ἄρτιες καὶ ἰδιαίτερα ἐπιμελημένες, ἄξιες, ἀσφαλῶς, πολλῶν ἐπαίνων, οἱ ὁποῖες θὰ ἐπιτρέψουν σὲ ἐκπαιδευτικοὺς καὶ μαθητές μας νὰ ἐμβαθύνουν πληρέστερα στὸ τυπικὸ τῆς Ἐκκλησίας μας.»

Διευθυντὴς Ἐκκλ. Γυμνασίου-ΓΕΕΛ Λαμίας
Ἰωάννης Ζαχαράκης (8/2/2021)

ΠΕΡΙΕΧΟΜΕΝΑ

Ἡ Ἱερὰ Σύνοδος τῆς Ἐκκλησίας τῆς Ἑλλάδος κάνει «οἰκονομία τις εἰς τὸ ὅλον θέμα τῆς Ἐγκρίσεως νέων Ἱερῶν Ἀκολουθιῶν, δύναται νὰ ὑπάρχῃ εἰς τὰς περιπτώσεις τοπικῶν ἢ νεοφανῶν Ἁγίων **καὶ ἀσφαλῶς μόνον διὰ τοπικὴν χρῆσιν**, ἵνα μὴ τελικῶς καταλιμπάνηται ἡ Παρακλητική, τὸ σπουδαιότατον καὶ θεολογικώτατον τοῦτο λειτουργικὸν βιβλίον, λόγῳ τῆς καθημερινῆς χρήσεως Ἀσματικῶν Ἀκολουθιῶν τῶν Ἁγίων τῆς ἡμέρας» (Ἐγκύκλιος Ἱ. Συνόδου 2864/Ἀρ. Πρωτ. 1217/ 11-4-2008).

Ἅγιος Πορφύριος ὁ Καυσοκαλυβίτης

Ἐπαναλαμβάνοντας τὸ Ψαλτήρι καὶ τοὺς Κανόνας, ἔμαθα γράμματα καὶ ὄχι γράμματα αὐτὰ τὰ [σχολικά]... Τὶς συμβουλὲς ποὺ λέω, ἀπὸ κεῖ τὶς ἔχω μάθει. Ἀπὸ τοὺς κανόνας τῶν Ἁγίων, τῶν Ὁσίων, ποὺ ἔχει φτειάξει ὁ Θεοφάνης, ὁ ἄλλος μοναχός, καὶ οἱ διάφοροι ἅγιοι. Δηλαδὴ αὐτοὶ ἐγκωμίαζαν τὸν ἅγιο, ποὺ ἤξεραν τὰ βιώματα τὰ δικά τους πάνω στὸ θέμα καὶ λένε τρόπους, πάρα πολλοὺς τρόπους. Νὰ διαβάζετε τοὺς ἁγίους τοῦ χρόνου, ὅλου τοῦ χρόνου, μὲ ἐνδιαφέρον.

[Ἅγ. Πορφύριος Καυσοκαλυβίτης, Θὰ σᾶς πῶ..., σ. 158]

Ἅγιος Ἀμφιλόχιος τῆς Πάτμου (+1970)

«Μὴν τρέχετε εἰς τὰ ψαλτήρια καὶ στοὺς ὕμνους, πολὺ μὲ λυπεῖ αὐτὸ τὸ πρᾶγμα. Πιὸ σιγὰ ψάλλετε γιὰ νὰ συμμετέχη ὁ νοῦς καὶ ἡ καρδία σας σὲ ὅ,τι λέτε. Ἐγὼ θὰ ἤθελα νὰ κλαῖτε ὅταν ψάλλετε, ἀλλὰ αὐτὸ γιὰ σᾶς... Νὰ δῶ πότε θὰ μάθετε νὰ κλαῖτε. Οἱ παλαιοὶ Μοναχοὶ κρατοῦσαν πάντοτε μανδήλια στὶς ἀκολουθίες».

[Ὁ Ἅγιος Ἀμφιλόχιος τῆς Πάτμου, ἀρχιμ. Π. Νικηταρᾶ, 2019, σ.209]

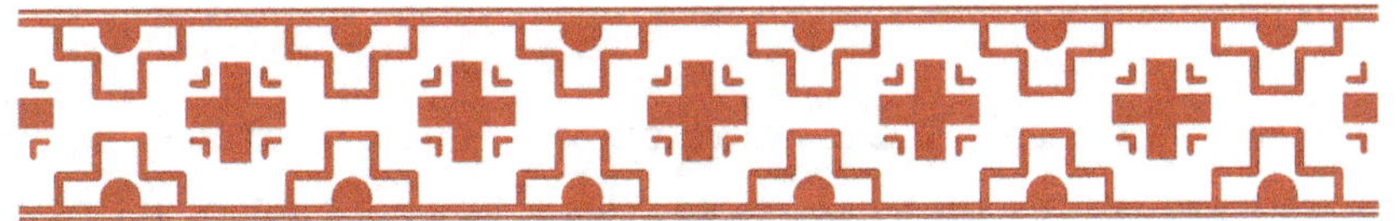

Πρόλογος

Οἱ Ἅγιοι Πατέρες μας, μᾶς παρέδωσαν τὰ Μηναῖα καὶ τὴν Παρακλητικήν (ὅπως καὶ τὸ Τριῴδιον καὶ τὸ Πεντηκοστάριον). Ἐθέσπισαν δέ τοὺς Ἁγίους εἰς τὰ Μηναῖα, ἄλλους νὰ εἶναι ἑορταζόμενοι εἰς η΄ (ἤτοι πλήρως ἑορταζόμενοι), ἄλλοι ἑορταζόμενοι εἰς ς΄ (ἤτοι ἡμιεορταζόμενοι), καὶ ἄλλοι μὴ ἑορταζόμενοι, καὶ αὐτὸ σοφὰ τὸ ἔπραξαν ὥστε τὶς καθημερινὲς νὰ ψάλλουμε καὶ ἐκ τῶν τροπαρίων / ἀκολουθιῶν τῆς Παρακλητικῆς τὰ ὁποῖα ἀναφέρονται εἰς τὸν Κύριον ἡμῶν Ἰησοῦν Χριστὸν καὶ Θεόν μας, τὴν Ἁγίαν Τριάδα, τὴν Ὑπεραγίαν Θεοτόκον, τοὺς Ἀγγέλους, τὸν Τίμιον Πρόδρομον, τοὺς Ἀποστόλους, τὸν Τίμιον καὶ Ζωοποιὸν Σταυρόν, ὅλους τοὺς Ἁγίους, ὅλους τοὺς Μάρτυρας, τοὺς Κεκοιμημένους πατέρες καὶ ἀδερφούς μας κτλ., καὶ ἰδιαιτέρως εἰς τὴν δική μας πνευματικὴ διόρθωση καὶ κατάρτιση.

Ὑπῆρχαν τότε ἱκανοὶ καὶ θεολογικώτατοι Ἅγιοι Ὑμνογράφοι νὰ συνθέσουν πλήρη ἀκολουθίαν διὰ κάθε Ἅγιον, ὅμως ἐθέσπισαν τὰ Μηναῖα καὶ τὴν Παρακλητικήν (μαζὶ μὲ τὸ Τριῴδιον καὶ τὸ Πεντηκοστάριον), διὰ τοὺς λόγους ποὺ ἐξηγήσαμε ἀνωτέρω.

Τὸ πόσο μεγάλος εἶναι ἕνας Ἅγιος γιὰ τὸν Κύριον ἡμῶν Ἰησοῦν Χριστὸν καὶ Θεό μας, αὐτὸ εἶναι ὑπόθεση τοῦ Θεοῦ μας, καὶ δὲν ἐξαρτᾶται ἀπὸ τὸ ἂν ἑορτάζουμε τὸν Ἅγιο πλήρως ἀπὸ Φυλλάδα, ἢ ἀπὸ τὸ Μηναῖον, ἢ γενικὰ ἀπὸ τὴν Παρακλητική.

Εἰς τὴν ἐποχήν μας, κατεκλύσθημεν (συνεπικουροῦντος τοῦ διαδικτύου) ἀπὸ πλῆθος Φυλλάδων Ἁγίων πλήρως ἑορταζομένων διὰ κάθε σχεδὸν ἡμέραν. Δὲν πρέπει ὅμως νὰ παρασυρόμεθα καὶ νὰ καταλιμπάνουμε τὶς Ἀκολουθίες τῆς Ἐκκλησίας μας, ὅπως μᾶς τὶς παρέδωσαν οἱ Πατέρες μας, καὶ νὰ ἀκολουθοῦμε τὶς Φυλλάδες ἀδιακρίτως. Πολλῷ μᾶλλον δὲν πρέπει νὰ θέλουμε νὰ κάνουμε τοῦ κεφαλιοῦ μας καὶ νὰ ἐπιβάλλουμε ἐγωιστικῶς εἰς τὸ ἐκκλησίασμα τὴν δική μας ἀρέσκεια. Τιμὴ Μάρτυρος, μίμησις Μάρτυρος. Καὶ ἡ Παρακλητικὴ (καὶ τὸ Τριῴδιον καὶ τὸ Πεντηκοστάριον) πρέπει νὰ ἀκούγεται, καὶ τὸ Μηναῖον μὲ τοὺς μὴ ἑορταζομένους Ἁγίους, καθὼς οἱ σοφοὶ πατέρες ἡμῶν διέταξαν. Εἴμαστε σοφώτεροι ἢ ἁγιώτεροι ἐκείνων ποὺ τὰ ἐθέσπισαν, τὰ διεφύλαξαν καὶ τὰ παρέδωσαν εἰς τὴν Ἐκκλησίαν, γιὰ νὰ τὰ ἀλλάξουμε;

Ἐπιπλέον ἡ ὕπαρξη Μεγάλης Δοξολογίας εἰς τὸν Ὄρθρο ἐπιτρέπει τὴν κατάλυση οἴνου καὶ ἐλαίου (ἐκτὸς τῶν ἐξαιρέσεων τῶν 14/9, 29/8, καὶ τὸ Μέγα Σάββατον) [Πηδάλιον (1886), Κανών ΞΘ΄ τῶν Ἁγίων Ἀποστόλων, σ. 86, ὑποσ. 2], [ΤΣ, σ. 14], [ΣΥΜ(8), σ. 23], [ΤΟΕ σ. 73]. Συνεπῶς βάζοντας κάθε μέρα **φυλλάδα καὶ πλήρη ἀκολουθία, τυπικῶς καταλύουμε τὴν τυχοῦσα νηστεία.**

Ἡ ἄγνοια τοῦ τυπικοῦ, σὲ συνδυασμὸ μὲ τὸν ὑπέρμετρο ἐνθουσιασμὸ τῆς εὕρεσης Φυλλάδος καὶ σὲ συνδυασμὸ μὲ τὴν εὐλάβεια εἰς τὸν Ἅγιο, ὁδηγεῖ σὲ **πλήρη ἰσοπέδωση τὴν λειτουργικὴ τάξη τῆς ἐκκλησίας.**

Εἶναι γεγονὸς ὅτι εἰς τὶς ἡμέρες μας ὑπάρχουν πολλοὶ δημοφιλεῖς καὶ θαυματουργοὶ Ἅγιοι, οἱ ὁποῖοι δὲν ἔχουν Ἀκολουθία στὰ Μηναῖα. Γιὰ τὴν διόρθωση αὐτῆς τῆς κατάστασης προτείναμε τὸ ἄρθρο μας: «Πρόταση γιὰ Σωστὴ Ἀναθεώρηση τῶν **Μηναίων**»[1].

Οἱ φυλλάδες γράφτηκαν κυρίως γιὰ τὶς Ἀγρυπνίες, γιὰ τὸν ἑορτασμὸ ἑνὸς Ἁγίου ποὺ ἑορτάζεται σὲ μιὰ περιοχή, ἢ σὲ κάποιον ἱερὸ ναό, τοπικά[2], ἢ σὲ κάποια ἄλλη ἐξαιρετικὴ περίπτω-

---

[1] «**Πρόταση γιὰ Σωστὴ Ἀναθεώρηση τῶν Μηναίων**», τὸ ὁποῖον ἀνακοινώσαμε εἰς τοὺς Σεβασμιωτάτους Ἱεράρχες μας τό 2018, καὶ περιελήφθη στὸν πρόλογο τοῦ Β΄ τόμου τῆς σειρᾶς μας «Τυπικὸν Ἐνοριῶν».

[2] «Ἡ Ἱερὰ Σύνοδος τῆς Ἐκκλησίας τῆς Ἑλλάδος κάνει «Οἰκονομία τις εἰς τὸ ὅλον θέμα τῆς Ἐγκρίσεως νέων Ἱερῶν Ἀκολουθιῶν, δύναται νὰ ὑπάρχῃ εἰς τὰς περιπτώσεις τοπικῶν ἢ νεοφανῶν Ἁγίων **καὶ ἀσφαλῶς μόνον διὰ τοπι-**

ση. Μὲ τὰ βιβλία μας εὔκολα μπορεῖ νὰ «μετατραπεῖ», ἂν χρεια-
στεῖ, οἰαδήποτε φυλλάδα σὲ Ἀκολουθία ἡμιεορτάσιμη ἢ καὶ μὴ
ἑορτάσιμη (ὥστε νὰ ψαλλεῖ καὶ ἡ Παρακλητική), ἀκολουθώντας
τὴν ἀντίστοιχη τυπικὴν διάταξιν τῶν βιβλίων μας.

Μὲ τὸ πρῶτο μας βιβλίο Τυπικοῦ ([ΤΟΕ], Τυπικὸν Ὄρθρου
Ἐνοριῶν[3], α΄ ἔκδοσις 2008, ἐκδ. Ἄθως), προσπαθήσαμε τὴν κα-
τανοητότερη, ἀναλυτικότερη καὶ μεθοδικότερη παρουσίαση τοῦ
τυπικοῦ τοῦ Ὄρθρου τῶν Ἐνοριῶν γιὰ κάθε ἡμέρα. Σκοπός μας
ἡ εὔκολη, συνάμα καὶ τυπικῶς σωστή, τέλεση ὁποιουδήποτε Ὄρ-
θρου, εἰδικὰ τῶν καθημερινῶν καὶ τῶν Σαββάτων. Παρείχαμε τὸ
Μηνολόγιον μὲ ἀναλυτικὴ διάκριση τῶν ἑορτῶν καὶ τῶν ἑορταζο-
μένων Ἁγίων τῆς κάθε ἡμέρας (μὴ ἑορταζόμενος, ἑορταζόμενος
εἰς ϛ΄ – ἡμιεορταζόμενος, εἰς η΄ – πλήρως ἑορταζόμενος, Δε-
σποτικὲς/Θεομητορικὲς ἑορτές, προεόρτια, μεθέορτα). Ἐπίσης,
γιὰ πρώτη φορὰ σὲ βιβλίον τυπικοῦ, παραθέσαμε τὴν ἑνότητα
Συμψαλμωδήσεως Ἀκολουθιῶν, ὅπου ἐπεξηγοῦμε πῶς μποροῦν
νὰ συμψαλλοῦν διάφορες Ἀκολουθίες (ἐφόσον ἡ ἀνάγκη τὸ
ἀπαιτήσει).

Εἰς αὐτὴν τὴν σειρὰν βιβλίων μὲ τίτλο «Τυπικὸν Ἐνοριῶν»[4],
προχωρᾶμε ἕνα βῆμα περαιτέρω, ἀπὸ τὸ πρῶτο μας βιβλίο. Κα-
ταγράφουμε μὲ πλήρη λεπτομέρεια τὸ τυπικὸν, μετ' ἱκανῶν ἐπε-
ξηγηματικῶν σχολίων, παρέχοντας συνάμα πλῆρες ἐγκόλπιον
Ὄρθρου, πρὸς διευκόλυνσιν τῶν κοπιώντων καὶ ψαλλόντων εἰς
τοὺς ἱεροὺς Ναούς. Πρόκειται περὶ τυπικοεγκολπίου, καθότι συν-

---

κὴν χρῆσιν, ἵνα μὴ τελικῶς καταλιμπάνηται ἡ Παρακλητική, τὸ σπουδαι-
ότατον καὶ θεολογικώτατον τοῦτο λειτουργικὸν βιβλίον, λόγῳ τῆς καθη-
μερινῆς χρήσεως Ἀσματικῶν Ἀκολουθιῶν τῶν Ἁγίων τῆς ἡμέρας»
(Ἐγκύκλιος Ἱερᾶς Συνόδου 2864/Ἀριθμ. Πρωτ. 1217/11-4-2008) », π. Θεμι-
στοκλῆς Στ. Χριστοδούλου, Σύνθεση Νεωτέρων Ἀκολουθιῶν πρὸς τιμὴν τῶν
Ἁγίων, ΙΣΤ΄ Πανελλήνιον Λειτουργικὸν Συμπόσιον, Ἱερὰ Σύνοδος τῆς Ἐκ-
κλησίας τῆς Ἑλλάδος, Λαμία 20/9/2016.
[3] http://analogion.gr/typikon/toe .
[4] http://analogion.gr/typikon/enorion .

δυάζει τυπικὸν καὶ ἐγκόλπιον μαζί, καὶ ἀκολουθεῖ τὴν ῥοὴ τῆς ἀκολουθίας ἀναλυτικὰ καὶ διεξοδικά.

Εἰς τὸ παρὸν βιβλίον, ἑστιάζουμε εἰς τὸ τυπικὸν τοῦ Ὄρθρου ὅταν τύχει Ἅγιος μὴ ἑορταζόμενος, ἐν καθημερινῇ (περιλαμβανομένου καὶ τοῦ Σαββάτου), καὶ παραθέτουμε τὶς σχετικὲς ἡμερομηνίες τοῦ ἐνιαυτοῦ. Χαρακτηριστικὸν τῆς τυπικῆς διατάξεως Ἁγίου μὴ ἑορταζομένου ἐν καθημερινῇ, εἶναι οἱ **Εἱρμοὶ τῶν γ΄, ς΄, η΄ καί θ΄ ᾠδῶν ἀντὶ Καταβασιῶν**[5], ἡ μικρὰ Δοξολογία καὶ τὰ Ἀπόστιχα τῶν Αἴνων. Ἐκ τῆς ἐμπειρίας μας εἰς τὰς ἐνορίας, ἡ χρονικὴ διάρκεια τοῦ Ὄρθρου καθημερινῆς ἐὰν τύχει μὴ ἑορταζόμενος Ἅγιος (ἄνευ τῶν συνήθως παραλειπομένων, ὡς σημειοῦνται ἐν τῷ βιβλίῳ) εἶναι περίπου 50΄ - 60΄ λεπτὰ τῆς ὥρας[6].

Σημειώνομεν, κατ᾽ οἰκονομίαν, τὰ συνήθως παραλειπόμενα τὴν σήμερον εἰς τὰς ἐνορίας ἐντὸς κοκκίνων ἀγκυλῶν (καίτοι αὐτὰ ἀναφέρονται ῥητῶς εἰς τὸ ἰσχῦον Τυπικὸν τῆς ἐκκλησίας, ποὺ ἀντανακλᾶ τὴν τάξιν τῶν ἐνοριῶν, [ΤΜΕ]). Ὅμως ἐφόσον ὑπάρχει χρόνος, καὶ εἰς εἰρηνικὴν συνεννόησιν μὲ τὸν προεστῶτα ἱερέα, δύνασαι φυσικὰ νὰ τὰ εἴπης καὶ αὐτά ἢ τούλάχιστον μερικὰ ἐξ αὐτῶν.

Εἰς τὸν ἐπίσης ἐκδοθέντα Β΄ τόμον τῆς σειρᾶς «Τυπικὸν Ἐνοριῶν» [ΤΕ (τ.Β΄)], ἀσχολούμαστε μὲ τὸν καθημερινὸ Ὄρθρο ἐὰν τύχει Ἅγιος ἑορταζόμενος, ὅπου παραθέτουμε (μαζὶ μὲ ἄλλα στοιχεῖα) τὶς σχετικὲς Ἀκολουθίες:

---

[5] Εἰς τὰς καθημερινὰς δὲν ψάλλονται Καταβασίαι, ἐκτὸς ἐὰν τύχει Δεσποτικὴ / Θεομητορικὴ ἑορτὴ ἢ μνήμη Ἁγίου ἑορταζομένου εἰς η΄ (πλήρως ἑορταζομένου, ἢ ἐπισήμως ἑορταζομένου).

[6] Ταπεινῶς φρονοῦμεν, καὶ κατ᾽ οἰκονομίαν ὁμιλοῦμεν, ὅτι ἐὰν δὲν «φθάνει» ὁ χρόνος, προτιμότερον νὰ καταλιμπάνεις ἕνα τροπάριον ἐδῶ καὶ ἐκεῖ (π.χ. ἕνα τροπάριον Καθισμάτων, ἕνα τροπάριον τῆς ᾠδῆς τοῦ Κανόνος, κτλ.), παρὰ νὰ παραλλάξεις (ἀλλοιώσεις) τὴν σειρὰ τῆς Τυπικῆς Διατάξεως. Πρέπει νὰ μὴν καταλιμπάνεις ἐνότητες τῆς διατάξεως, οὔτε πρὸ παντὸς τοὺς Κανόνες (ποὺ καταγράφουν τὴν Θεολογία τῆς Ἐκκλησίας), καὶ νὰ ψάλλεις ἀπὸ ὅλες τὶς ἐνότητες τῆς διατάξεως.

- Ἀκολουθία Ἁγίου ἑορταζομένου εἰς ς΄, ἤτοι ἡμιεορταζομένου

- Ἀκολουθία Ἁγίου ἑορταζομένου εἰς η΄, ἤτοι πλήρως ἑορταζομένου

- Ἀκολουθία Προεορτίων/Μεθεόρτων

- Στοιχεῖα θείας Λειτουργίας εἰς τὸ τέλος κάθε γενικῆς τυπικῆς διατάξεως.

Προτείνουμε πρώτα τὴν διατριβὴν εἰς τὸ κεφάλαιον «Συστηματοποίησις καὶ Κατανόησις τοῦ Τυπικοῦ», τὸ ὁποῖον εἶναι ἡ βάσις τῶν τυπικῶν διατάξεων. Εὐελπιστοῦμε νὰ φανεῖ χρήσιμον τὸ παρὸν βιβλίον εἰς τοὺς διακονοῦντας εἰς τὴν Ἐκκλησίαν, καὶ δὴ εἰς τὸ Ἀναλόγιον, καὶ παρακαλοῦμε συγχωρέσετε τὰ ὅποια ἀνθρώπινα λάθη ἢ παραλείψεις μας.

Τέλος θὰ ἤθελα νὰ εὐχαριστήσω τὴν σύζυγόν μου Στυλιανὴ γιὰ τὴν ἀμέριστη συμπαράστασή της στὴν προετοιμασία τοῦ παρόντος βιβλίου.

Ὁ ἐλάχιστος ἐν τοῖς δούλοις τοῦ Χριστοῦ,
Παναγιώτης Δ. Παπαδημητρίου

«Ἀνακάλυψα ὅτι θησαυροὶ κρύβονται μέσα στὰ Μηναῖα, στὴν Παρακλητική, στὸν Ὄρθρο, τοῦ Τριωδίου, τοῦ Πεντηκοσταρίου. Καὶ θησαυροί. Ἐρωτικοὶ θησαυροί!»

[**Ἅγ. Πορφύριος Καυσοκαλυβίτης**, Θὰ σᾶς πῶ..., σ. 170]

«Ἐν ταύταις δὲ ταῖς ἱεραῖς μοναῖς καὶ σχεδὸν πάσαις ταῖς ἐκκλησίαις, ἡ τοῦ ἀπὸ τῶν Ἱεροσολύμων Τυπικοῦ τῆς μονῆς τοῦ Ἁγίου Σάββα τελεῖται τάξις»

[**Ἅγιος Συμεὼν Ἀρχιεπ. Θεσσαλονίκης** , PG 155, 556 καί ΤΟΕ σ. 88]

Ὁ Ἑσπερινὸς καὶ ὁ Ὄρθρος εἶναι ἡ Κατήχησις τῆς Ἐκκλησίας. Ὁ Ὄρθρος δὲν τελειώνει ὅταν ἀρχίζει ἡ θεία Λειτουργία· ἡ θεία Λειτουργία ἀρχίζει ὅταν τελειώσει ὁ Ὄρθρος, γι' αὐτὸ ὥρα ἐνάρξεως ὑπάρχει μόνον γιὰ τὸν Ὄρθρον, ὄχι γιὰ τὴν θεία Λειτουργία. Ὄρθρος καὶ Θεία Λειτουργία, ἔχουν τὸν αὐτὸν ῥυθμόν καὶ λέγονται «Λειτουργία», καὶ οἱ πιστοὶ πρέπει νὰ μάθουν ὅτι πρέπει νὰ ἔρχονται ἀπὸ τὴν ἀρχὴ τῆς «Λειτουργίας» καὶ νηστικοί. Ἡ Λειτουργία ἀρχίζει εἰς τὰς ἑπτά, ἔλεγαν οἱ παλαιοὶ ἱερεῖς.

ἐκ τῆς Παραδόσεως τῶν Κληρικῶν τοῦ «παλαιοῦ τυπικοῦ»

Συστηματοποίησις καὶ Κατανόησις τοῦ Τυπικοῦ

Διάκρισις Ἀκολουθιῶν Ἁγίων

Αἱ ἀκολουθίαι τῶν Ἁγίων ἐν τοῖς Μηναίοις διακρίνονται εἰς ἀκολουθίας[7]:

- «**μὴ ἑορταζομένων**» Ἁγίων,
- «**ἑορταζομένων εἰς ς΄**» (ἡμιεορταζομένων) Ἁγίων καὶ
- «**ἑορταζομένων εἰς η΄**» (πλήρως ἑορταζομένων) Ἁγίων.

Ἡ κατάταξις, ἀπὸ πλευρᾶς Τυπικοῦ, ἑνὸς Ἁγίου ὡς «μὴ ἑορταζομένου», «ἑορταζομένου εἰς ς΄», «ἑορταζομένου εἰς η΄», γίνεται εὐκόλως βάσει τῆς ἐν τῷ Μηναίῳ ἀκολουθίας αὐτοῦ καὶ βάσει ὁρισμένων κανόνων ποὺ ἐκτίθενται παρακάτω.

Νὰ σημειωθῇ ὅτι κατὰ παλαιὰν τάξιν, ὁ κανὼν «μὴ ἑορταζομένου» Ἁγίου ψάλλεται εἰς δ΄, ὁ κανὼν «ἑορταζομένου εἰς ς΄» (ἡμιεορταζομένου) ψάλλεται εἰς ς΄ καὶ ὁ κανὼν «ἑορταζομένου εἰς η΄» (πλήρως ἑορταζομένου) ψάλλεται εἰς η΄ (τούλάχιστον εἰς τὰς καθημερινάς). Λέγομεν κατὰ παλαιὰν τάξιν, διότι τὸ ΤΜΕ (τὸ ὁποῖον χρησιμοποιεῖται εἰς τὸ Οἰκουμενικὸν Πατριαρχεῖον καὶ τὰς Ἐνορίας τῆς Ἐκκλησίας τῆς Ἑλλάδος Συνοδικῇ ἀποφάσει) ἔθεσε τοὺς κανόνας τῶν ἑορταζομένων (νομίζουμε, παρότι δὲν γράφεται ρητῶς, καὶ τῶν μὴ ἑορταζομένων) Ἁγίων εἰς δ΄[8], τὸ ὁποῖον καὶ ἀκολουθοῦμε.

---

[7] Εἰς τὸ βιβλίον «Τυπικὸν Ὄρθρου Ἐνοριῶν» [ΤΟΕ], εἰς τὸ Μηνολόγιον ὑπάρχει πλήρης κατάταξις τῶν ἀκολουθιῶν τῶν Ἁγίων βάσει τοῦ Μηναίου.
[8] [ΤΜΕ, σ. 21], [ΤΟΕ, σ. 37].

Γνώριζε ὅτι τὰ <u>ἀπαραίτητα μέρη</u>[9] ἑκάστης ἀκολουθίας Ἁγίου εἶναι:

- **τρία στιχηρὰ προσόμοια** χρησιμεύοντα ὡς ἑσπέρια (στιχηρά), καὶ
- **εἶς κανών**, μετά τὴν γ΄ ᾠδὴν τοῦ ὁποίου **ἕν κάθισμα**.

Ἀνάλογα μὲ τὰ πρόσθετα στοιχεῖα ποὺ τυχὸν περιέχει ἡ ἀκολουθία τοῦ Ἁγίου (ἐκ τοῦ Μηναίου), διακρίνεται εἰς τὰς περιπτώσεις[10]:

α΄. Ἅγιοι ἑορταζόμενοι εἰς **η΄** (**πλήρως ἑορταζόμενοι**)[11] εἶναι ὅσων ἡ ἀκολουθία ἔχει τοὐλάχιστον ἕν ἐκ τῶν κατωτέρω:

- **μικρὸν Ἑσπερινόν**
- **τρία ἀναγνώσματα εἰς τὸν Ἑσπερινόν**
- **καθίσματα δι' ἑκάστην τοῦ Ὄρθρου Στιχολογίαν**
- **κάθισμα πολυελέου εἰς τὸν Ὄρθρον**

Σημειωτέον ὅτι ὑπάρχουν μερικοὶ Ἅγιοι εἰς αὐτὴν τὴν κατηγορίαν (συνήθως ἔχοντες μικρὸν Ἑσπερινόν), οἱ ὁποῖοι ἑορτάζονται «**ἐπισήμως**»[12] (ἐν Κυριακῇ) σύμφωνα μὲ τό ΤΜΕ.

---

[9] Σημείωσε ὅτι, **τὸ ἀπολυτίκιον δὲν εἶναι ἀπαραίτητο μέρος τῶν Ἀκολουθιῶν**, σὲ ἀντίθεση μὲ τὸν κανόνα, δι' αὐτὸ ὑπάρχουν καὶ Ἀκολουθίες Ἁγίων ποὺ δὲν ἔχουν ἀπολυτίκιον (βλ. ἐνταῦθα σ. 28), ἀλλὰ ἔχουν πάντα κανόνα.

[10] Αὐτοὺς τοὺς κανόνες κατάταξης (ἐπὶ τὸ πολυπλοκώτερον ὅμως) πρῶτος τοὺς εἰσήγαγε ὁ **π. Γεώργιος Ῥήγας [ΤΓΡ]**, καὶ ἐμεῖς τοὺς ἀναλύσαμε καὶ διαμορφώσαμε ἀπλούστερα στὸ βιβλίο μας «Τυπικὸν Ὄρθρου Ἐνοριῶν» (2008), σ. 37, ἐφαρμόζοντάς τους ἀκριβῶς εἰς τὸ Τυπικὸν τῆς Μεγάλης τοῦ Χριστοῦ Ἐκκλησίας [ΤΜΕ] γιὰ πρώτη φορὰ σὲ βιβλίο Τυπικοῦ.

[11] Ἔχουν **πάντα Καταβασίες καὶ Μεγάλη Δοξολογία**.

[12] βλ. σχετικά [ΤΟΕ, σσ. 40, 100-102], [ΖΤ, σ. 128].

Διακρίνομεν δύο κύριες περιπτώσεις (καὶ δύο ὑποπεριπτώσεις):

❖ **η΄** : Ὁ Ἅγιος ἔχει Εὐαγγέλιον Ὄρθρου
  - **η΄•** : ἑορταζόμενος «ἐπισήμως ἐν Κυριακῇ»
  - **η΄⌘** : ἔχων Ἀγρυπνία

❖ **η΄×** : Ὁ Ἅγιος δὲν ἔχει Εὐαγγέλιον Ὄρθρου[13]

β΄. Ἅγιοι ἑορταζόμενοι εἰς ς΄ (ἡμιεορταζόμενοι) εἶναι ὅσων ἡ ἀκολουθία δὲν ἔχει κανένα ὅσων ἀναφέρθησαν ἀνωτέρω[14], ἀλλὰ ἔχει τοὐλάχιστον ἕν ἐκ τῶν κατωτέρω:

- **ἀπόστιχα τοῦ Ἑσπερινοῦ**
- **δοξαστικὸν ἀποστίχων τῶν αἴνων**
- **προσόμοια (στιχηρὰ) τῶν αἴνων**
- **μεγάλη Δοξολογία**[15]

Διακρίνομεν δύο κύριες περιπτώσεις (καὶ δύο ὑποπεριπτώσεις):

---

[13] Αὐτὴ ἡ περίπτωσις ἀπαντᾶται εἰς: [**MB**, 6/9, 13/9, 23/9, 4/12, 9/12, 7/1, 2/5, 1/7, 2/7, 5/7, 20/7, 25/7, 26/7, 1/8, 31/8]. Τό **ΤΓΡ** εἰς ὅλας τὰς παραπάνω ἡμερομηνίας ἔχει **Καταβασίες**. Τό **ΤΜΕ**, πλὴν τῶν 23/9, 7/1, 1/8, 31/8 ὅπου ἔχει Καταβασίες, λέει ἐν καθημερινῇ ἡ Ἀκολουθία ὡς ἐν τῷ Μηναίῳ. Εἰς τὸ Μηναῖον [ΜΒ] εἰς τὰς 4/12, 2/7, 26/7, ὑπάρχουν οἱ **Εἱρμοὶ τῶν γ΄, ς΄, η΄, θ΄ ᾠδῶν, ἀντὶ Καταβασιῶν**, καὶ εἰς τὴν 1/8 ὑπάρχουν σαφέστατα Καταβασίες. Εἰς τὴν [ΜΒ, 23/9] λέγει: «**Εἰ βούλει εἰπὲ καὶ Καταβασίας**. Ἀνοίξω τὸ στόμα μου». Τὸ Μηναῖον τοῦ 1820, εἰς τὴν 31/8 ἔχει **Εἱρμούς**. Τὴν σήμερον ὅμως εἰς αὐτὴν τὴν τυπικὴν περίπτωσιν **η΄×** λέγομεν **πάντα Καταβασίες** (πρβλ. [ΤΓΡ]).

[14] Ὑπάρχουν δύο ἐξαιρέσεις Ἁγίων ἑορταζομένων εἰς ς΄ ἀλλὰ σὲ περίοδο μεθεόρτων, ποὺ ἔχουν ἕνα ἢ δύο Καθίσματα, ἀλλὰ καὶ ἴδιον Δοξαστικὸν Ἀποστίχων τῶν Αἴνων: 16/9, 8/2.

[15] Σημειωτέον ὅτι οἱ ἑορταζόμενοι εἰς ς΄ (ἡμιεορταζόμενοι) Ἅγιοι, **δὲν ἔχουν ποτὲ Καταβασίες** τὶς καθημερινὲς (καὶ ἂς βάλεις Μεγάλη Δοξολογία).

❖ ϛ΄ : Ὁ Ἅγιος ἔχει **Μικρὰ Δοξολογία**

❖ ϛ΄▪ : Ὁ Ἅγιος ἔχει **Μεγάλη Δοξολογία**[16]

- ϛ΄▪▪ : ἑορτάζεται «ἐπισήμως ἐν Κυριακῇ» (ἰσχύει γιὰ τοὺς Εὐαγγελιστὲς ποὺ ἔχουν ἀκολουθία ἡμιεορτάσιμη, εἰς ϛ΄)[17]
- ϛ΄▫ : «εἰ βούλει ποίησον Μεγάλην δοξολογίαν», κατὰ τὸ Μηναῖον

Σημείωσε, εἰ τύχει **ἐν Σαββάτω**, λέγεται **πάντοτε «Θεὸς Κύριος»** μὲ Ἅγιον ἑορταζόμενον εἰς ϛ΄ (ἤτοι ἡμιεορταζόμενον).

γ΄. Ἅγιοι μὴ ἑορταζόμενοι εἶναι ὅσων ἡ ἀκολουθία δὲν ἔχει κανένα ὅσων ἀναφέρθηκαν εἰς τὰς ἄνω δύο περιπτώσεις, ἀλλ' ἔχει τοὐλάχιστον ἕνα ἐκ τῶν κατωτέρω:

- **τὰ ἀπαραίτητα μέρη ἑκάστης ἀκολουθίας Ἁγίου**
- **δοξαστικὸν ἑσπερίων καὶ δοξ. ἀποστίχων Ἑσπερινοῦ**

Σημειωτέον, ὅτι μπορεῖ Ἅγιος μὴ ἑορταζόμενος, ποὺ ἔχει ἀκολουθία ἐκ τῶν ἀπαραιτήτων μερῶν ἑκάστης ἀκολουθίας Ἁγίου, καὶ δοξαστικὸν ἑσπερίων καὶ δοξαστικὸν ἀποστίχων τοῦ Ἑσπερινοῦ καὶ ἐπιπλέον τοὐλάχιστον ἕν **κοντάκιον** καὶ ἕν **ἐξαποστειλάριον**, νὰ ἑορτάζεται εἰς ϛ΄ (ἡμιεορταζόμενος), ἀλλ' ἡ διάκρισις κεῖται ἐν τῇ ἐπισημότητι ἢ μὴ τοῦ μνημονευομένου Ἁγίου.

Διακρίνομεν δύο κύριες περιπτώσεις (καὶ μία ὑποπερίπτωσιν):

---

[16] Ἐννοεῖται ἄνευ Καταβασιῶν πάντα, ἐν καθημερινῇ, ἐπειδὴ δὲν εἶναι πλήρως ἑορταζόμενος.

[17] βλ. [ΤΟΕ, σ. 102].

❖ – : Ὁ Ἅγιος δὲν ἔχει **κανένα ἰδιόμελον δοξαστι-κὸν**[18,19] εἰς τὴν ἐν τῷ Μηναίῳ [MB] ἀκολουθίαν του, ὁπότε λέγεται τὸ ἀπολυτίκιον τῆς ἡμέρας τῆς ἑβδομάδος, καὶ ὄχι τοῦ Ἁγίου τοῦ Μηναίου[20] (**μόνη περίπτωσις, εἰ τύχει ἐν Σαββάτῳ** ἐκτὸς προεορτίων / μεθεόρτων **νὰ λέγεται «Ἀλληλούϊα»**)

❖ –❖ : Ὁ Ἅγιος ἔχει **ἰδιόμελον δοξαστικὸν**[18,19] εἰς τὴν ἐν τῷ Μηναίῳ [MB] ἀκολουθίαν του, ὁπότε λέγεται

---

[18] Βλ. [ΖΤ, σ. 66], [ΣΤ, σ. 104, ὑποσ. 158, ἀγνοῶντας τὴν καινοτομία]. Αὐτὸς ὁ κανὼν φαίνεται καὶ στὸ Μηναῖον π.χ. ιδ΄ Φεβρουαρίου [MB, Φεβρ. σ. 78] «ἐὰν δὲ τύχῃ ἐκτὸς τῆς Τεσσαρακοστῆς, λέγε τὸ ἑξῆς Ἰδιόμελον».

[19] Ὁ κανὼν γιὰ νὰ λέγεται ἀπολυτίκιον τοῦ Ἁγίου, νὰ ἔχει «ἔστω καὶ ἕνα ἰδιόμελον δοξαστικὸν εἰς τὴν ἐν τῷ Μηναίῳ ἀκολουθίαν του»[18], στὴν πράξη, ἔχει χαλαρώσει στὸ πέρασμα τοῦ χρόνου (ἂν καὶ γιὰ ἀκριβὴ κρίση, χρειάζεται καὶ ἡ ἀντιπαράθεση μὲ τὰ ἀντίστοιχα χρονικῶς Μηναῖα), καθότι τό ΤΑΣ (1545, 2012) δὲν ἔχει ἀπολυτίκιον Ἁγίου **π.χ.** εἰς τὰς 29/11, 1-3/12, 7-8/12, 8/3, 1/6, 15/6, ἐνῶ ἔχει εἰς τὰς 11/10, 29/10, 20/11, 23/11, 21/12, 28/12, 24/1, 26/1, 12/2, 14-15/2, 16/2, 18-23/2, 2-4/3, 30/3, 3/7 (τὸ Μηναῖον ὑπὸ Βαρθολομαίου (1889) ἔχει μὲν εἰς τὰς 11/10, 29/10, 20/11, 23/11, **29/11, 1-3/12, 7-8/12, 21/12**, 28/12, 24/1, 26/1, 15/2, 18/2, **8/3, 1/6, 15/6, 9/7, 3/8**, ἀλλὰ δὲν ἔχει εἰς τὰς 12/2, 14/2, 16/2, 19-23/2, 2-4/3, 30/3, 3/7), καὶ ἀλλοῦ. Καὶ τὸ ἀρχαιότερον ΤΑΣ χφ. 88 τῆς Μονῆς Λειμῶνος τοῦ 14ου αἰ. ἔχει ἀπολυτίκιον Ἁγίου εἰς τὰς 11/10, 20/11, 23/11, 24/1, 26/1, 14-15/2, 18-23/2, 30/3, ἐνῶ δὲν ἔχει εἰς τὰς 29/11, 1-3/12, 7-8/12, 21/12, 28/12, 1/3, 8/3, 1/6, 15/6, 9/7. Ὅμως καὶ εἰς τὸ ΤΑΣ ὡς φυσικόν, παρατηροῦνται συμπληρώσεις. Π.χ. τὸ ΤΑΣ χφ. 88 ΜΛ δὲν ἔχει ἀπολυτίκιον εἰς τὰς 21/12, 2-4/3, 3/7, 9/7, 3/8. Σημειωτέον, ὅτι εἰς τὰ ΔΕΕ (2002), ὡς κανὼν ὁρίζεται «ἐὰν ἡ ἀκολουθία ἐν τῷ Μηναίῳ ἔχει ἢ ὄχι ἀπολυτίκιον», ἀλλὰ αὐτὸ προϋποθέτει τὴν διαφύλαξιν τῶν Μηναίων μὲ τὰ ἀρχαῖα κοινὰ ἀπολυτίκια, ἄνευ συνεχῶν, νεωτέρων καὶ παρατύπων προσθηκῶν (καὶ ἄρα δὲν συμπληρώνομεν τὰ Μηναῖα μὲ ἀπολυτίκια, ἐπειδὴ ἴσως κάποιοι ξέχασαν νὰ βάλουν...).

[20] Ἐν τούτοις ὑπάρχουν καὶ μερικές ἐξαιρέσεις εἰς τὰ Μηναῖα ὑπὸ τοῦ Βαρθολομαίου, βλ. ὑποσ. 33, 34, γιὰ τὶς ὁποῖες καλὸ θὰ ἦταν τὰ Μηναῖα νὰ ἐναρμονισθοῦν ἔνθεν ἢ ἐκεῖθεν. Προτείνουμε τὴν συγγραφὴ ἀπὸ δόκιμους Ὑμνογράφους ἑνὸς καὶ μόνου δοξαστικοῦ γιὰ τὶς ἐξαιρέσεις τῶν Ἀποστόλων.

τὸ ἀπολυτίκιον τοῦ Ἁγίου τοῦ Μηναίου[21,22,23] καὶ ὄχι τῆς ἡμέρας τῆς ἑβδομάδος (εἰ τύχει **ἐν Σαββάτῳ** λέγεται **πάντα «Θεὸς Κύριος»**)

- –/ϛ΄ : ἡ Ἀκολουθία μπορεῖ νὰ ἑορτασθεῖ καὶ ὡς εἰς ϛ΄· ἡ διάκρισις κεῖται ἐν τῇ ἐπισημότητι ἢ μὴ τοῦ Ἁγίου.

Ἐπίσης, τινὲς Ἅγιοι, εἴτε μὴ ἑορταζόμενοι, εἴτε ἑορταζόμενοι εἰς ϛ΄ ἢ εἰς η΄ ἔχουν, ἀντὶ τριῶν προσομοίων ἑσπερίων, ἒξ τοιαῦτα, καὶ δύο κανόνας ἀνθ' ἑνός.

Πιστεύουμε ὅτι ἡ παραπάνω διάκρισις τῶν Ἀκολουθιῶν τῶν Ἁγίων βοηθάει στὴν **Συστηματοποίηση καὶ κατανόηση τοῦ Τυπικοῦ** τῆς Ἐκκλησίας καὶ στὴν εὔκολη καὶ ἀβίαστη τήρησή του.

Παραθέτουμε τὶς παραπάνω περιπτώσεις τῶν Ἀκολουθιῶν τῶν Ἁγίων σύμφωνα μὲ τὸ Μηναῖον [ΜΒ], εἰς τὸν Πίνακα 1, διὰ περισσοτέραν εὐκολίαν εἰς τὴν ἀπομνημόνευσιν.

---

[21] Νὰ προτιμῶνται τὰ ἀρχαῖα **κοινὰ ἀπολυτίκια** γιὰ τοὺς μὴ ἑορταζομένους Ἁγίους (βλ. σ. 127), ὡς ἔχουν τὰ παλαιὰ Τυπικὰ καὶ Μηναῖα.

[22] Τὰ Μηναῖα ὑπὸ Βαρθολομαίου, δὲν ἔχουν ἀπολυτίκια Ἁγίου εἰς τὰς 13/10, 30/10, 18/11, 5/2, 14/2, 6/3, 27/6, 23/7, 22/8. Εἰς τὰς αὐτὰς ἡμερομηνίας, ὁμοίως καὶ τὸ ΤΑΣ (1545, 2012) δὲν ἔχει ἀπολυτίκια Ἁγίου, ἐκτὸς 18/11, 14/2, 6/3, 27/6, 23/7 (εἰ βούλει), 22/8. Ὁμοίως καὶ τὸ ΤΑΣ χφ. 88 ΜΛ δὲν ἔχει ἀπολυτίκιον Ἁγίου εἰς τὰς 13/10, 30/10, 5/2, 23/7. Εἰς τὰς 1/3, τὸ ΤΑΣ (1545, 2012) καὶ τὰ ΜΒ ἔχουν ἀπολυτίκιον Ἁγίου (μὲ προσθήκη δοξαστικοῦ εἰς τὰ ΜΒ ἐκτὸς Μ.Τεσσαρακοστῆς), ἐνῶ τὸ προγενέστερον ΤΑΣ χφ. 88 ΜΛ δὲν ἔχει.

[23] **Ποτὲ** (κανονικὰ) δὲν λέγεται ἀπολυτίκιον Ἁγίου, ἄνευ ψαλμωδήσεως τῆς ἀκολουθίας Ἁγίου (χωρὶς νὰ ποῦμε ἔστω τὸν κανόνα τοῦ Ἁγίου). Μόνον τὸ ἀπολυτίκιον τοῦ Ἁγίου τοῦ Ναοῦ λέγεται ἄνευ ἀκολουθίας (καὶ αὐτὸ μόνο) στὴν Θεία Λειτουργία.

Πίναξ 1. Ἀκολουθίες Ἁγίων

εἰς **η΄** ἑορταζόμενος ἤτοι **πλήρως** **ἑορταζόμενος**	**η΄** : **Ὁ Ἅγιος ἔχει Εὐαγγέλιον Ὄρθρου** • **η΄•** : ἑορταζόμενος «ἐπισήμως ἐν Κυριακῇ» • **η΄⌗** : ἔχων Ἀγρυπνία **η΄×** : **Ὁ Ἅγιος δὲν ἔχει Εὐαγγέλιον Ὄρθρου**
εἰς **ς΄** ἑορταζόμενος ἤτοι **ἡμιεορταζόμενος**	**ς΄** : **Ὁ Ἅγιος ἔχει Μικρὰ Δοξολογία** **ς΄▪** : **Ὁ Ἅγιος ἔχει Μεγ. Δοξολογία**[16] • **ς΄▪•** : ἑορτάζεται «ἐπισήμως ἐν Κυριακῇ» • **ς΄▫** : «εἰ βούλει ποίησον Μεγάλην δοξολογίαν», κατὰ τὸ Μηναῖον
– ἤτοι **μὴ ἑορταζόμενος**	**–** : **Ὁ Ἅγιος δὲν ἔχει κανένα ἰδιόμελον δοξαστικὸν**[18,19] εἰς τὴν ἐν τῷ Μηναίῳ ἀκολουθίαν του, ὁπότε λέγεται τὸ ἀπολυτίκιον τῆς ἡμέρας τῆς ἑβδομάδος, καὶ ὄχι τοῦ Ἁγίου[20] (**μοναδικὴ περίπτωσις, εἰ τύχει ἐν Σαββάτῳ** ἐκτὸς προεορτίων / μεθεόρτων **νὰ λέγεται «Ἀλληλούια»**) **–⁑** : **Ὁ Ἅγιος ἔχει ἰδιόμελον δοξαστικὸν**[18,19] εἰς τὴν ἐν τῷ Μηναίῳ [ΜΒ] ἀκολουθίαν του, ὁπότε λέγεται τὸ ἀπολυτίκιον τοῦ Ἁγίου[21,22,23] καὶ ὄχι τῆς ἡμέρας τῆς ἑβδομάδος (εἰ τύχει ἐν Σαββάτῳ λέγεται **πάντα «Θεὸς Κύριος»**) • **–/ς΄** : ἡ Ἀκολουθία μπορεῖ νὰ ἑορτασθεῖ καὶ ὡς εἰς ς΄· ἡ διάκρισις κεῖται ἐν τῇ ἐπισημότητι ἢ μὴ τοῦ Ἁγίου

Ἡμερομηνίες Ἀκολουθιῶν Ἁγίων

Εἰς τὸν κατωτέρω **Πλήρη Πίνακα Μηνολογίου**[24] (σύμφω-να μὲ τὰ Μηναῖα [ΜΒ]), συμπεριλάβαμε χάριν πληρότητος, ὄχι μόνον τὶς ἡμέρες **Ἁγίου μὴ ἑορταζομένου**[25] **ἢ ἑορταζομένου**[26], ἀλλὰ καὶ ὅλες τὶς ἡμέρες τοῦ ἐνιαυτοῦ. *Ὅταν τύχει Ἅγιος ἑορταζόμενος (ς΄, η΄), χρησιμοποίησε τὸν Β΄ Τόμον [ΤΕ (τ.Β΄)].*

Εἰς τὸν Πίνακα, πέραν τῶν συντομιῶν ποὺ ἐκτέθηκαν στὶς προηγούμενες παραγράφους (βλ. Πίνακα 1), προστέθηκαν καὶ οἱ ἐξῆς:

- **Δ**: Δεσποτικὴ Ἑορτή
- **Θ**: Θεομητορικὴ Ἑορτή
- **α**: Ἀπόδοσις Ἑορτῆς
- ἐπίσης τὸ γκρὶ χρῶμα δηλώνει προεόρτια/μεθέορτα.

Πίναξ 2. Πλήρης Πίναξ Μηνολογίου, [ΜΒ]
→

---

[24] πρβλ. ΤΟΕ, Μηνολόγιον, σσ. 243-309. Οἱ ἡμερομηνίες αὐτὲς ἐξάγονται εὔκολα ἀπὸ τὴν μελέτην τῆς ἀκολουθίας τοῦ Ἁγίου εἰς τὸ Μηναῖον [ΜΒ], συμβουλευόμενοι τὴν κατηγοριοποίησιν εἰς τὸ προηγούμενον κεφάλαιον.
[25] Εἰς τὸ βιβλίον Τυπικὸν Ὄρθρου Ἐνοριῶν, μπορεῖτε νὰ βρεῖτε σύντομα δια-γράμματα τοῦ Ὄρθρου αὐτοῦ [ΤΟΕ, σσ. 105-106, 113-115, 123-124, 149-150].
[26] Εἰς τὸ βιβλίον Τυπικὸν Ὄρθρου Ἐνοριῶν, μπορεῖτε νὰ βρεῖτε σύντομα δια-γράμματα τοῦ Ὄρθρου αὐτοῦ [ΤΟΕ, σσ. 113-115, 118, 129-130, 134-135, 153-154, κ.λπ.].

	Σεπ	Ὀκτ	Νοε	Δεκ	Ἰαν	Φεβ	Μάρ	Ἀπρ[27]	Μάι	Ἰούν	Ἰουλ	Αὔγ
α΄	η΄	ϛ΄[28]	ϛ΄	—	Δ/η΄[29]	ϛ΄	—⁙[35]	—[33]	—	—	η΄×	η΄×[30]
β΄	—/ϛ΄	ϛ΄	ϛ΄	—	—	Θ	—	—	η΄×	—[33]	η΄×	ϛ΄
γ΄	ϛ΄	ϛ΄	ϛ΄□	—	—	—	—	—	—	—	—	—
δ΄	—/ϛ΄	—	—/ϛ΄	η΄×	—[33]	—	—	—	—	η΄	—[33]	—[33]
ε΄	ϛ΄	—	—	η΄※[31]	—	—⁙[34]	—	—	—[33]	—	η΄×	—
ϛ΄	η΄×	ϛ΄■	ϛ΄	η΄※•	Δ	—	—/ϛ΄	—	—⁙	—	—[33]	Δ
ζ΄	—	ϛ΄	ϛ΄	—	η΄×•	—	—	—	—⁙	—	—⁙	—
η΄	Θ	—/ϛ΄	η΄•[43]	—	—	ϛ΄	—	—	η΄•[43]	ϛ΄	ϛ΄□	—
θ΄	ϛ΄	ϛ΄■	—	η΄×[32]	—⁙	α	η΄	—	—⁙	—[33]	—	—[33]
ι΄	—	—/ϛ΄	—	ϛ΄	—/ϛ΄	η΄※	—	—	ϛ΄■	—	—	—
ια΄	—	—[33]	ϛ΄	—⁙	η΄	—/ϛ΄	—	—	—[33]	ϛ΄■	η΄	—
ιβ΄	α	ϛ΄	ϛ΄	η΄[43]	—	—	—	—	—⁙	ϛ΄	—	—/ϛ΄
ιγ΄	η΄×	—⁙[34]	η΄※•	ϛ΄	ϛ΄	—/ϛ΄	—	—	—	—	ϛ΄	α
ιδ΄	Δ	ϛ΄	ϛ΄■	—	α	—⁙[35]	—	—	—	ϛ΄	—[33]	—
ιε΄	ϛ΄	—	—/ϛ΄[36]	ϛ΄■	ϛ΄	—[33]	—	—	—/ϛ΄	—	ϛ΄	Θ
ιϛ΄	ϛ΄	—/ϛ΄	ϛ΄■•	—	ϛ΄□	—	—	—	—[33]	—	—	—[33]
ιζ΄	—	—[33]	ϛ΄	ϛ΄■	η΄※	ϛ΄	—	—	—[33]	—⁙[37]	ϛ΄□	—
ιη΄	—	ϛ΄■•	—⁙	—	η΄	—[33]	—	—	—	—[38]	—	—
ιθ΄	—	—/ϛ΄	—[33]	—	ϛ΄	—[39]	—	—	—	—	—⁙	—[33]
κ΄	ϛ΄	—/ϛ΄	—[33]	ϛ΄[40]	η΄※	—	—	—	—	—	η΄×	—
κα΄	α	ϛ΄	Θ	—	ϛ΄	—	—	—	η΄•[43]	—[38]	—[33]	—
κβ΄	—⁙	ϛ΄	ϛ΄	—⁙	ϛ΄	—	—	—	—	—	ϛ΄	—/ϛ΄
κγ΄	η΄×	ϛ΄■	—[33]	ϛ΄	—/ϛ΄	—	—	η΄※•	—	—	—⁙	α
κδ΄	ϛ΄	—/ϛ΄	ϛ΄	—	—[33]	η΄	—	—	—⁙	η΄※•	ϛ΄	—[33]
κε΄	—⁙	—/ϛ΄	η΄/α[41]	Δ	η΄※•	—	Θ[42]	ϛ΄■	η΄	ϛ΄	η΄×	ϛ΄■
κϛ΄	η΄※	η΄•[43]	ϛ΄	█	—[33]	—	ϛ΄	—	—[33]	—	η΄×	ϛ΄
κζ΄	—⁙	ϛ΄	—/ϛ΄	ϛ΄	η΄	—	—	—[33]	—	—⁙	η΄[43]	—[33]
κη΄	ϛ΄□	η΄[28]	ϛ΄	—[33]	ϛ΄	—	—	—	—	—[33]	—[44]	—/ϛ΄
κθ΄	—/ϛ΄	—[33]	—	ϛ΄	ϛ΄	—	—	—[33]	—	η΄※•	—	η΄•[43]
λ΄	—/ϛ΄	—⁙[34]	η΄•[43]	—	η΄※•	█	—[39]	ϛ΄■•	—	η΄×•	—	ϛ΄
λα΄	█	—[33]	█	α	ϛ΄	█	—	█	—	█	—⁙	η΄×

[27] Ἐν τῷ Πεντηκοσταρίῳ, ἀπὸ τῆς Δευτέρας μετὰ τὴν τοῦ Θωμᾶ Κυριακή, αἱ ἀκολουθίαι τελοῦνται κατὰ τὴν διάταξιν τοῦ Πεντηκοσταρίου - Τὸ Ἅγιον Πάσχα μπορεῖ νὰ ἑορτάζεται τὸ συντομώτερον 4 Ἀπριλίου (22 Μαρτίου μὲ τὸ παλαιό), καὶ τὸ ἀργότερον 8 Μαΐου (25 Ἀπριλίου μὲ τὸ παλαιό). Ἐπίσης τὸ Πεντηκοστάριον τελειώνει (Κυριακὴ τῶν Ἁγίων Πάντων) τὸ ἐνωρίτερον 30 Μαΐου, δηλ. 8 ἑβδομάδες μετὰ τὸ ἐνωρίτερον Πάσχα (17 Μαΐου μὲ τὸ παλαιό)· τὸ ἀργότερον τελειώνει 3 Ἰουλίου (20 Ἰουνίου μὲ τὸ παλαιό), [ΤΟΕ, σ. 82].

[28] Ἀποφάσει τῆς Ἱερᾶς Συνόδου τῆς Ἐκκλησίας τῆς Ἑλλάδος ληφθείση κατὰ τὸ ἔτος 1952, ἡ σήμερον κυρίως ἀγομένη Ἑορτὴ τῆς τιμίας Σκέπης μετατίθεται τῇ 28η Ὀκτωβρίου, ἵνα συνεορτάζεται πανηγυρικῶς μετὰ τῆς ἐθνικῆς ἑορτῆς.

[29] Αὕτη ἡ ἡμέρα ἀσφαλῶς καὶ εἶναι Δεσποτικὴ Ἑορτή. Ὅμως ἀπὸ τυπικῆς ἀπόψεως, δὲν κατατάσσεται ἀμιγῶς εἰς τὰς Δεσποτικὰς Ἑορτάς «Δ», καθότι συνεορτάζεται καὶ ὁ Μέγας Βασίλειος, καὶ μάλιστα Εὐαγγέλιον Ὄρθρου ἀναγινώσκεται τοῦ Ἁγίου, καὶ τὸ ἀπολυτίκιον τοῦ Ἁγίου εἰς τὸ Θεὸς Κύριος, ψάλλεται δίς καὶ πρὸ τοῦ τῆς Ἑορτῆς, [ΤΟΕ, σ. 278].

[30] Ἄρχεται ἀπὸ σήμερα α΄ Αὐγούστου σὺν Θεῷ, ἡ **Νηστεῖα γιὰ τὴν Κοίμησιν τῆς Ὑπεραγίας Θεοτόκου.**

[31] **Διὰ τὸν κόπον τῆς Ἀγρυπνίας**, δὲν γίνονται Ἀγρυπνίες σὲ δύο συνεχόμενες ἡμέρες. Ἐὰν ὅμως ἡ (σύγχρονη) Ἀγρυπνία δὲν ἔχει κόπο, καὶ διαρκεῖ λιγότερο ἀπὸ 4 ὧρες, δὲν ἰσχύει τὸ ἀνωτέρω.

[32] Τὸ [ΜΒ] δὲν ἔχει Εὐαγγέλιον Ὄρθρου ἀλλὰ ἔχει Πολυέλεον (εἶναι μοναδικὴ αὐτὴ ἡ περίπτωσις εἰς τὰ [ΜΒ]). Τό [ΤΓΡ, σ. 354] ἀκολουθεῖ τό [ΜΒ], ὅμως τό [ΤΑΣ(2010, 2012)] δὲν ἔχει Πολυέλεον, τὸ ὁποῖον καὶ ἀκολουθοῦμε. Εὐαγγελίου τοῦ Ὄρθρου μὴ ἀναγινωσκομένου σχολάζει καὶ ὁ Πολυέλεος καὶ τυχὸν Καθίσματα αὐτοῦ, πρβλ. γ. Δοσίθεος [ΤΛΣ(2010), σ. 181, ὑποσ. 36]. Βλ. ἐπίσης [ΔΕΕ (2019), σ. 349, «ἄνευ πολυελέου»].

[33] Τὰ Μηναῖα ὑπὸ τοῦ Βαρθολομαίου ἔχουν ἀπολυτίκια Ἁγίου, βλ. ὑποσ. 19, πρβλ. ὑποσ. 20 ἐνταῦθα.

[34] Εἰς τὰς 13/10, 30/10, 5/2, τὰ Μηναῖα ὑπὸ τοῦ Βαρθολομαίου δὲν ἔχουν ἀπολυτίκια Ἁγίου, βλ. ὑποσ. 22, πρβλ. ὑποσ. 20 ἐνταῦθα.

[35] Ἐὰν τύχει ἐκτὸς τῆς Τεσσαρακοστῆς.

[36] Ἄρχεται ἀπὸ σήμερα ιε΄ Νοεμβρίου σὺν Θεῷ, ἡ **Νηστεῖα τῶν Χριστουγέννων.**

[37] βλ. [ΤΟΕ, σ. 294, ὑποσ. 179].

[38] Εἰς τὰς 18/6, 21/6, τὸ χειρόγραφον, λέει τὸ [ΜΒ], ἔχει καὶ δύο δοξαστικὰ τοῦ Ἁγίου, τὰ ὁποῖα ὅμως ὁ Βαρθολομαῖος ἀφαίρεσε (ἀφήνοντας ὑποσημείωσιν), ἐνῶ ἄφησε τὸ ἀπολυτίκιον.

[39] Εἰς τὰς 19/2, 30/3 τά [ΜΒ] δὲν ἔχουν ἀπολυτίκιον Ἁγίου, ἔχει ὅμως τό [ΤΑΣ (1545, 2012)] μὲ τὸ ὁποῖον συμφωνοῦμε. Προτείνουμε τὴν συγγραφὴ ἀπὸ δόκιμους Ὑμνογράφους ἑνὸς καὶ μόνου δοξαστικοῦ εἰς τέτοια ἐξαιρετέα περίπτωσιν τοῦ Μηναίου, μὲ σεβασμὸ βέβαια στὴν παράδοση τοῦ Τυπικοῦ

Σημειωτέον, ὅτι **Ἀγρυπνία** (⁜) σύμφωνα μὲ τὸ **ΤΑΣ** (καὶ τὸ **Μηναῖον**) γίνεται καὶ **κάθε Κυριακή**[45]**, Δεσποτικὴ ἢ Θεομητορικὴ Ἑορτή** (συμπεραίνεται ἀπὸ τὴν ὕπαρξη Μικροῦ Ἑσπερινοῦ εἰς τὸ Μηναῖον/Παρακλητική), πέραν ὁρισμένων ἑορτῶν Ἁγίων. Δὲν τὸ ἀναφέρουμε στὸν Πίνακα, χάριν ἁπλουστεύσεως.

Βάσει τοῦ Πίνακος τοῦ Μηνολογίου, δυνάμεθα νὰ συγκρίνουμε μὲ τὸ Ἁγιορειτικὸν Τυπικόν [ΑΤ, σ. 251] (–, Δ (δοξαστικόν), ΔΞ (Δοξολογία), Β.Ο. (Βαθὺς Ὄρθρος), ΑΓ (Ἀγρυπνία)), τὶς ἀντίστοιχες κατηγορίες τῶν Ἀκολουθιῶν.

Ἀπὸ τὴν σύγκριση τοῦ Πίνακος 3, βλέπουμε ὅτι ὁ διαχωρισμὸς εἰς τὸ [ΑΤ] διακρίνει μόνο πέντε περιπτώσεις, σὲ ἀντίθεση μὲ τὶς δέκα περιπτώσεις τοῦ Πίνακος 1.

(χωρὶς δηλ. ἀλλαγὴ τῆς τυπικῆς διατάξεως ἀπό π.χ. μὴ ἑορταζομένη σὲ ἑορταζομένη).

[40] Ἀπὸ σήμερον 20/12 ἄρχονται τὰ Τριῴδια εἰς τὰ Ἀπόδειπνα [ΑΤ, σ. 160].

[41] Τῆς Ἁγίας Αἰκατερίνης καὶ τοῦ Ἁγίου Μερκουρίου, συμπίπτει καὶ ἡ Ἀπόδοσις τῆς Ἑορτῆς τῶν Εἰσοδίων τῆς Ὑπεραγίας Θεοτόκου, βλ. Τυπικόν εἰς [ΤΟΕ], σσ. 166, 264. Σύμφωνα μὲ τό [ΤΑΣ(2010), σ. 164, καί ὑποσ. 52] ἡ ἀκολουθία τῆς Ἁγίας εἶναι μὴ ἑορτάσιμος. Σύμφωνα μὲ τό [ΤΑΣ(2012), σ. 125] ἡ ἀκολουθία τῆς Ἁγίας (εἰς τάς 24/12) εἶναι ἑορτάσιμος εἰς ς΄ μὲ μικρὰ δοξολογία (διότι ἔχει βάλει στιχηρὰ Αἴνων τῆς Ἁγίας). Πρβλ. [ΔΕΕ(2019), σ. 340, σημείωσις]. Ἀμφότερα τὰ ΤΑΣ ἔχουν κοινὸν ἀπολυτίκιον τῆς Ἁγίας, *Ἡ ἀμνάς Σου Ἰησοῦ*.

[42] Τῇ αὐτῇ ἡμέρᾳ ἑσπέρας ἀποδίδεται ἡ Ἑορτὴ τοῦ Εὐαγγελισμοῦ τῆς Θεοτόκου.

[43] Τό [ΑΤ] βάζει **Ἀγρυπνία**.

[44] Εἰς τὰς 28-30 Ἰουλίου (γιὰ παράδειγμα), τὸ Μηναῖον ὑπὸ τοῦ Βαρθολομαίου [ΜΒ], ὁμοίως καὶ τὸ Μηναῖον τοῦ 1820 (ὑπὸ τοῦ Νικολάου) δὲν ἔχει ἀπολυτίκιον (σωστά). Εἰς τὰ σύγχρονα Μηναῖα, παρατύπως καὶ ἐσφαλμένως προσετέθησαν. Ὅθεν οἱ τὴν εἴδησιν ταύτην λαμβάνοντες, διορθωθήτωσαν.

[45] Γέροντας Δοσίθεος (Ἱ. Μ. Παναγίας Τατάρνης): «Αὐτὴν τὴν αὐστηρότητα ὡς πρὸς τὴν τήρησιν τῶν παραδεδομένων τὴν καταγράφουν καὶ ξένοι περιηγηταί. Εἰς τὰς ἀρχὰς τοῦ ΙΗ' αἰῶνος ὁ Γάλλος Tournefort εὑρίσκεται εἰς τὴν Μύκονον. Γράφει τὰς ἐντυπώσεις του, ἴσως μὲ κάποιαν δόσιν ὑπερβολῆς. **Αἱ Λειτουργίαι τῆς Κυριακῆς** "εἶναι ἀτελείωτες καὶ ἐξουθενωτικές. **Διαρκοῦν ἓξ ὧρες.** Διαβάζουν ὄχι μονάχα εὐχὲς καὶ ἀποσπάσματα τῆς Γραφῆς, ἀλλὰ καὶ συναξάρια τῶν Ἁγίων σὲ λαϊκὴ γλῶσσα. Ἡ Λειτουργία ἀρχίζει στὶς δύο τὸ πρωὶ τὴν ὥρα ποὺ κοιμοῦνται οἱ Τοῦρκοι"», Πρακτικὰ Α΄ Πανελληνίου Συνεδρίου Ψαλτικῆς Τέχνης, 2000, σ. 189.

Πίναξ 3. Σύγκρισις τυπικῶν περιπτώσεων [ΑΤ]

[ΑΤ, σσ. 251-252]	Πλήρης Πίναξ Μηνολογίου
– (μικρὰ δοξολογία)	– [46]
Δ (Ἰδιόμ. δοξαστικόν, μικρὰ δοξ.)	–∴ [47], –/ς΄ [48], ς΄ [49], ς΄□ [50]
ΔΞ (Μεγάλη Δοξολογία)	ς΄■ [51], ς΄□ [52], η΄× [53]
Β.Ο. (Βαθὺς Ὄρθρος)	η΄× [54], η΄ [55]
ΑΓ (Ἀγρυπνία)	η΄• [56], η΄⌖ [57]

Φυσικὰ εἴμαστε ὑπὲρ τοῦ ἡμετέρου διαχωρισμοῦ πιστεύοντες ὅτι βοηθάει περισσότερον εἰς τὴν κατανόησιν καὶ εὐκολοτέραν τήρησιν τοῦ τυπικοῦ, καὶ εἰς τὴν ἀκριβεστέραν καταγραφὴν τῶν τυπικῶν διατάξεων.

Ἐὰν δοῦμε τὴν σύγκρισιν ἀπὸ πλευρᾶς τοῦ ἰσχύοντος Τυπικοῦ [ΤΜΕ], ἴσως θὰ ἔπρεπε ἡ περίπτωσις ΔΞ τοῦ [ΑΤ] νὰ διαιρεθεῖ εἰς δύο περιπτώσεις, ὡς ἑξῆς·

- «ΔΞ(ς΄), Μεγ. Δοξολογία ἄνευ Καταβασιῶν» ↔ ς΄■, ς΄□.
- «ΔΞ(η΄), Μεγ. Δοξολογία μετὰ Καταβασιῶν» ↔ η΄×.

---

[46] ὡς ἐξάγεται ἀπὸ τὴν σύγκρισιν π.χ. 2-9 Ἀπριλίου.

[47] ὡς ἐξάγεται ἀπὸ τὴν σύγκρισιν π.χ. 18 Νοεμβρίου, 9 Ἰανουαρίου, 7 Ἰουλίου.

[48] ὡς ἐξάγεται ἀπὸ τὴν σύγκρισιν π.χ. 2 Σεπτεμβρίου, 4 Νοεμβρίου, 10 Ἰανουαρίου.

[49] ὡς ἐξάγεται ἀπὸ τὴν σύγκρισιν π.χ. 2-3 Ὀκτωβρίου, 1-2, 6-7 Νοεμβρίου.

[50] ὡς ἐξάγεται ἀπὸ τὴν σύγκρισιν π.χ. 28 Σεπτεμβρίου.

[51] ὡς ἐξάγεται ἀπὸ τὴν σύγκρισιν π.χ. 6, 9, 23 Ὀκτωβρίου, 10 Μαΐου.

[52] ὡς ἐξάγεται ἀπὸ τὴν σύγκρισιν π.χ. 16 Ἰανουαρίου, 8, 17 Ἰουλίου.

[53] ὡς ἐξάγεται ἀπὸ τὴν σύγκρισιν π.χ. 6 Σεπτεμβρίου, 1-2 Ἰουλίου.

[54] ὡς ἐξάγεται ἀπὸ τὴν σύγκρισιν π.χ. 6 Σεπτεμβρίου, 2 Μαΐου, 1 Αὐγούστου.

[55] ὡς ἐξάγεται ἀπὸ τὴν σύγκρισιν π.χ. 9 Δεκεμβρίου, 9 Μαρτίου, 4 Ἰουνίου.

[56] ὡς ἐξάγεται ἀπὸ τὴν σύγκρισιν π.χ. 26 Ὀκτωβρίου, 8 Νοεμβρίου, 21 Μαΐου.

[57] ὡς ἐξάγεται ἀπὸ τὴν σύγκρισιν π.χ. 6 Δεκεμβρίου, 10 Φεβρουαρίου.

Ἐὰν δοῦμε ὅμως τὴν σύγκρισιν μὲ τὴν ὑπόθεσιν ὅτι παλαιὰ εἰς τὴν περίπτωσιν **η΄×**, ὑπῆρχαν ἀκολουθίες εἰς η΄ χωρὶς Καταβασίες[13], τότε ἴσως νὰ μὴν χρειάζεται τέτοιος διαχωρισμός, θεωρῶντας ὅτι ἡ περίπτωσις **ΔΞ** τοῦ [ΑΤ] εἶναι ἄνευ Καταβασιῶν.

Ἡ ἀνωτέρα ἀνάλυση, ἐφαρμοζόμενη εἰς τὸ παρὸν τυπικοεγκόλπιον μπορεῖ νὰ θεωρηθεῖ καὶ ὡς μία **πρώτη προσέγγιση ἑνοποιήσεως τῶν Τυπικῶν, τῶν Ἐνοριῶν, τοῦ ΤΑΣ, καὶ τῶν Ἱερῶν Μονῶν τοῦ Ἁγίου Ὄρους.**

Χάριν ἁπλουστεύσεως (**εἰ βούλει** διὰ τὰς ἐνορίας· εἰ δὲ μή, χρησιμοποίησε τὸν Πλήρη Πίνακα Μηνολογίου), περιλαμβάνουμε παρακάτω τὸν **Ἀπλουστευμένο Πίνακα Μηνολογίου,** ὅπου συμπτήξαμε τὶς ἀκόλουθες περιπτώσεις (βλέπε Πίνακα 1):

η΄⌗ → η΄
–/ϛ΄ → ϛ΄
ϛ΄▫ → ϛ΄▪

Πίναξ 4. Ἀπλουστευμένος Πίναξ Μηνολογίου, [ΜΒ]
→

	Σεπ	Ὀκτ	Νοε	Δεκ	Ἰαν	Φεβ	Μάρ	Ἀπρ[27]	Μάι	Ἰούν	Ἰούλ	Αὔγ
α΄	η΄	ϛ΄[28]	ϛ΄	—	Δ/η΄[29]	ϛ΄	—⁝[35]	—[33]	—	—	η΄×	η΄×[30]
β΄	ϛ΄	ϛ΄	ϛ΄	—	—	Θ	—	—	η΄×	—[33]	η΄×	ϛ΄
γ΄	ϛ΄	ϛ΄	ϛ΄■	—	—	—	—	—	—	—	—	—
δ΄	ϛ΄	—	ϛ΄	η΄×	—[33]	—	—	—	—	η΄	—[33]	—[33]
ε΄	ϛ΄	—	—	η΄	—	—⁝[34]	—	—	—[33]	—	η΄×	—
ϛ΄	η΄×	ϛ΄■	ϛ΄	η΄•	Δ	—	ϛ΄	—	—⁝	—	—[33]	Δ
ζ΄	—	ϛ΄	ϛ΄	—	η΄×•	—	—	—	—⁝	—	—⁝	—
η΄	Θ	ϛ΄	η΄•	—	—	ϛ΄	—	—	η΄•	ϛ΄	ϛ΄■	—
θ΄	ϛ΄	ϛ΄■	—	η΄×[32]	—⁝	α	η΄	—	—⁝	—[33]	—	—[33]
ι΄	—	ϛ΄	—	ϛ΄	ϛ΄	η΄	—	—	ϛ΄■	—	η΄	—
ια΄	—	—[33]	ϛ΄	—⁝	η΄	ϛ΄	—	—	—[33]	ϛ΄■	η΄	—
ιβ΄	α	ϛ΄	ϛ΄	η΄	—	—	—	—	—⁝	ϛ΄	—	ϛ΄
ιγ΄	η΄×	—⁝[34]	η΄•	ϛ΄	ϛ΄	ϛ΄	—	—	—	—	ϛ΄	α
ιδ΄	Δ	ϛ΄	ϛ΄■	—	α	—⁝[35]	—	—	—	ϛ΄	—[33]	—
ιε΄	ϛ΄	—	ϛ΄[36]	ϛ΄■	ϛ΄	—[33]	—	—	ϛ΄	—	ϛ΄	Θ
ιϛ΄	ϛ΄	ϛ΄	ϛ΄■•	—	ϛ΄■	—	—	—	—[33]	—	—	—[33]
ιζ΄	—	—[33]	ϛ΄	ϛ΄■	η΄	ϛ΄	—	—	—[33]	—⁝[37]	ϛ΄■	—
ιη΄	—	ϛ΄■•	—⁝	—	η΄	—[33]	—	—	—	—[38]	—	—
ιθ΄	—	—	—	—	ϛ΄	—[39]	—	—	—	—⁝	—[33]	—
κ΄	ϛ΄	ϛ΄	—[33]	ϛ΄[40]	η΄	—	—	—	—	—	η΄×	—
κα΄	α	ϛ΄	Θ	—	ϛ΄	—	—	—	η΄•	—[38]	—[33]	—
κβ΄	—⁝	ϛ΄	ϛ΄	—⁝	ϛ΄	—	—	—	—	—	ϛ΄	ϛ΄
κγ΄	η΄×	ϛ΄■	—[33]	ϛ΄	ϛ΄	—	—	η΄•	—	—	—⁝	α
κδ΄	ϛ΄	ϛ΄	ϛ΄	—	—[33]	η΄	—	—	—⁝	η΄•	ϛ΄	—[33]
κε΄	—⁝	ϛ΄	η΄/α[41]	Δ	η΄•	—	Θ	ϛ΄■	η΄	ϛ΄	η΄×	ϛ΄■
κϛ΄	η΄	η΄•	ϛ΄		—[33]	—	ϛ΄	—	—[33]	—	η΄×	ϛ΄
κζ΄	—⁝	ϛ΄	ϛ΄	ϛ΄	η΄	—	—	—[33]	—	—⁝	η΄	—[33]
κη΄	ϛ΄■	η΄[28]	ϛ΄	—[33]	ϛ΄	—	—	—	—	—[33]	—[44]	ϛ΄
κθ΄	ϛ΄	—[33]	—	ϛ΄	ϛ΄	—	—	—[33]	—	η΄•	—	η΄•
λ΄	ϛ΄	—⁝[34]	η΄•	—	η΄•		—[39]	ϛ΄■•	—	η΄×•	—	ϛ΄
λα΄		—[33]		α	ϛ΄		—		—		—⁝	η΄×

Ἅγιος Ἰωάννης ὁ Χρυσόστομος

«Πανήγυρίς ἐστι πνευματικὴ τοῦ Θεοῦ ἡ ἐκκλησία καὶ ἰατρεῖόν ἐστι ψυχῶν»

[PG 53,293]

«Εἰς τὸν οὐρανὸν εἴσιμεν εἰσιόντες ἐνθάδε. Οὐ τῷ τόπῳ λέγω, ἀλλὰ τῇ διαθέσει. Μηδεὶς ἐνταῦθα τὰ τοῦ οἴκου μελετάτω. Ἰατρεῖον πνευματικὸν ὁ οἶκος οὗτος»

[Χρυσοστομικὸν Ταμεῖον, Βενεδίκτου Ἱερομ. Ἁγιορείτου, σ. 395]

Ἅγιος Βασίλειος ὁ Μέγας

Κατὰ τὸν ἐκκλησιασμὸν «τὸ δανεισθὲν τῷ Θεῷ τοῦ χρόνου μέρος οὐκ ἀφανίζεται, ἀλλὰ σὺν μεγάλῃ ἀποδίδοται παρ' Αὐτοῦ τῇ προσθήκῃ... καὶ σώματι τόνον καὶ ψυχῇ προθυμίαν καὶ συναλλαγμάτων εὐμάρειαν, καὶ τὴν εἰς πάντα τὸν βίον εὐοδίαν τοῖς τὰ πνευματικὰ προτιμότερα ποιουμένοις διδούς...»

[Βασιλειανὸν Ταμεῖον, Βενεδίκτου Ἱερομ. Ἁγιορείτου, σ. 194]

Ἅγιος Ἰωάννης τῆς Κλίμακος

«Προσευχὴ γάρ ἐστι, Θεοῦ τυραννὶς εὐσεβής. Τὴν ταύτης ὠφέλειαν, ἐκ τῶν συμβαινόντων δαιμονικῶν ἐμποδίων ἐν τῷ καιρῷ τῶν συνάξεων τεκμαιρόμεθα· τὸν δὲ ταύτης καρπόν, ἐκ τῆς τοῦ ἐχθροῦ ἥττης»

Λόγος ΚΗ΄, νθ΄

«Ψαλμῳδίας μὴ παρούσης, ἀκηδία οὐ φαίνεται»

Λόγος ΙΓ΄, η΄

«Ἐκ νυκτὸς ὀρθρίζει τὸ πνεῦμά μου πρὸς Σέ, ὁ Θεός, διότι φῶς
τὰ προστάγματά Σου ἐπὶ τῆς γῆς»
Ἠσ. κϛ΄ 9

«ἐκ νυκτὸς ὀρθρίζοντες, δοξολογοῦμέν Σε, Φιλάνθρωπε»
Καταβασίαι Χριστουγέννων

Χοροὶ εὐλαβῶν ἱεροψαλτῶν. Παλαιὰ Ἱερὰ Μονὴ Παναγίας Φανερωμένης
Χιλιομοδίου Κορινθίας (φωτογραφία 1/5/2015, ΠΔΠ).

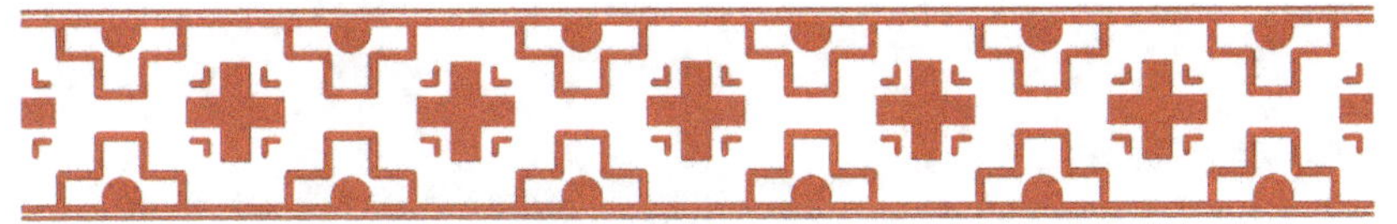

Ἀρχὴ σὺν Θεῷ Ἁγίῳ τοῦ Ὄρθρου

Πρὸ τῆς ἀρχῆς τοῦ Ὄρθρου, εἰς τὸ Ἀναλόγιον, ἄνοιξε τὸ βιβλίον τῆς Παρακλητικῆς[58], εἰς τὸν ἦχον τῆς ἑβδομάδος, τῇ σημερινῇ ἡμέρᾳ πρωί ἐν τῷ Ὄρθρῳ, καὶ τὸ βιβλίον τοῦ Μηναίου εἰς τὴν σημερινὴν ἡμέραν εἰς τὸν Ὄρθρον.

Ἀρχὴ τοῦ Ὄρθρου

Ὁ ἱερεύς (μετὰ τὴν ἀπόλυσιν τοῦ Μεσονυκτικοῦ)·

Εὐλογητὸς ὁ Θεὸς ἡμῶν, πάντοτε· νῦν καὶ ἀεὶ καὶ εἰς τοὺς αἰῶνας τῶν αἰώνων.

Ὁ ἀναγνώστης· Ἀμήν[59].

Ὁ ἱερεύς[60]·

Δόξα Σοι, Χριστὲ ὁ Θεός, ἡ ἐλπὶς ἡμῶν, δόξα Σοι.

Βασιλεῦ οὐράνιε, Παράκλητε, τὸ Πνεῦμα τῆς ἀληθείας, ὁ πανταχοῦ παρὼν καὶ τὰ πάντα πληρῶν, ὁ θησαυρὸς τῶν ἀγαθῶν καὶ ζωῆς χορηγός, ἐλθὲ καὶ σκήνωσον ἐν ἡμῖν, καὶ καθάρισον ἡμᾶς ἀπὸ πάσης κηλῖδος καὶ σῶσον, Ἀγαθέ, τὰς ψυχὰς ἡμῶν.

Ὁ ἀναγνώστης· Ἀμήν.

---

[58] Ἢ τὸ βιβλίον τοῦ Τριῳδίου ἐν τῇ Μ. Τεσσαρακοστῇ ἢ τὸ βιβλίον τοῦ Πεντηκοσταρίου ἐν τῷ Πεντηκοσταρίῳ.

[59] Ἐν τῷ Πεντηκοσταρίῳ, ἀπὸ τῆς Κυριακῆς τοῦ Θωμᾶ μέχρι τῆς Πεντηκοστῆς, οὐ λέγεται τὸ Βασιλεῦ οὐράνιε, ἀλλὰ μετὰ τὸ Ἀμήν, Χριστός ἀνέστη (γ΄).

[60] Σύμφωνα μὲ τά [ΤΚΠ, σ. 2], [ΤΜΕ, σσ. 45, 54], [ΙΕΡ, σσ. 40, 47], τὸ «Βασιλεῦ οὐράνιε», οὐδέποτε λέγεται εἰς τὴν ἀρχὴν τοῦ Ἑσπερινοῦ ἢ τοῦ Ὄρθρου. Ἂν ὅμως δὲν ἐπισυνάπτεται ὁ Ὄρθρος εἰς τὸ Μεσονυκτικόν, λέγομεν τὸ «Βασιλεῦ οὐράνιε», ὡς ἐν ἀρχῇ τοῦ Μεσονυκτικοῦ [ΩΡΛ, Ἀκολουθία τοῦ Ὄρθρου, σ. 59].

[Δεῦτε προσκυνήσωμεν (γ΄)· καὶ οἱ Ψαλμοί ιθ΄ καί κ΄ (σ.125)][61]

Εἶτα, ὁ ἀναγνώστης, **τὸ Τρισάγιον**·[62]

Ἅγιος ὁ Θεός, Ἅγιος ἰσχυρός, Ἅγιος ἀθάνατος, ἐλέησον ἡμᾶς (γ΄)[63].

Δόξα Πατρὶ καὶ Υἱῷ καὶ Ἁγίῳ Πνεύματι· καὶ νῦν καὶ ἀεὶ καὶ εἰς τοὺς αἰῶνας τῶν αἰώνων· Ἀμήν.

Παναγία Τριάς, ἐλέησον ἡμᾶς· Κύριε, ἱλάσθητι ταῖς ἁμαρτίαις ἡμῶν· Δέσποτα, συγχώρησον τὰς ἀνομίας ἡμῖν· Ἅγιε, ἐπίσκεψαι καὶ ἴασαι τὰς ἀσθενείας ἡμῶν, ἕνεκεν τοῦ ὀνόματός Σου.

Κύριε, ἐλέησον (γ΄).

Δόξα[64]. Καὶ νῦν[65].

Πάτερ ἡμῶν ὁ ἐν τοῖς οὐρανοῖς, ἁγιασθήτω τὸ ὄνομά Σου· ἐλθέτω ἡ Βασιλεία Σου· γενηθήτω τὸ θέλημά Σου, ὡς ἐν οὐρανῷ, καὶ ἐπὶ τῆς γῆς. Τὸν ἄρτον ἡμῶν τὸν ἐπιούσιον δὸς ἡμῖν σήμερον καὶ ἄφες ἡμῖν τὰ ὀφειλήματα ἡμῶν, ὡς καὶ ἡμεῖς ἀφίεμεν τοῖς ὀφειλέταις ἡμῶν· καὶ μὴ εἰσενέγκῃς ἡμᾶς εἰς πειρασμόν, ἀλλὰ ῥῦσαι ἡμᾶς ἀπὸ τοῦ πονηροῦ.

Ὁ ἱερεύς·

Ὅτι Σοῦ ἐστιν ἡ Βασιλεία καὶ ἡ δύναμις, καὶ ἡ δόξα τοῦ Πατρὸς καὶ τοῦ Υἱοῦ καὶ τοῦ Ἁγίου Πνεύματος, νῦν καὶ ἀεὶ καὶ εἰς τοὺς αἰῶνας τῶν αἰώνων.

---

[61] Συνήθως παραλείπονται εἰς τὰς ἐνορίας, πλὴν τῆς Μ. Τεσσαρακοστῆς (κατὰ τό [ΤΓΡ, σσ. 157,158] οἱ Ψαλμοί ιθ΄ καί κ΄, λέγονται ἐν ταῖς Καθημεριναῖς μόνον ὅταν ψάλλεται Παρακλητική ἢ εἶναι Προεόρτια/Μεθέορτα καὶ ὁ Ἅγιος δὲν εἶναι πλήρως ἑορταζόμενος). Εἰς τὴν Μ. Τεσσαρακοστὴν προσθέτομεν πρὸ τοῦ Δεῦτε προσκυνήσωμεν, πλὴν τῆς Μ. Ἑβδομάδος, τό· Τρισάγιον, Κύριε ἐλέησον (γ΄), Δόξα. Καὶ νῦν.

[62] Σύμφωνα μὲ τὸ [ΩΡΛ, σ. 61], [ΤΓΡ, σ. 187]· Δόξα. Καὶ νῦν, πρὸ τοῦ Τρισαγίου.

[63] Συντόμευσις· λέγε τρεῖς φορὲς τὸ ἴδιο.

[64] Συντόμευσις· λέγε: «**Δόξα Πατρὶ καὶ Υἱῷ καὶ Ἁγίῳ Πνεύματι**».

[65] Συντόμευσις· λέγε: «**Καὶ νῦν καὶ ἀεὶ καὶ εἰς τοὺς αἰῶνας τῶν αἰώνων. Ἀμήν.**»

Ὁ ἀναγνώστης (χῦμα)[66]· Ἀμήν.

Σῶσον, Κύριε, τὸν λαόν Σου καὶ εὐλόγησον τὴν κληρονομίαν Σου, νίκας τοῖς βασιλεῦσι κατὰ βαρβάρων δωρούμενος καὶ τὸ Σὸν φυλάττων διὰ τοῦ Σταυροῦ Σου πολίτευμα.

Δόξα.

Ὁ ὑψωθεὶς ἐν τῷ Σταυρῷ ἑκουσίως, τῇ ἐπωνύμῳ Σου καινῇ πολιτείᾳ τοὺς οἰκτιρμούς Σου δώρησαι, Χριστὲ ὁ Θεός· εὔφρανον ἐν τῇ δυνάμει Σου, τοὺς πιστοὺς βασιλεῖς ἡμῶν, νίκας χορηγῶν αὐτοῖς, κατὰ τῶν πολεμίων· τὴν συμμαχίαν ἔχοιεν τὴν Σήν, ὅπλον εἰρήνης, ἀήττητον τρόπαιον.

Καὶ νῦν. Θεοτοκίον[67].

Προστασία φοβερὰ καὶ ἀκαταίσχυντε, μὴ παρίδῃς, ἀγαθή, τὰς ἱκεσίας ἡμῶν, πανύμνητε Θεοτόκε· στήριξον ὀρθοδόξων πολιτείαν· σῷζε οὓς ἐκέλευσας βασιλεύειν καὶ χορήγει αὐτοῖς οὐρανόθεν τὴν νίκην· διότι ἔτεκες τὸν Θεόν, μόνη εὐλογημένη.

Ὁ ἱερεύς τὴν **μικρὰ ἐκτενή (δέησιν)**·

Ἐλέησον ἡμᾶς, ὁ Θεός, κατὰ τὸ μέγα ἔλεός Σου, δεόμεθά Σου, ἐπάκουσον καὶ ἐλέησον.

Ὁ ἀναγνώστης· Κύριε ἐλέησον (γ΄).

Ἔτι δεόμεθα ὑπὲρ τῶν εὐσεβῶν καὶ Ὀρθοδόξων[68] Χριστιανῶν.

Ὁ ἀναγνώστης· Κύριε ἐλέησον (γ΄).

Ἔτι δεόμεθα ὑπὲρ τοῦ Ἀρχιεπισκόπου ἡμῶν (τοῦ δεῖνος), καὶ πάσης τῆς ἐν Χριστῷ ἡμῶν ἀδελφότητος.

Ὁ ἀναγνώστης· Κύριε ἐλέησον (γ΄).

Ὁ ἱερεύς· **Ὅτι ἐλεήμων καὶ φιλάνθρωπος Θεὸς ὑπάρχεις, καὶ Σοὶ τὴν δόξαν ἀναπέμπομεν, τῷ Πατρὶ καὶ τῷ Υἱῷ καὶ**

---

[66] Τῇ Δευτέρᾳ τῆς Α΄ ἑβδομάδος τῶν νηστειῶν (Καθαρὰ Δευτέρα)· Κύριε ἐλέησον (ιβ΄), καὶ εὐθὺς Ἐν ὀνόματι Κυρίου εὐλόγησον πάτερ, σ. 44 (παραλειπομένων τῶν, Σῶσον Κύριε τὸν λαόν Σου, κτλ.).

[67] Ἡ λέξις Θεοτοκίον, ἀποσιωπᾶται.

[68] «Ὁ Χριστιανισμὸς καὶ τὸ τῆς τῶν δογμάτων ὀρθότητος καὶ πολιτείαν ὑγιαίνουσαν ἀπαιτεῖ», Ἅγιος Ἰωάννης ὁ Χρυσόστομος [PG 59,164].

τῷ Ἁγίῳ Πνεύματι, νῦν καὶ ἀεὶ καὶ εἰς τοὺς αἰῶνας τῶν αἰώνων.[69]

Ὁ ἀναγνώστης·

Ἀμήν. Ἐν ὀνόματι Κυρίου, εὐλόγησον, πάτερ.

Ὁ ἱερεύς·

Δόξα τῇ Ἁγίᾳ καὶ ὁμοουσίῳ καὶ ζωοποιῷ καὶ ἀδιαιρέτῳ Τριάδι, πάντοτε· νῦν καὶ ἀεὶ καὶ εἰς τοὺς αἰῶνας τῶν αἰώνων.

Ὁ ἀναγνώστης· Ἀμήν.

Ὁ Ἑξάψαλμος ἀναγινώσκεται καθ' ἡμέραν, παραλείπεται δὲ μόνον, καθ' ὅλην τὴν Διακαινήσιμον ἑβδομάδα, καὶ τὴν ἡμέραν τῆς ἀποδόσεως τοῦ Πάσχα [ΙΕΡ σ. 48].

Ἑξάψαλμος

Ὁ Ἀναγνώστης[70], μετ' εὐλαβείας καὶ φόβου Θεοῦ, ἀπαγγέλει τὸν Ἑξάψαλμον, ἀκροωμένων πάντων ἐν ὀρθίᾳ στάσει, σιωπῇ καὶ κατανύξει καὶ ὡς Αὐτῷ Χριστῷ τῷ Θεῷ ἡμῶν λαλούντων ἀοράτως καὶ δυσωπούντων ὑπὲρ τῶν ἁμαρτιῶν ἡμῶν. Πρόσχες ὅτι τούτου ἀναγινωσκομένου οὔτε μετάνοιαι, οὔτε σχήματα, οὔτε γονυκλισίαι, οὔτε σταυροὶ γίνονται.[71]

Ὁ ἀναγνώστης·

Δόξα ἐν ὑψίστοις Θεῷ καὶ ἐπὶ γῆς εἰρήνη, ἐν ἀνθρώποις εὐδοκία (ἐκ γ΄).

Κύριε, τὰ χείλη μου ἀνοίξεις, καὶ τὸ στόμα μου ἀναγγελεῖ τὴν αἴνεσίν Σου (δίς).

---

[69] «**Αἱ ἐκφωνήσεις** κυρίως εἶναι ἡ κατακλεὶς οὐχὶ τῶν Συναπτῶν, Ἐκτενῶν καὶ πάσης ἄλλης Δεήσεως, ἀλλὰ τῶν Εὐχῶν, αἱ ὁποῖαι **ἀναγινώσκονται μυστικῶς** γινομένων τῶν Δεήσεων, τῶν Συναπτῶν, Ἐκτενοῦς καὶ πάσης ἄλλης Δεήσεως», ἐκ τοῦ Ἱερατικοῦ [ΙΕΡ, σ. 54].

[70] Εἰς τὰς Ἱερὰς Μονάς, ὁ Ἡγούμενος ἀναγινώσκει τὸν Ἑξάψαλμον.

[71] πρβλ. [ΙΕΡ, σ. 48], [ΔΤΑ, σ. 61], [ΕΓΚ, σ. 37], [ΤΜΕ, σ. 325], [ΤΑΣ (2012), σ. 282].

Ψαλμός γ΄. (3)

Κύριε, τί ἐπληθύνθησαν οἱ θλίβοντές με; Πολλοὶ ἐπανίστανται ἐπ' ἐμέ. Πολλοὶ λέγουσι τῇ ψυχῇ μου· Οὐκ ἔστι σωτηρία αὐτῷ ἐν τῷ Θεῷ αὐτοῦ. Σὺ δέ, Κύριε, ἀντιλήπτωρ μου εἶ· δόξα μου, καὶ ὑψῶν τὴν κεφαλήν μου. Φωνῇ μου πρὸς Κύριον ἐκέκραξα, καὶ ἐπήκουσέ μου ἐξ ὄρους ἁγίου αὐτοῦ. Ἐγὼ ἐκοιμήθην καὶ ὕπνωσα· ἐξηγέρθην, ὅτι Κύριος ἀντιλήψεταί μου. Οὐ φοβηθήσομαι ἀπὸ μυριάδων λαοῦ, τῶν κύκλῳ συνεπιτιθεμένων μοι. Ἄναστα, Κύριε, σῶσόν με, ὁ Θεός μου. Ὅτι σὺ ἐπάταξας πάντας τοὺς ἐχθραίνοντάς μοι ματαίως, ὀδόντας ἁμαρτωλῶν συνέτριψας. Τοῦ Κυρίου ἡ σωτηρία, καὶ ἐπὶ τὸν λαόν σου ἡ εὐλογία σου.

Καὶ πάλιν· Ἐγὼ ἐκοιμήθην καὶ ὕπνωσα· ἐξηγέρθην, ὅτι Κύριος ἀντιλήψεταί μου.

Ψαλμός λζ΄. (37)

Κύριε, μὴ τῷ θυμῷ σου ἐλέγξῃς με, μηδὲ τῇ ὀργῇ σου παιδεύσῃς με. Ὅτι τὰ βέλη σου ἐνεπάγησάν μοι, καὶ ἐπεστήριξας ἐπ' ἐμὲ τὴν χεῖρά σου. Οὐκ ἔστιν ἴασις ἐν τῇ σαρκί μου ἀπὸ προσώπου τῆς ὀργῆς σου· οὐκ ἔστιν εἰρήνη ἐν τοῖς ὀστέοις μου ἀπὸ προσώπου τῶν ἁμαρτιῶν μου. Ὅτι αἱ ἀνομίαι μου ὑπερῆραν τὴν κεφαλήν μου, ὡσεὶ φορτίον βαρὺ ἐβαρύνθησαν ἐπ' ἐμέ. Προσώζεσαν καὶ ἐσάπησαν οἱ μώλωπές μου ἀπὸ προσώπου τῆς ἀφροσύνης μου. Ἐταλαιπώρησα καὶ κατεκάμφθην ἕως τέλους, ὅλην τὴν ἡμέραν σκυθρωπάζων ἐπορευόμην. Ὅτι αἱ ψόαι μου ἐπλήσθησαν ἐμπαιγμάτων, καὶ οὐκ ἔστιν ἴασις ἐν τῇ σαρκί μου. Ἐκακώθην καὶ ἐταπεινώθην ἕως σφόδρα· ὠρυόμην ἀπὸ στεναγμοῦ τῆς καρδίας μου. Κύριε, ἐναντίον σου πᾶσα ἡ ἐπιθυμία μου, καὶ ὁ στεναγμός μου ἀπὸ σοῦ οὐκ ἀπεκρύβη. Ἡ καρδία μου ἐταράχθη, ἐγκατέλιπέ με ἡ ἰσχύς μου, καὶ τὸ φῶς τῶν ὀφθαλμῶν μου, καὶ αὐτὸ οὐκ ἔστι μετ' ἐμοῦ. Οἱ φίλοι μου καὶ οἱ πλησίον μου ἐξ ἐναντίας μου ἤγγισαν καὶ ἔστησαν, καὶ οἱ ἔγγιστά μου ἀπὸ μακρόθεν ἔστησαν. Καὶ ἐξεβιάζοντο οἱ ζητοῦντες τὴν ψυχήν μου, καὶ οἱ ζητοῦντες τὰ κακά μοι ἐλάλησαν ματαιότητας καὶ δολιότητας ὅλην τὴν ἡμέραν ἐμελέτησαν. Ἐγὼ δὲ ὡσεὶ κωφὸς οὐκ ἤκουον, καὶ ὡσεὶ ἄλαλος οὐκ ἀνοίγων τὸ στόμα αὐτοῦ. Καὶ ἐγενόμην ὡσεὶ ἄνθρωπος οὐκ ἀκούων, καὶ οὐκ ἔχων ἐν τῷ στόματι αὐτοῦ ἐλεγμούς. Ὅτι ἐπὶ σοί, Κύριε, ἤλπισα, σὺ εἰσακούσῃ, Κύριε ὁ Θεός μου. Ὅτι εἶπον· Μήποτε ἐπιχαρῶσί μοι οἱ ἐχθροί μου, καὶ ἐν τῷ σαλευθῆναι πόδας μου, ἐπ' ἐμὲ ἐμεγαλορρημόνησαν. Ὅτι ἐγὼ εἰς μάστιγας ἕτοιμος καὶ ἡ ἀλγηδών μου ἐνώπιόν μού ἐστι διαπαντός. Ὅτι τὴν ἀνομίαν μου ἐγὼ ἀναγγελῶ καὶ μεριμνήσω ὑπὲρ τῆς ἁμαρτίας μου. Οἱ δὲ ἐχθροί μου ζῶσι καὶ κεκραταίωνται ὑπὲρ ἐμέ, καὶ ἐπληθύνθησαν οἱ μισοῦντές με ἀδίκως. Οἱ ἀνταποδιδόντες μοι κακὰ ἀντὶ ἀγαθῶν ἐνδιέβαλλόν με, ἐπεὶ κατεδίωκον ἀγαθωσύνην. Μὴ ἐγκαταλίπῃς με, Κύριε, ὁ Θεός μου, μὴ ἀποστῇς ἀπ' ἐμοῦ. Πρόσχες εἰς τὴν βοήθειάν μου, Κύριε, τῆς σωτηρίας μου.

Καὶ πάλιν· Μὴ ἐγκαταλίπῃς με, Κύριε, ὁ Θεός μου, μὴ ἀποστῇς ἀπ' ἐμοῦ. Πρόσχες εἰς τὴν βοήθειάν μου, Κύριε, τῆς σωτηρίας μου.

Ψαλμός ξβ΄. (62)

Ὁ Θεός, ὁ Θεός μου, πρὸς σὲ ὀρθρίζω. Ἐδίψησέ σε ἡ ψυχή μου, ποσαπλῶς σοι ἡ σάρξ μου ἐν γῇ ἐρήμῳ καὶ ἀβάτῳ καὶ ἀνύδρῳ. Οὕτως ἐν τῷ ἁγίῳ ὤφθην σοι, τοῦ ἰδεῖν τὴν δύναμίν σου καὶ τὴν δόξαν σου. Ὅτι κρεῖσσον τὸ ἔλεός σου ὑπὲρ ζωάς· τὰ χείλη μου ἐπαινέσουσί σε. Οὕτως εὐλογήσω σε ἐν τῇ ζωῇ μου, καὶ ἐν τῷ ὀνόματί σου ἀρῶ τὰς χεῖράς μου. Ὡς ἐκ στέατος, καὶ πιότητος ἐμπλησθείη ἡ ψυχή μου, καὶ χείλη ἀγαλλιάσεως αἰνέσει τὸ στόμα μου. Εἰ ἐμνημόνευόν σου ἐπὶ τῆς στρωμνῆς μου, ἐν τοῖς ὄρθροις ἐμελέτων εἰς σέ. Ὅτι ἐγενήθης βοηθός μου, καὶ ἐν τῇ σκέπῃ τῶν πτερύγων σου ἀγαλλιάσομαι. Ἐκολλήθη ἡ ψυχή μου ὀπίσω σου, ἐμοῦ δὲ ἀντελάβετο ἡ δεξιά σου. Αὐτοὶ δὲ εἰς μάτην ἐζήτησαν τὴν ψυχήν μου· εἰσελεύσονται εἰς τὰ κατώτατα τῆς γῆς· παραδοθήσονται εἰς χεῖρας ρομφαίας, μερίδες ἀλωπέκων ἔσονται. Ὁ δὲ βασιλεὺς εὐφρανθήσεται ἐπὶ τῷ Θεῷ, ἐπαινεθήσεται πᾶς ὁ ὀμνύων ἐν αὐτῷ, ὅτι ἐνεφράγη στόμα λαλούντων ἄδικα.

Καὶ πάλιν· Ἐν τοῖς ὄρθροις ἐμελέτων εἰς σέ, ὅτι ἐγενήθης βοηθός μου, καὶ ἐν τῇ σκέπῃ τῶν πτερύγων σου ἀγαλλιάσομαι. Ἐκολλήθη ἡ ψυχή μου ὀπίσω σου· ἐμοῦ δὲ ἀντελάβετο ἡ δεξιά σου.

Μετὰ τὴν ἀνάγνωσιν τῶν τριῶν πρώτων Ψαλμῶν[72] ὑπὸ τοῦ Ἀναγνώστου, ὁ ἱερεὺς ὑποκλίνεται πρὸ τῆς Ἁγίας Τραπέζης, ἵσταται, ἐπὶ τῆς Ὡραίας πύλης, ἔμπροσθεν τῆς εἰκόνος τοῦ Δεσπότου Χριστοῦ, καί, ὑποκλιθείς, ἀναγινώσκει **μυστικῶς** τὰς Εὐχάς.

Ὁ ἀναγνώστης συνεχίζει ἄνευ τινας διακοπῆς·

Δόξα. Καὶ νῦν.

Ἀλληλούια, ἀλληλούια, ἀλληλούια. Δόξα σοι ὁ Θεός (ἐκ γ΄, ἄνευ μετανοίας, γονυκλισίας, ἢ σταυρῶν[73]).

Κύριε ἐλέησον (ἐκ γ΄). Δόξα. Καὶ νῦν.

Ψαλμός πζ΄. (87)

Κύριε, ὁ Θεὸς τῆς σωτηρίας μου, ἡμέρας ἐκέκραξα καὶ ἐν νυκτὶ ἐναντίον σου. Εἰσελθέτω ἐνώπιόν σου ἡ προσευχή μου, κλῖνον τὸ οὖς σου εἰς τὴν δέησίν μου. Ὅτι ἐπλήσθη κακῶν ἡ ψυχή μου, καὶ ἡ ζωή μου τῷ Ἄδῃ ἤγγισε. Προσελογίσθην μετὰ τῶν καταβαινόντων εἰς λάκκον, ἐγενήθην ὡσεὶ ἄνθρωπος ἀβοήθητος, ἐν νεκροῖς ἐλεύθερος. Ὡσεὶ τραυματίαι καθεύδοντες ἐν τάφῳ, ὧν οὐκ ἐμνήσθης ἔτι, καὶ αὐτοὶ ἐκ τῆς χειρός σου ἀπώσθησαν. Ἔθεντό με ἐν λάκκῳ κατωτάτῳ, ἐν σκοτεινοῖς καὶ ἐν σκιᾷ θανάτου. Ἐπ' ἐμὲ ἐπεστηρίχθη ὁ θυμός σου, καὶ πάντας τοὺς μετεωρισμούς σου ἐπήγαγες ἐπ' ἐμέ. Ἐμάκρυνας τοὺς γνωστούς μου ἀπ' ἐμοῦ, ἔθεντό με βδέλυγμα ἑαυτοῖς. Παρεδόθην, καὶ οὐκ ἐξεπορευόμην· οἱ ὀφθαλμοί μου ἠσθένησαν ἀπὸ πτωχεί-

---

[72] Σύμφωνα μὲ τὸ [ΑΤ, σ. 25], ὁ ἱερεὺς ἀναγινώσκει **μυστικῶς** τὰς Εὐχὰς ἔμπροσθεν τῆς Ἁγίας Τραπέζης ἀπὸ τὴν ἀρχὴν τῆς ἀναγνώσεως τοῦ Ἑξαψάλμου, καὶ εἰς αὐτὸ τὸ σημεῖον ἐξέρχεται ἐκ τῆς βορείας πύλης καὶ συνεχίζει τὴν μυστικὴν ἀνάγνωσιν τῶν Εὐχῶν ἔμπροσθεν τοῦ Κυρίου τοῦ τέμπλου.

[73] Ἡ ἐκτέλεση τοῦ σημείου τοῦ Σταυροῦ, λέγεται καὶ (μικρὴ) μετάνοια, ἐν ἀντιπαραθέσει πρὸς τὴν μεγάλη μετάνοια ποὺ ἀπαιτεῖ γονυκλισία.

ας. Ἐκέκραξα πρὸς σέ, Κύριε, ὅλην τὴν ἡμέραν, διεπέτασα πρὸς σὲ τὰς χεῖράς μου. Μὴ τοῖς νεκροῖς ποιήσεις θαυμάσια; ἢ ἰατροὶ ἀναστήσουσι, καὶ ἐξομολογήσονταί σοι; Μὴ διηγήσεταί τις ἐν τῷ τάφῳ τὸ ἔλεός σου, καὶ τὴν ἀλήθειάν σου ἐν τῇ ἀπωλείᾳ; Μὴ γνωσθήσεται ἐν τῷ σκότει τὰ θαυμάσιά σου καὶ ἡ δικαιοσύνη σου ἐν γῇ ἐπιλελησμένῃ; Κἀγὼ πρὸς σέ, Κύριε, ἐκέκραξα, καὶ τὸ πρωῒ ἡ προσευχή μου προφθάσει σε. Ἱνατί, Κύριε, ἀπωθῇ τὴν ψυχήν μου; ἀποστρέφεις τὸ πρόσωπόν σου ἀπ’ ἐμοῦ; Πτωχός εἰμι ἐγώ, καὶ ἐν κόποις ἐκ νεότητός μου· ὑψωθεὶς δὲ ἐταπεινώθην, καὶ ἐξηπορήθην. Ἐπ’ ἐμὲ διῆλθον αἱ ὀργαί σου, οἱ φοβερισμοί σου ἐξετάραξάν με. Ἐκύκλωσάν με ὡσεὶ ὕδωρ, ὅλην τὴν ἡμέραν περιέσχον με ἅμα. Ἐμάκρυνας ἀπ’ ἐμοῦ φίλον καὶ πλησίον, καὶ τοὺς γνωστούς μου ἀπὸ ταλαιπωρίας.

Καὶ πάλιν· Κύριε, ὁ Θεὸς τῆς σωτηρίας μου, ἡμέρας ἐκέκραξα καὶ ἐν νυκτὶ ἐναντίον σου. Εἰσελθέτω ἐνώπιόν σου ἡ προσευχή μου, κλῖνον τὸ οὖς σου εἰς τὴν δέησίν μου.

Ψαλμός ρβ΄. (102)

Εὐλόγει, ἡ ψυχή μου, τὸν Κύριον, καὶ πάντα τὰ ἐντός μου τὸ ὄνομα τὸ ἅγιον αὐτοῦ. Εὐλόγει, ἡ ψυχή μου, τὸν Κύριον, καὶ μὴ ἐπιλανθάνου πάσας τὰς ἀνταποδόσεις αὐτοῦ. Τὸν εὐϊλατεύοντα πάσας τὰς ἀνομίας σου, τὸν ἰώμενον πάσας τὰς νόσους σου. Τὸν λυτρούμενον ἐκ φθορᾶς τὴν ζωήν σου, τὸν στεφανοῦντά σε ἐν ἐλέει καὶ οἰκτιρμοῖς. Τὸν ἐμπιπλῶντα ἐν ἀγαθοῖς τὴν ἐπιθυμίαν σου, ἀνακαινισθήσεται ὡς ἀετοῦ ἡ νεότης σου. Ποιῶν ἐλεημοσύνας ὁ Κύριος, καὶ κρίμα πᾶσι τοῖς ἀδικουμένοις. Ἐγνώρισε τὰς ὁδοὺς αὐτοῦ τῷ Μωϋσῇ, τοῖς υἱοῖς Ἰσραὴλ τὰ θελήματα αὐτοῦ. Οἰκτίρμων καὶ ἐλεήμων ὁ Κύριος, μακρόθυμος καὶ πολυέλεος· οὐκ εἰς τέλος ὀργισθήσεται, οὐδὲ εἰς τὸν αἰῶνα μηνιεῖ. Οὐ κατὰ τὰς ἀνομίας ἡμῶν ἐποίησεν ἡμῖν, οὐδὲ κατὰ τὰς ἁμαρτίας ἡμῶν ἀνταπέδωκεν ἡμῖν. Ὅτι κατὰ τὸ ὕψος τοῦ οὐρανοῦ ἀπὸ τῆς γῆς, ἐκραταίωσε Κύριος τὸ ἔλεος αὐτοῦ ἐπὶ τοὺς φοβουμένους αὐτόν. Καθόσον ἀπέχουσιν ἀνατολαὶ ἀπὸ δυσμῶν, ἐμάκρυνεν ἀφ’ ἡμῶν τὰς ἀνομίας ἡμῶν. Καθὼς οἰκτείρει πατὴρ υἱούς, ᾠκτείρησε Κύριος τοὺς φοβουμένους αὐτόν· ὅτι αὐτὸς ἔγνω τὸ πλάσμα ἡμῶν, ἐμνήσθη ὅτι χοῦς ἐσμεν. Ἄνθρωπος, ὡσεὶ χόρτος αἱ ἡμέραι αὐτοῦ, ὡσεὶ ἄνθος τοῦ ἀγροῦ οὕτως ἐξανθήσει. Ὅτι πνεῦμα διῆλθεν ἐν αὐτῷ, καὶ οὐχ ὑπάρξει καὶ οὐκ ἐπιγνώσεται ἔτι τὸν τόπον αὐτοῦ. Τὸ δὲ ἔλεος τοῦ Κυρίου ἀπὸ τοῦ αἰῶνος καὶ ἕως τοῦ αἰῶνος ἐπὶ τοὺς φοβουμένους αὐτόν. Καὶ ἡ δικαιοσύνη αὐτοῦ ἐπὶ υἱοῖς υἱῶν, τοῖς φυλάσσουσι τὴν διαθήκην αὐτοῦ καὶ μεμνημένοις τῶν ἐντολῶν αὐτοῦ τοῦ ποιῆσαι αὐτάς. Κύριος ἐν τῷ οὐρανῷ ἡτοίμασε τὸν θρόνον αὐτοῦ, καὶ ἡ βασιλεία αὐτοῦ πάντων δεσπόζει. Εὐλογεῖτε τὸν Κύριον, πάντες οἱ Ἄγγελοι αὐτοῦ, δυνατοὶ ἰσχύϊ, ποιοῦντες τὸν λόγον αὐτοῦ, τοῦ ἀκοῦσαι τῆς φωνῆς τῶν λόγων αὐτοῦ. Εὐλογεῖτε τὸν Κύριον, πᾶσαι αἱ δυνάμεις αὐτοῦ, λειτουργοὶ αὐτοῦ οἱ ποιοῦντες τὸ θέλημα αὐτοῦ. Εὐλογεῖτε τὸν Κύριον, πάντα τὰ ἔργα αὐτοῦ, ἐν παντὶ τόπῳ τῆς δεσποτείας αὐτοῦ· εὐλόγει ἡ ψυχή μου, τὸν Κύριον.

Καὶ πάλιν· Ἐν παντὶ τόπῳ τῆς δεσποτείας αὐτοῦ· εὐλόγει ἡ ψυχή μου, τὸν Κύριον.

Ψαλμός ρμβ΄. (142)

Κύριε, εἰσάκουσον τῆς προσευχῆς μου, ἐνώτισαι τὴν δέησίν μου ἐν τῇ ἀληθείᾳ σου, εἰσάκουσόν μου ἐν τῇ δικαιοσύνῃ σου. Καὶ μὴ εἰσέλθῃς εἰς κρίσιν μετὰ τοῦ δούλου σου, ὅτι οὐ δικαιωθήσεται ἐνώπιόν σου πᾶς ζῶν. Ὅτι κατεδίωξεν ὁ ἐχθρὸς τὴν ψυχήν μου· ἐταπείνωσεν εἰς γῆν τὴν ζωήν μου. Ἐκάθισέ με ἐν σκοτεινοῖς ὡς νεκροὺς αἰῶνος, καὶ ἠκηδίασεν ἐπ' ἐμὲ τὸ πνεῦμά μου, ἐν ἐμοὶ ἐταράχθη ἡ καρδία μου. Ἐμνήσθην ἡμερῶν ἀρχαίων, ἐμελέτησα ἐν πᾶσι τοῖς ἔργοις σου, ἐν ποιήμασι τῶν χειρῶν σου ἐμελέτων. Διεπέτασα πρὸς σὲ τὰς χεῖράς μου· ἡ ψυχή μου ὡς γῆ ἄνυδρός σοι. Ταχὺ εἰσάκουσόν μου, Κύριε, ἐξέλιπε τὸ πνεῦμά μου. Μὴ ἀποστρέψῃς τὸ πρόσωπόν σου ἀπ' ἐμοῦ, καὶ ὁμοιωθήσομαι τοῖς καταβαίνουσιν εἰς λάκκον. Ἀκουστὸν ποίησόν μοι τὸ πρωῒ τὸ ἔλεός σου, ὅτι ἐπὶ σοὶ ἤλπισα. Γνώρισόν μοι, Κύριε, ὁδὸν ἐν ᾗ πορεύσομαι, ὅτι πρὸς σὲ ἦρα τὴν ψυχήν μου. Ἐξελοῦ με ἐκ τῶν ἐχθρῶν μου, Κύριε, πρὸς σὲ κατέφυγον· δίδα-

ξόν με τοῦ ποιεῖν τὸ θέλημά σου, ὅτι σὺ εἶ ὁ Θεός μου. Τὸ Πνεῦ-
μά σου τὸ ἀγαθὸν ὁδηγήσει με ἐν γῇ εὐθείᾳ· ἕνεκεν τοῦ ὀνό-
ματός σου, Κύριε, ζήσεις με. Ἐν τῇ δικαιοσύνῃ σου ἐξάξεις ἐκ
θλίψεως τὴν ψυχήν μου· καὶ ἐν τῷ ἐλέει σου ἐξολοθρεύσεις τοὺς
ἐχθρούς μου· καὶ ἀπολεῖς πάντας τοὺς θλίβοντας τὴν ψυχήν μου,
ὅτι ἐγὼ δοῦλός σού εἰμι.

Καὶ πάλιν· Εἰσάκουσόν μου, Κύριε, ἐν τῇ δικαιοσύνῃ σου,
καὶ μὴ εἰσέλθῃς εἰς κρίσιν μετὰ τοῦ δούλου σου (δίς).

Εἶτα· Τὸ Πνεῦμά σου τὸ ἀγαθὸν ὁδηγήσει με ἐν γῇ εὐθείᾳ.

Δόξα. Καὶ νῦν.
Ἀλληλούϊα, ἀλληλούϊα, ἀλληλούϊα, δόξα σοι ὁ Θεός (ἐκ γ΄,
μετὰ μετανοιῶν γ΄). Ἡ ἐλπὶς ἡμῶν, Κύριε, δόξα σοι.

Ὁ ἱερεὺς ἀναγνοὺς **μυστικῶς** πάσας τὰς Εὐχὰς καὶ ἀσπασάμενος τὴν
δεσποτικὴν εἰκόνα τοῦ Σωτῆρος Χριστοῦ, ἐπανέρχεται ἐν τῷ ἱερῷ Βήματι[74].

Ὁ ἱερεὺς τὴν μεγάλην Συναπτήν, ἤτοι τὰ **«Εἰρηνικά»**·

Ἐν εἰρήνῃ, τοῦ Κυρίου δεηθῶμεν.
        Ὁ ἀναγνώστης· Κύριε ἐλέησον.
Ὑπὲρ τῆς ἄνωθεν εἰρήνης καὶ τῆς σωτηρίας τῶν ψυχῶν
ἡμῶν, τοῦ Κυρίου δεηθῶμεν.
        Ὁ ἀναγνώστης· Κύριε ἐλέησον.
Ὑπὲρ τῆς εἰρήνης τοῦ σύμπαντος κόσμου, εὐσταθείας τῶν
ἁγίων τοῦ Θεοῦ Ἐκκλησιῶν, καὶ τῆς τῶν πάντων ἑνώσεως, τοῦ
Κυρίου δεηθῶμεν.
        Ὁ ἀναγνώστης· Κύριε ἐλέησον.
Ὑπὲρ τοῦ ἁγίου οἴκου τούτου, καὶ τῶν μετὰ πίστεως εὐλα-
βείας καὶ φόβου Θεοῦ εἰσιόντων ἐν αὐτῷ, τοῦ Κυρίου δεηθῶμεν.
        Ὁ ἀναγνώστης· Κύριε ἐλέησον.
Ὑπὲρ τῶν εὐσεβῶν καὶ Ὀρθοδόξων[68] Χριστιανῶν, τοῦ Κυ-
ρίου δεηθῶμεν.

---

[74] Σύμφωνα μὲ τὸ [ΑΤ, σ. 26]· ὁ ἱερεὺς ἐκφωνεῖ τὰ Εἰρηνικὰ ἔξω τοῦ Βήμα-
τος, ἐστραμμένος πρὸς ἀνατολάς, ἔμπροσθεν τῶν Ἁγίων Θυρῶν (ἔτσι λέγον-
ται καὶ ἅπασαι αἱ αἰτήσεις εἰς τὸν Ὄρθρον).

Ὁ ἀναγνώστης· Κύριε ἐλέησον.

Ὑπὲρ τοῦ Ἀρχιεπισκόπου ἡμῶν (τοῦ δεῖνος), τοῦ τιμίου πρεσβυτερίου, τῆς ἐν Χριστῷ διακονίας, παντὸς τοῦ Κλήρου καὶ τοῦ Λαοῦ, τοῦ Κυρίου δεηθῶμεν.

Ὁ ἀναγνώστης· Κύριε ἐλέησον.

Ὑπὲρ τοῦ εὐσεβοῦς ἡμῶν Ἔθνους, πάσης Ἀρχῆς καὶ Ἐξουσίας ἐν αὐτῷ, τοῦ κατὰ ξηράν, θάλασσαν καὶ ἀέρα φιλοχρίστου ἡμῶν Στρατοῦ, τοῦ Κυρίου δεηθῶμεν.

Ὁ ἀναγνώστης· Κύριε ἐλέησον.

Ὑπὲρ τῆς πόλεως (ἢ τῆς χώρας, ἢ τῆς νήσου, ἢ τῆς κώμης, ἢ τῆς ἁγίας Μονῆς) ταύτης, πάσης πόλεως, χώρας, καὶ τῶν πίστει οἰκούντων ἐν αὐταῖς, τοῦ Κυρίου δεηθῶμεν.

Ὁ ἀναγνώστης· Κύριε ἐλέησον.

Ὑπὲρ εὐκρασίας ἀέρων, εὐφορίας τῶν καρπῶν τῆς γῆς, καὶ καιρῶν εἰρηνικῶν, τοῦ Κυρίου δεηθῶμεν.

Ὁ ἀναγνώστης· Κύριε ἐλέησον.

Ὑπὲρ πλεόντων, ὁδοιπορούντων, νοσούντων, καμνόντων, αἰχμαλώτων καὶ τῆς σωτηρίας αὐτῶν, τοῦ Κυρίου δεηθῶμεν.

Ὁ ἀναγνώστης· Κύριε ἐλέησον.

Ὑπὲρ τοῦ ῥυσθῆναι ἡμᾶς ἀπὸ πάσης θλίψεως, ὀργῆς, κινδύνου καὶ ἀνάγκης, τοῦ Κυρίου δεηθῶμεν.

Ὁ ἀναγνώστης· Κύριε ἐλέησον.

Ἀντιλαβοῦ, σῶσον, ἐλέησον καὶ διαφύλαξον ἡμᾶς ὁ Θεός, τῇ Σῇ χάριτι.

Ὁ ἀναγνώστης· Κύριε ἐλέησον ἢ Ἀμήν[75].

Τῆς Παναγίας, ἀχράντου, ὑπερευλογημένης, ἐνδόξου, Δεσποίνης ἡμῶν, Θεοτόκου καὶ ἀειπαρθένου Μαρίας (Ὑπεραγία

---

[75] Δέον ὅπως μὴ παραθεωρηθεῖ εἰς τὸ «Ἀντιλαβοῦ», καὶ ἡ παράδοσις τῆς ἀπαντήσεως «Ἀμήν» (ἀντὶ τοῦ Κύριε ἐλέησον), ὅπως ὑπάρχει ἀκόμη εἰς ἱεροψάλτας, καὶ εἰς βιβλία, π.χ. βλ. Μεγάλη Τεσσαρακοστή (Ἀποστολικὴ Διακονία) [ΜΤΕ, σσ. 176, 180, ἀλλὰ καί σ. 184], καί, Ἱερατικὸς Μουσικὸς Θησαυρός, ὑπὸ Δημ. Γ. Σουρλαντζῆ, Ἀνωτέρα Ἐκκλ. Σχολὴ Θεσ/νίκης, 1965. Ἀκόμη καὶ τὸ [ΕΚΠ, σ. 27, ὑποσ. 3] παραδέχεται τὴν ὕπαρξιν τῆς παραδόσεως τοῦ «Ἀμήν».

Θεοτόκε σῶσον ἡμᾶς)[76], μετὰ πάντων τῶν Ἁγίων μνημονεύσαντες, ἑαυτοὺς καὶ ἀλλήλους, καὶ πᾶσαν τὴν ζωὴν ἡμῶν Χριστῷ τῷ Θεῷ παραθώμεθα.

Ὁ ἀναγνώστης· Σοί, Κύριε.

Ὅτι πρέπει Σοι πᾶσα δόξα, τιμὴ καὶ προσκύνησις, τῷ Πατρὶ καὶ τῷ Υἱῷ καὶ τῷ Ἁγίῳ Πνεύματι, νῦν καὶ ἀεὶ καὶ εἰς τοὺς αἰῶνας τῶν αἰώνων.

Ὁ ἀναγνώστης· Ἀμήν.

Ἔχομεν τὰς ἐξῆς περιπτώσεις·

Ἁπλὴ καθημερινή·

Ἐὰν σήμερα εἶναι ἡμέρα Σάββατον, καὶ λέγεται σήμερα Ἀπολυτίκιον τῆς ἡμέρας τῆς ἑβδομάδος (– , βλ. σ. 38), συνέχισε εἰς τὴν ἑνότητα «Σάββατον μὲ ἀλληλούια» (σ. 77), ἀλλιῶς συνέχισε εἰς τὴν ἑπόμενη ἑνότητα (σ. 53).

Ἐὰν τύχει ἐντὸς τῆς Μ. Τεσσαρακοστῆς·

Ἐὰν σήμερα εἶναι Σάββατον τῆς β΄, γ΄, δ΄ ἑβδομάδος τῶν Νηστειῶν, συνέχισε (σ. 77), εἰδάλλως συνέχισε εἰς τὴν ἑνότητα «Καθημερινὴ Μ. Τεσσαρακοστῆς (ἐκτὸς Σαββάτου)» (σ. 97).

Ἐὰν τύχει ἐντὸς Προεορτίων / Μεθεόρτων·

Συνέχισε εἰς τὴν ἑνότητα «Καθημερινὴ μὲ Προεόρτια ἢ Μεθέορτα» (σ. 113), ἐὰν τύχει ἐντὸς Προεορτίων/Μεθεόρτων Δεσποτικῶν/Θεομητορικῶν Ἑορτῶν.

Ἐὰν τύχει ἐντὸς τοῦ Πεντηκοσταρίου·

Αἱ ἀκολουθίαι τελοῦνται κατὰ τὴν διάταξιν τοῦ Πεντηκοσταρίου· ἀπὸ τῆς ἑβδομάδος τοῦ Θωμᾶ καὶ ἐκτὸς τῶν ἀποδόσεων τῶν Ἑορτῶν, ὁμοιάζει ἡ διάταξις μὲ τὴν Προεορτίων/Μεθεόρτων (σ. 113).

---

[76] Ὁ ἀναγνώστης· ἐκ παραδόσεως.

Καθημερινή
(καὶ Σάββατον μὲ Θεὸς Κύριος)

Θεὸς Κύριος

Ψάλλεται τὸ **Θεὸς Κύριος**, ἐναλλὰξ ὑπὸ τῶν χορῶν, εἰς τὸν ἦχον τοῦ πρώτου ἀπολυτικίου (τῆς σημερινῆς τυπικῆς διατάξεως).

Θεὸς **Κύριος**, καὶ ἐπέφανεν ἡμῖν· εὐλογημένος ὁ ἐρχόμενος ἐν ὀνόματι Κυρίου.

Στίχ. α΄. Ἐξομολογεῖσθε τῷ Κυρίῳ, καὶ ἐπικαλεῖσθε τὸ ὄνομα τὸ ἅγιον Αὐτοῦ[77].

Θεὸς Κύριος, καὶ ἐπέφανεν ἡμῖν...

Στίχ. β΄. Πάντα τὰ ἔθνη ἐκύκλωσάν με, καὶ τῷ ὀνόματι Κυρίου ἡμυνάμην αὐτούς.

Θεὸς Κύριος, καὶ ἐπέφανεν ἡμῖν...

Στίχ. γ΄. Παρὰ Κυρίου ἐγένετο αὕτη, καὶ ἔστι θαυμαστὴ ἐν ὀφθαλμοῖς ἡμῶν.

Θεὸς Κύριος, καὶ ἐπέφανεν ἡμῖν...

Ἀπολυτίκια

---

[77] Κατ' ἀπαίτησιν τοῦ [ΤΜΕ, σ. 16] ([ΕΓΚ, σ. 42]), τὸ ὁποῖον ἴσως εἶναι παλαιότερη τοῦ ΤΜΕ παράδοσις, ποὺ παραπέμπει κατὰ τὴν γνώμη μας στὴν Εὐχή. Παλαιότερον ὁ στίχος ἦταν «**Ἐξομολογεῖσθε τῷ Κυρίῳ, ὅτι ἀγαθός, ὅτι εἰς τὸν αἰῶνα τὸ ἔλεος Αὐτοῦ**», [ΣΥΛ], [ΕΚΠ].

Καὶ ψάλλονται τὰ **ἀπολυτίκια**[78], *σύμφωνα μὲ τὴν* **Α΄ ἢ Β΄ περίπτωσιν** κάτωθι.

Α΄.

Ἐὰν σήμερα λέγεται Ἀπολυτίκιον τῆς ἡμέρας τῆς ἑβδομάδος (–, βλ. σ. 38), λέγε τὰ κάτωθι, καὶ ὄχι τοῦ Ἁγίου τοῦ Μηναίου (ποὺ κανονικὰ δὲν ἔχει ἀπολυτίκιον ἡ ἀκολουθία του[79]). Ἐπίσης, κανονικά, ποτὲ δὲν λέγεται ἀπολυτίκιον Ἁγίου, ἄνευ ἀκολουθίας (χωρὶς νὰ ποῦμε ἔστω τὸν κανόνα τοῦ Ἁγίου)[23].

Τῇ Δευτέρᾳ πρωί. Τῶν Ἀσωμάτων.

Ἦχος δ΄.

Τῶν οὐρανίων στρατιῶν ἀρχιστράτηγοι, δυσωποῦμεν ὑμᾶς ἡμεῖς οἱ ἀνάξιοι, ἵνα ταῖς ὑμῶν δεήσεσι, τειχίσητε ἡμᾶς, σκέπῃ τῶν πτερύγων τῆς ἀΰλου ὑμῶν δόξης, φρουροῦντες ἡμᾶς προσπίπτοντας, ἐκτενῶς καὶ βοῶντας· Ἐκ τῶν κινδύνων λυτρώσασθε ἡμᾶς, ὡς Ταξιάρχαι τῶν ἄνω Δυνάμεων.

Δόξα. Τὸ αὐτό[80].

Καὶ νῦν. Θεοτοκίον.

Τῇ ἀνατραφείσῃ ἐν τῷ ναῷ εἰς τὰ Ἅγια τῶν Ἁγίων, τῇ περιβεβλημένῃ τὴν πίστιν καὶ τὴν σοφίαν καὶ τὴν ἄμεμπτον παρθενίαν, ὁ ἀρχιστράτηγος Γαβριὴλ προσέφερεν οὐρανόθεν τὸν ἀσπασμόν, καὶ τὸ Χαῖρε· Χαῖρε εὐλογημένη, Χαῖρε δεδοξασμένη, ὁ Κύριος μετὰ Σοῦ.

Τῇ Τρίτῃ πρωί. Τοῦ Προδρόμου.

Ἦχος β΄.

---

[78] Τὰ αὐτὰ Ἀπολυτίκια ἅπαξ ἤτοι ἄνευ ἐπαναλήψεως, μὲ τὸ Θεοτοκίον, ψάλλονται καὶ εἰς τὸν Ἑσπερινόν.

[79] Ἀσχέτως ἂν σύγχρονα Μηναῖα καὶ Ὡρολόγια «ἐγέμωσαν» μὲ παράτυπα Ἀπολυτίκια, Κοντάκια, κ.λπ. (πρβλ. Ἁγίου Νικοδήμου, Πηδάλιον (1841), Κανὼν ΞΘ΄ τῶν Ἁγίων Ἀποστόλων, σ. 53, ὑποσ. 2, «...πόσον ἀξιοκατάκριτοι εἶναι ἐκεῖνοι ὁποῦ ἐγέμωσαν τὰ νεοτύπωτα ὡρολόγια...»).

[80] Συντόμευσις· λέγε τὸ προηγούμενο (ἴδιο) πάλιν.

Μνήμη δικαίου μετ' ἐγκωμίων· σοὶ δὲ ἀρκέσει ἡ μαρτυρία τοῦ Κυρίου, Πρόδρομε· ἀνεδείχθης γὰρ ὄντως καὶ προφητῶν σεβασμιώτερος, ὅτι καὶ ἐν ῥείθροις βαπτίσαι κατηξιώθης τὸν κηρυττόμενον· Ὅθεν τῆς ἀληθείας ὑπεραθλήσας, χαίρων εὐηγγελίσω καὶ τοῖς ἐν Ἅδῃ, Θεὸν φανερωθέντα ἐν σαρκί, Τὸν αἴροντα τὴν ἁμαρτίαν τοῦ κόσμου, καὶ παρέχοντα ἡμῖν τὸ μέγα ἔλεος.

Δόξα. Τὸ αὐτό.

Καὶ νῦν. Θεοτοκίον.

Θείας γεγόναμεν κοινωνοὶ φύσεως, διὰ Σοῦ, Θεοτόκε ἀειπάρθενε· Θεὸν γὰρ ἡμῖν σεσαρκωμένον τέτοκας· διό Σε κατὰ χρέος πάντες, εὐσεβῶς μεγαλύνομεν.

Τῇ Τετάρτῃ πρωί. Καὶ τῇ Παρασκευῇ πρωί. Τοῦ Σταυροῦ.

Ἦχος α΄.

Σῶσον, Κύριε, τὸν λαόν Σου, καὶ εὐλόγησον τὴν κληρονομίαν Σου, νίκας τοῖς βασιλεῦσι κατὰ βαρβάρων δωρούμενος, καὶ τὸ Σὸν φυλάττων, διὰ τοῦ Σταυροῦ Σου πολίτευμα.

Δόξα. Τὸ αὐτό.

Καὶ νῦν. Σταυροθεοτοκίον.

Οἱ τὴν Σὴν προστασίαν, κεκτημένοι Ἄχραντε, καὶ ταῖς Σαῖς ἱκεσίαις τῶν δεινῶν ἐκλυτρούμενοι, τῷ Σταυρῷ τοῦ Υἱοῦ Σου ἐν παντὶ φρουρούμενοι, κατὰ χρέος Σε πάντες, εὐσεβῶς μεγαλύνομεν.

Τῇ Πέμπτῃ πρωί.
Τῶν Ἁγίων Ἀποστόλων καὶ τοῦ Ἁγίου Νικολάου.

Ἦχος γ΄.

Ἀπόστολοι ἅγιοι, πρεσβεύσατε τῷ ἐλεήμονι Θεῷ, ἵνα πταισμάτων ἄφεσιν, παράσχῃ, ταῖς ψυχαῖς ἡμῶν.

Δόξα.

Κανόνα πίστεως καὶ εἰκόνα πραότητος, ἐγκρατείας διδά-σκαλον, ἀνέδειξέ Σε τῇ ποίμνῃ Σου, ἡ τῶν πραγμάτων ἀλήθεια· διὰ τοῦτο ἐκτήσω τῇ ταπεινώσει τὰ ὑψηλά, τῇ πτωχείᾳ τὰ πλού-σια, πάτερ ἱεράρχα Νικόλαε· Πρέσβευε Χριστῷ τῷ Θεῷ, σωθῆ-ναι τὰς ψυχὰς ἡμῶν.

Καὶ νῦν. Θεοτοκίον.

Τὸν Λόγον τοῦ Πατρός, Χριστὸν τὸν Θεὸν ἡμῶν, ἐκ Σοῦ σαρκωθέντα ἔγνωμεν, Θεοτόκε Παρθένε, μόνη ἁγνή, μόνη εὐλο-γημένη· διὸ ἀπαύστως Σὲ ἀνυμνοῦντες μεγαλύνομεν.

Τῷ Σαββάτῳ πρωί.
Ἔπρεπε νὰ εἶχες ἀκολουθήσει τὴν τυπικὴν διάταξιν τοῦ Σαβ-βάτου μὲ Ἀλληλούια. Πήγαινε εἰς τὴν σ. 77.

Β΄.

Ἐὰν σήμερα λέγεται Ἀπολυτίκιον τοῦ Ἁγίου τοῦ Μηναίου (—··, βλ. σ. 38), λέγε·

Ἀπολυτίκιον τοῦ Ἁγίου,
Δόξα, τὸ αὐτό[81],
Καὶ νῦν, Θεοτοκίον τῆς ἡμέρας τῆς ἑβδομάδος (βλ. σ. 131), ὁμόηχον τοῦ ἀπολυτικίου.

Ἐὰν ὅμως ἡ ἀκολουθία εἶναι συμψαλμώδησις ἀκολουθι-ῶν[82] δύο Ἁγίων, ποὺ ἔχουν ἔστω ἓν ἰδιόμελον δοξαστικόν ἕκα-στος, τότε λέγε, ἀντὶ τῶν ἀνωτέρω:

Ἀπολυτίκιον τοῦ πρώτου Ἁγίου,
Δόξα, Ἀπολυτίκιον τοῦ δευτέρου Ἁγίου,

---

[81] Πάλιν τὸ ἴδιο, ὡς ἡ τυπικὴ παράδοσις τὸ ἀπαιτεῖ, διότι ἐπανάληψις μήτηρ μαθήσεως. Κάθε ἀκολουθία, ἔχει τὸ πολὺ ἕν ἀπολυτίκιον. Τὰ «ἕτερα» ἀπο-λυτίκια εἶναι δυστυχῶς ἔσχατη παράτυπη καινοτομία, καὶ καλὸν εἶναι νὰ ἀπο-φεύγονται.
[82] Ἡ ἔννοια τῆς συμψαλμωδήσεως Ἀκολουθιῶν, καὶ παραδειγματικὲς τυπικὲς διατάξεις, παρατίθενται γιὰ πρώτη φορά σὲ βιβλίον τυπικοῦ, εἰς τὸ πρῶτο βιβλίο μας «Τυπικὸν Ὄρθρου Ἐνοριῶν», [ΤΟΕ, σ. 175].

Καὶ νῦν, Θεοτοκίον τῆς ἡμέρας τῆς ἑβδομάδος (βλ. σ. 131), ὁμόηχον τοῦ τελευταίου ἀπολυτικίου.

Καθίσματα (Στιχολογία τοῦ Ψαλτηρίου)

[Ἡ α΄ Στιχολογία τοῦ Ψαλτηρίου[(σ. 157)]*, εἰς στάσεις γ΄*[83]*]*

Ὁ ἱερεὺς τὴν μικρὰν Συναπτήν (**«Αἴτησιν»**)·
Ἔτι καὶ ἔτι, ἐν εἰρήνῃ τοῦ Κυρίου δεηθῶμεν.

Ὁ ἀναγνώστης· Κύριε ἐλέησον.

Ἀντιλαβοῦ, σῶσον, ἐλέησον καὶ διαφύλαξον ἡμᾶς ὁ Θεός, τῇ Σῇ χάριτι.

Ὁ ἀναγνώστης· Κύριε ἐλέησον ἢ Ἀμήν[75].

Τῆς Παναγίας, ἀχράντου, ὑπερευλογημένης, ἐνδόξου, Δεσποίνης ἡμῶν, Θεοτόκου καὶ ἀειπαρθένου Μαρίας (Ὑπεραγία Θεοτόκε σῶσον ἡμᾶς), μετὰ πάντων τῶν Ἁγίων μνημονεύσαντες, ἑαυτοὺς καὶ ἀλλήλους, καὶ πᾶσαν τὴν ζωὴν ἡμῶν Χριστῷ τῷ Θεῷ παραθώμεθα.

Ὁ ἀναγνώστης· Σοί, Κύριε.

Ὅτι Σὸν τὸ κράτος, καὶ Σοῦ ἐστιν ἡ βασιλεία, καὶ ἡ δύναμις καὶ ἡ δόξα, τοῦ Πατρὸς καὶ τοῦ Υἱοῦ καὶ τοῦ Ἁγίου Πνεύματος, νῦν καὶ ἀεὶ καὶ εἰς τοὺς αἰῶνας τῶν αἰώνων.

Ὁ ἀναγνώστης· Ἀμήν.

Καὶ ψάλλομεν Καθίσματα τοῦ ἤχου τῆς ἑβδομάδος[84], ἐκ τοῦ βιβλίου τῆς Παρακλητικῆς,

---

[83] Πρὸ ἑκάστης στάσεως προτάσσεται τὸ Κύριε ἐλέησον (γ΄). Δόξα, Καὶ νῦν. Μεθ᾽ ἑκάστην στάσιν λέγεται τὸ Δόξα, Καὶ νῦν. Ἀλληλούϊα, ἀλληλούϊα, ἀλληλούϊα· δόξα Σοι ὁ Θεός (ἐκ γ΄). Εἰς τὸ τέλος τῆς τελευταίας στάσεως, προστίθεται πρὸς τούτοις καὶ τὸ Ἡ ἐλπὶς ἡμῶν Κύριε δόξα Σοι, ὡς ἑπομένης αἰτήσεως [ΤΓΡ, σ. 32], [ΨΛΤ].

[84] Ἅγιος «μὴ ἑορταζόμενος» δὲν ἔχει Καθίσματα εἰς τὴν ἀκολουθίαν του (σ. 28).

Καθίσματα (τὰ μετὰ τὴν α´ Στιχολογίαν).

[Ἡ β´ Στιχολογία τοῦ Ψαλτηρίου(σ. 157) (εἰς στάσεις γ´[83]), καὶ «Αἴτησις» μὲ ἐκφώνησιν· Ὅτι ἀγαθὸς καὶ φιλάνθρωπος...]

Καθίσματα (τὰ μετὰ τὴν β´ Στιχολογίαν).

Καθίσματα (τὰ μετὰ τὴν γ´ Στιχολογίαν[85]), ἐκτὸς Σαββάτου[86].

Καὶ εὐθὺς ἀναγινώσκεται ὁ Ν´ Ψαλμός (χῦμα).

Ν´ Ψαλμός (50)

Ἐλέησόν με, ὁ Θεός, κατὰ τὸ μέγα ἔλεός Σου, καὶ κατὰ τὸ πλῆθος τῶν οἰκτιρμῶν Σου ἐξάλειψον τὸ ἀνόμημά μου. Ἐπὶ πλεῖον πλῦνόν με ἀπὸ τῆς ἀνομίας μου καὶ ἀπὸ τῆς ἁμαρτίας μου καθάρισόν με. Ὅτι τὴν ἀνομίαν μου ἐγὼ γινώσκω, καὶ ἡ ἁμαρτία μου ἐνώπιόν μού ἐστι διαπαντός. Σοὶ μόνῳ ἥμαρτον, καὶ τὸ πονηρὸν ἐνώπιόν Σου ἐποίησα. Ὅπως ἂν δικαιωθῇς ἐν τοῖς λόγοις Σου, καὶ νικήσῃς ἐν τῷ κρίνεσθαί Σε. Ἰδοὺ γὰρ ἐν ἀνομίαις συνελήφθην, καὶ ἐν ἁμαρτίαις ἐκίσσησέ με ἡ μήτηρ μου. Ἰδοὺ γὰρ ἀλήθειαν ἠγάπησας· τὰ ἄδηλα καὶ τὰ κρύφια τῆς σοφίας Σου ἐδήλωσάς μοι. Ῥαντιεῖς με ὑσσώπῳ, καὶ καθαρισθήσομαι· πλυνεῖς με, καὶ ὑπὲρ χιόνα λευκανθήσομαι. Ἀκουτιεῖς μοι ἀγαλλίασιν καὶ εὐφροσύνην· ἀγαλλιάσονται ὀστέα τεταπεινωμένα. Ἀπόστρεψον τὸ πρόσωπόν Σου ἀπὸ τῶν ἁμαρτιῶν μου, καὶ πάσας τὰς ἀνομίας μου ἐξάλειψον. Καρδίαν καθαρὰν κτίσον ἐν ἐμοί, ὁ Θεός, καὶ πνεῦμα εὐθὲς ἐγκαίνισον ἐν τοῖς ἐγκάτοις μου. Μὴ ἀπορρίψῃς με ἀπὸ τοῦ προσώπου Σου, καὶ τὸ Πνεῦμά Σου τὸ Ἅγιον μὴ ἀντανέλῃς ἀπ᾽ ἐμοῦ. Ἀπόδος μοι τὴν ἀγαλλίασιν τοῦ

---

[85] Τό ΤΜΕ δὲν προβλέπει γ´ στιχολογίαν Ψαλτηρίου ἐν καθημερινῇ, ἐκτὸς Μ. Τεσσαρακοστῆς.

[86] Τὸ Σάββατον δὲν ὑπάρχει γ´ στιχολογία.

σωτηρίου Σου, καὶ πνεύματι ἡγεμονικῷ στήριξόν με. Διδάξω ἀνόμους τὰς ὁδούς Σου, καὶ ἀσεβεῖς ἐπὶ Σὲ ἐπιστρέψουσι. Ῥῦσαί με ἐξ αἱμάτων, ὁ Θεός, ὁ Θεὸς τῆς σωτηρίας μου· ἀγαλλιάσεται ἡ γλῶσσά μου τὴν δικαιοσύνην Σου. Κύριε, τὰ χείλη μου ἀνοίξεις, καὶ τὸ στόμα μου ἀναγγελεῖ τὴν αἴνεσίν Σου. Ὅτι, εἰ ἠθέλησας θυσίαν, ἔδωκα ἄν· ὁλοκαυτώματα οὐκ εὐδοκήσεις. Θυσία τῷ Θεῷ, πνεῦμα συντετριμμένον, καρδίαν συντετριμμένην καὶ τεταπεινωμένην ὁ Θεὸς οὐκ ἐξουδενώσει. Ἀγάθυνον, Κύριε, ἐν τῇ εὐδοκίᾳ Σου τὴν Σιών, καὶ οἰκοδομηθήτω τὰ τείχη Ἱερουσαλήμ. Τότε εὐδοκήσεις θυσίαν δικαιοσύνης, ἀναφορὰν καὶ ὁλοκαυτώματα. Τότε ἀνοίσουσιν ἐπὶ τὸ θυσιαστήριόν Σου μόσχους.

Εἶτα οἱ Κανόνες.

Κανόνες – Κοντάκιον – Συναξάριον

Κανόνες[87] λέγομεν ἐκ τῆς Παρακλητικῆς καὶ ἐκ τοῦ Μηναίου.

Ἂν ἡ ἀκολουθία τοῦ Μηναίου ἔχει ἕναν κανόνα, τότε λέγονται πρῶτα οἱ δύο κανόνες τῆς Παρακλητικῆς, καὶ τελευταῖος τοῦ Ἁγίου ἐκ τοῦ Μηναίου[88].

Ἂν ἡ ἀκολουθία τοῦ Μηναίου ἔχει δύο κανόνας, τότε ἀπὸ Δευτέρᾳ ἕως Παρασκευῇ, λέγεται μόνον ὁ πρῶτος κανὼν τῆς Παρακλητικῆς, καὶ μετὰ οἱ δύο κανόνες τοῦ Μηναίου. Ἐὰν τύχει Σάββατον, λέγεται ὁ β΄ κανὼν τῆς Παρακλητικῆς (ἤτοι ὁ νεκρώ-

---

[87] Εἰς τὴν ἐποχήν μας, διαπιστώνεται ἐνιαχοῦ δυσθυμία ὡς πρὸς τὴν ἀνάγνωσιν/ ψαλμώδησιν τῶν Κανόνων εἰς τὸν Ὄρθρον, συνάμα δὲ καὶ μικρὴ προσέλευση τῶν πιστῶν εἰς τὸν Ὄρθρον διὰ νὰ τοὺς ἀκούσουν καὶ νὰ προσευχηθοῦν, καὶ μετὰ κάνουμε Παρακλητικοὺς Κανόνες. Ταῦτα δὲ ἔδει ποιῆσαι κἀκεῖνα μὴ ἀφιέναι (Ματθ. κγ΄ 23).
[88] **Ἐν Σαββάτῳ**, ἐὰν βούλει τὴν ἀκρίβειαν, λέγε τὸν κανόνα τοῦ Ἁγίου (Μηναίου) πρῶτον, καὶ μετὰ τῆς Παρακλητικῆς, [ΤΑΣ(1685), ΤΑΣ(2010), κεφ. ϛ΄, κεφ. 4ε΄], [ΤΟΕ, σ. 113], βλ. σ. 84.

σιμος, ἐνῶ ὁ α΄ παραλείπεται), καὶ μετὰ οἱ δύο κανόνες τοῦ Μηναίου[88].

Εἰς τὸ προτελευταῖον τροπάριον ἑκάστης ᾠδῆς λέγομεν, Δόξα, καὶ εἰς τὸ τελευταῖον, Καὶ νῦν. Διὰ τὰ ὑπόλοιπα τροπάρια, πλὴν τῶν εἱρμῶν, βλέπε τοὺς προψαλλόμενους στίχους[89], εἰς σελ. 161.

Οἱ **Κανόνες** ψάλλονται οὕτω:

Ὠδὴ α΄.
ὁ πρῶτος κανὼν μὲ τὸν εἱρμὸν αὐτοῦ, εἰς δ΄,
ὁ δεύτερος κανὼν ἄνευ εἱρμοῦ, εἰς δ΄,
καὶ τελευταῖος, ὁ τρίτος κανὼν εἰς δ΄, ἐπίσης ἄνευ εἱρμοῦ.

Ὠδὴ γ΄.
ὁ πρῶτος κανὼν μὲ τὸν εἱρμὸν αὐτοῦ, εἰς δ΄,
ὁ δεύτερος κανὼν ἄνευ εἱρμοῦ, εἰς δ΄,
καὶ τελευταῖος, ὁ τρίτος κανὼν εἰς δ΄, ἐπίσης ἄνευ εἱρμοῦ,

καὶ **ψάλλεται ὁ εἱρμὸς τῆς γ΄ ᾠδῆς** τοῦ τελευταίου ψαλλέντος κανόνος, ἀπὸ τὸν δεξιὸν χορόν.

Ὁ ἱερεὺς τὴν μικρὰν Συναπτήν (**«Αἴτησιν»**)·

Ἔτι καὶ ἔτι, ἐν εἰρήνῃ τοῦ Κυρίου δεηθῶμεν.

        Ὁ ἀναγνώστης· Κύριε ἐλέησον.

Ἀντιλαβοῦ, σῶσον, ἐλέησον καὶ διαφύλαξον ἡμᾶς ὁ Θεός, τῇ Σῇ χάριτι.

      Ὁ ἀναγνώστης· Κύριε ἐλέησον ἢ Ἀμήν[75].

---

[89] Εἰς τὸ Ἅγιον Ὄρος (π.χ. Ἰ.Μ.Μ. Λαύρας, Ἰ.Μ.Μ.Βατοπαιδίου), ἐν καθημεριναῖς, γίνεται καὶ ἡ **Στιχολογία τῶν ἐννέα (βιβλικῶν) Ὠδῶν** μαζὶ μὲ τοὺς Κανόνες, ὁπότε λέγονται οἱ ἀντίστοιχοι στίχοι τῶν (βιβλικῶν) Ὠδῶν, (βλ. σελ. 163, καὶ εἰς τὸ τέλος τοῦ Ψαλτηρίου).

Τῆς Παναγίας, ἀχράντου, ὑπερευλογημένης, ἐνδόξου, Δεσποίνης ἡμῶν, Θεοτόκου καὶ ἀειπαρθένου Μαρίας (Ὑπεραγία Θεοτόκε σῶσον ἡμᾶς), μετὰ πάντων τῶν Ἁγίων μνημονεύσαντες, ἑαυτοὺς καὶ ἀλλήλους, καὶ πᾶσαν τὴν ζωὴν ἡμῶν Χριστῷ τῷ Θεῷ παραθώμεθα.

Ὁ ἀναγνώστης· Σοί, Κύριε.

Ὅτι Σὺ εἶ ὁ Θεὸς ἡμῶν, καὶ Σοὶ τὴν δόξαν ἀναπέμπομεν, τῷ Πατρὶ καὶ τῷ Υἱῷ καὶ τῷ Ἁγίῳ Πνεύματι, νῦν καὶ ἀεὶ καὶ εἰς τοὺς αἰῶνας τῶν αἰώνων.

Ὁ ἀναγνώστης· Ἀμήν.

Καὶ ψάλλονται τὰ **Μεσῴδια Καθίσματα** (μὲ Δόξα, Καὶ νῦν), ἤτοι τὰ Καθίσματα τοῦ Μηναίου μετὰ τὴν γ΄ ᾠδήν[90].

Εἶτα[91], ὁμοίως μὲ τὶς προαναφερθεῖσες, ἀναγινώσκονται χάριν συντομίας (ἢ καὶ ψάλλονται) αἱ δ΄, ε΄ ᾠδαὶ τῶν κανόνων.

Ἡ ϛ΄ ᾠδὴ τῶν κανόνων, καὶ **ψάλλεται ὁ εἱρμὸς τῆς ϛ΄ ᾠδῆς** τοῦ τελευταίου ψαλλέντος κανόνος, ἀπὸ τὸν ἀριστερὸν χορόν.

Ὁ ἱερεὺς τὴν μικρὰν Συναπτήν (**«Αἴτησιν»**), καὶ τὴν ἐκφώνησιν·

Σὺ γὰρ εἶ ὁ Βασιλεὺς τῆς εἰρήνης, καὶ Σωτὴρ τῶν ψυχῶν ἡμῶν, καὶ Σοὶ τὴν δόξαν ἀναπέμπομεν, τῷ Πατρὶ καὶ τῷ Υἱῷ καὶ τῷ Ἁγίῳ Πνεύματι, νῦν καὶ ἀεὶ καὶ εἰς τοὺς αἰῶνας τῶν αἰώνων.

Ὁ ἀναγνώστης· Ἀμήν.

---

[90] Τῇ Τετάρτῃ καὶ Παρασκευῇ, ἐὰν ἡ ἀκολουθία τοῦ Μηναίου ἔχει καὶ Θεοτοκίον καὶ Σταυροθεοτοκίον, ψάλλομεν Σταυροθεοτοκίον ἀντὶ Θεοτοκίου.
[91] ΔΕΕ(1995), σ. μβ΄, «Εἶτα συνεχίζονται οἱ κανόνες».

Καὶ ἀναγινώσκεται τὸ **Κοντάκιον** τοῦ Ἁγίου ἐκ τοῦ Μηναί-
ου[92]. Ἐὰν δὲν ἔχει, λέγομεν τὸ τῆς ἡμέρας τῆς ἑβδομάδος χωρὶς
Οἶκον. Τὸ Σάββατον μόνο τὸ μαρτυρικόν· Ὡς ἀπαρχάς, βλ. σ.
146.

Καὶ εὐθὺς ἀναγινώσκεται τὸ· **Συναξάριον τοῦ Μηναίου**.

*Σημ.. **Καταβασίαι δὲν ψάλλονται**, διότι ὁ Ἅγιος τοῦ Μηναίου
δὲν εἶναι ἑορταζόμενος εἰς η΄ (πλήρως ἑορταζόμενος ἢ ἐπισήμως
ἑορταζόμενος)· **λέγομεν ἀντ᾽ αὐτῶν τοὺς Εἰρμοὺς τῶν γ΄, ϛ΄, η΄
καὶ θ΄ ᾠδῶν**, εἰς τὴν οἰκείαν των θέσιν, ὡς προβλέπει τὸ τυπικόν.*

*[Εἶτα[93], ἀναγινώσκονται χάριν συντομίας (ἢ καὶ ψάλλονται)
αἱ ζ΄, η΄ ᾠδαὶ[94] τῶν κανόνων]*

καὶ **ψάλλεται ὁ εἰρμὸς τῆς η΄ ᾠδῆς** τοῦ τελευταίου ψαλλέντος
κανόνος, μετὰ τοῦ Αἰνοῦμεν, εὐλογοῦμεν καὶ προσκυνοῦμεν τὸν
Κύριον, ἀπὸ τὸν ἀριστερὸν χορόν.

Τιμιωτέρα – Ὠδὴ Ἐνάτη
Ὠδὴ τῆς Θεοτόκου (Λουκ. α΄ 46)
Τὸν Υἱὸν ὑμνεῖ καὶ Θεόν, Μήτηρ Κόρη.

Ὁ ἱερεύς·

**Τὴν Θεοτόκον καὶ Μητέρα τοῦ Φωτός, ἐν ὕμνοις τιμῶν-
τες, μεγαλύνωμεν.**

---

[92] Δυστυχῶς νέα Ὡρολόγια γεμίσανε μὲ Κοντάκια, τὰ ὁποῖα δὲν ὑπάρχουν
στὸ Ὡρολόγιον τοῦ Βαρθολομαίου τοῦ Κουτλουμουσιανοῦ. Πρβλ. ὑποσ. 79.
[93] «Εἶτα ἀναγινώσκονται καὶ αἱ λοιπαὶ τοῦ Κανόνος Ὠδαί», [ΤΜΕ, σ. 46].
[94] Εἰς τὴν η΄ ᾠδὴν ἀντὶ τοῦ Δόξα, λέγομεν τὸ «Εὐλογοῦμεν Πατέρα, Υἱόν, καὶ
Ἅγιον Πνεῦμα, τὸν Κύριον».

Κατερχόμενοι τοῦ στασιδίου στιχολογοῦμεν τὴν «Τιμιωτέραν» (Ὠδὴ θ΄ τῆς Θεοτόκου), εἰς τὸν ἦχον τοῦ τελευταίου ψαλλέντος κανόνος[95].

Στίχ. α΄. Μεγαλύνει ἡ ψυχή μου τὸν Κύριον καὶ ἠγαλλίασε τὸ πνεῦμά μου ἐπὶ τῷ Θεῷ τῷ Σωτῆρί μου.

Τὴν Τιμιωτέραν τῶν Χερουβείμ, καὶ ἐνδοξοτέραν ἀσυγκρίτως τῶν Σεραφείμ, τὴν ἀδιαφθόρως, Θεὸν Λόγον τεκοῦσαν, τὴν ὄντως Θεοτόκον, Σὲ μεγαλύνομεν.

Στίχ. β΄. Ὅτι ἐπέβλεψεν ἐπὶ τὴν ταπείνωσιν τῆς δούλης Αὐτοῦ· ἰδοὺ γὰρ ἀπὸ τοῦ νῦν μακαριοῦσί με πᾶσαι αἱ γενεαί.

Τὴν Τιμιωτέραν τῶν Χερουβείμ...

Στίχ. γ΄. Ὅτι ἐποίησέ μοι μεγαλεῖα ὁ Δυνατὸς καὶ ἅγιον τὸ ὄνομα Αὐτοῦ· καὶ τὸ ἔλεος Αὐτοῦ εἰς γενεὰν καὶ γενεὰν τοῖς φοβουμένοις Αὐτόν.

Τὴν Τιμιωτέραν τῶν Χερουβείμ...

Στίχ. δ΄. Ἐποίησε κράτος ἐν βραχίονι Αὐτοῦ, διεσκόρπισεν ὑπερηφάνους διανοίᾳ καρδίας αὐτῶν.

Τὴν Τιμιωτέραν τῶν Χερουβείμ...

Στίχ. ε΄. Καθεῖλε δυνάστας ἀπὸ θρόνων καὶ ὕψωσε ταπεινούς· πεινῶντας ἐνέπλησεν ἀγαθῶν καὶ πλουτοῦντας ἐξαπέστειλε κενούς.

Τὴν Τιμιωτέραν τῶν Χερουβείμ...

Στίχ. ς΄. Ἀντελάβετο Ἰσραὴλ παιδὸς Αὐτοῦ μνησθῆναι ἐλέους, καθὼς ἐλάλησε πρὸς τοὺς Πατέρας ἡμῶν, τῷ Ἀβραὰμ καὶ τῷ σπέρματι Αὐτοῦ ἕως αἰῶνος.

Τὴν Τιμιωτέραν τῶν Χερουβείμ...

---

[95] Ἐὰν ὅμως ψάλλεις ὅλη ἢ μέρος τῆς θ΄ ᾠδῆς, τότε εἰς τὸν ἦχον τοῦ πρώτου κανόνος.

[Εἶτα, ψάλλεται ἡ θ΄ ᾠδὴ τῶν κανόνων]

καὶ **ψάλλεται ὁ εἱρμὸς τῆς θ΄ ᾠδῆς** τοῦ τελευταίου ψαλλέντος κανόνος, ἀπὸ τὸν δεξιὸν χορόν.

Εὐθὺς τὸ Ἄξιόν ἐστιν (ὁμόηχον, εἰς σύντομον μέλος)·

Ἄξιόν ἐστιν ὡς ἀληθῶς, μακαρίζειν Σε τὴν Θεοτόκον, τὴν ἀειμακάριστον καὶ παναμώμητον καὶ Μητέρα τοῦ Θεοῦ ἡμῶν. Τὴν τιμιωτέραν τῶν Χερουβεὶμ καὶ ἐνδοξοτέραν ἀσυγκρίτως τῶν Σεραφείμ, τὴν ἀδιαφθόρως Θεὸν Λόγον τεκοῦσαν· τὴν ὄντως Θεοτόκον Σὲ μεγαλύνομεν.

Ὁ ἱερεὺς τὴν μικρὰν Συναπτήν («Αἴτησιν»), καὶ τὴν ἐκφώνησιν· **Ὅτι Σὲ αἰνοῦσι πᾶσαι αἱ Δυνάμεις τῶν οὐρανῶν, καὶ Σοὶ τὴν δόξαν ἀναπέμπομεν**[96]**, τῷ Πατρὶ καὶ τῷ Υἱῷ καὶ τῷ Ἁγίῳ Πνεύματι, νῦν καὶ ἀεὶ καὶ εἰς τοὺς αἰῶνας τῶν αἰώνων.**
Ὁ ἀναγνώστης· Ἀμήν.

Ἐξαποστειλάρια

Εἶτα ψάλλονται τὰ **Ἐξαποστειλάρια** ὡς ἐν τῷ Μηναίῳ[97].
Ἐὰν δὲν ἔχει, λέγομεν τῆς ἡμέρας τῆς ἑβδομάδος, βλ. σ. 147.

Καὶ εὐθὺς ἀναγινώσκονται οἱ **Αἶνοι**[98], **ἄνευ στιχηρῶν**.

---

[96] βλ. [Εὐχολόγιον τοῦ 1027, BNF Coislin 213, φ.68β], [Εὐχολόγιον τοῦ 1602 ἐπιμ. Μαξίμου ἐπ. Κυθήρων, φ. ιγ΄], κ.ἄ.. Νεώτερα Ἱερατικὰ ἔχουν· ἀναπέμπουσι.
[97] Σύμφωνα μέ τό [ΤΜΕ, σ. 46]· τὸ Ἐξαποστειλάριον τῆς ἡμέρας τῆς ἑβδομάδος (μετὰ τοῦ θεοτοκίου αὐτοῦ, ἐὰν δὲν ἔχει τὸ Μηναῖον ἐξαποστειλάρια), καὶ μετά, τὰ τυχὸν Ἐξαποστειλάρια τοῦ Μηναίου μετὰ τοῦ θεοτοκίου αὐτῶν.
[98] Ἡ ἀνάγνωσις τῶν Αἴνων διαρκεῖ δύο λεπτὰ τῆς ὥρας. Βλ. ἐπίσης [ΑΤ, σ. 48, ὑποσ. 51].

Αἶνοι (ἄνευ στιχηρῶν)

Ψαλμός ρμη΄. (148)

[Πᾶσα πνοὴ αἰνεσάτω τὸν Κύριον.] [99]

Αἰνεῖτε τὸν Κύριον ἐκ τῶν οὐρανῶν· αἰνεῖτε Αὐτὸν ἐν τοῖς Ὑψίστοις. *[Σοὶ πρέπει ὕμνος τῷ Θεῷ.]*

Αἰνεῖτε Αὐτόν, πάντες οἱ Ἄγγελοι Αὐτοῦ· αἰνεῖτε Αὐτόν, πᾶσαι αἱ Δυνάμεις Αὐτοῦ. *[Σοὶ πρέπει ὕμνος τῷ Θεῷ.]*

Αἰνεῖτε Αὐτόν, ἥλιος καὶ σελήνη· αἰνεῖτε Αὐτόν, πάντα τὰ ἄστρα καὶ τὸ φῶς.

Αἰνεῖτε Αὐτόν, οἱ οὐρανοὶ τῶν οὐρανῶν, καὶ τὸ ὕδωρ τὸ ὑπεράνω τῶν οὐρανῶν, αἰνεσάτωσαν τὸ ὄνομα Κυρίου.

Ὅτι Αὐτὸς εἶπε καὶ ἐγενήθησαν, Αὐτὸς ἐνετείλατο καὶ ἐκτίσθησαν.

Ἔστησεν αὐτὰ εἰς τὸν αἰῶνα καὶ εἰς τὸν αἰῶνα τοῦ αἰῶνος· πρόσταγμα ἔθετο καὶ οὐ παρελεύσεται.

Αἰνεῖτε τὸν Κύριον ἐκ τῆς γῆς, δράκοντες καὶ πᾶσαι ἄβυσσοι.

Πῦρ, χάλαζα, χιών, κρύσταλλος, πνεῦμα καταιγίδος, τὰ ποιοῦντα τὸν λόγον Αὐτοῦ.

Τὰ ὄρη καὶ πάντες οἱ βουνοί, ξύλα καρποφόρα καὶ πᾶσαι κέδροι.

Τὰ θηρία καὶ πάντα τὰ κτήνη, ἑρπετὰ καὶ πετεινὰ πτερωτά.

Βασιλεῖς τῆς γῆς καὶ πάντες λαοί, ἄρχοντες καὶ πάντες κριταὶ γῆς.

Νεανίσκοι καὶ παρθένοι, πρεσβύτεροι μετὰ νεωτέρων, αἰνεσάτωσαν τὸ ὄνομα Κυρίου, ὅτι ὑψώθη τὸ ὄνομα Αὐτοῦ μόνου.

Ἡ ἐξομολόγησις Αὐτοῦ ἐπὶ γῆς καὶ οὐρανοῦ, καὶ ὑψώσει κέρας λαοῦ Αὐτοῦ.

---

[99] Ἐπειδὴ εἰς τὴν σημερινὴν τυπικὴν διάταξιν ἀναγινώσκονται χῦμα οἱ Αἶνοι ἄνευ στιχηρῶν, τὰ «Πᾶσα πνοὴ αἰνεσάτω τὸν Κύριον» καὶ «Σοὶ πρέπει ὕμνος τῷ Θεῷ» δὲν ἀναγινώσκονται ὡς μὴ ἀνήκοντα εἰς τὸν Ψαλμόν, βλέπε Μ. Ὡρολόγιον, Ἀκολουθία τοῦ Ὄρθρου, εἰς τοὺς Αἴνους.

Ὕμνος πᾶσι τοῖς Ὁσίοις Αὐτοῦ, τοῖς υἱοῖς Ἰσραήλ, λαῷ ἐγγίζοντι Αὐτῷ.

Ψαλμός ρμθ΄. (149)

Ἄσατε τῷ Κυρίῳ ᾆσμα καινόν, ἡ αἴνεσις Αὐτοῦ ἐν ἐκκλησίᾳ Ὁσίων.

Εὐφρανθήτω Ἰσραὴλ ἐπὶ τῷ ποιήσαντι Αὐτόν, καὶ υἱοὶ Σιὼν ἀγαλλιάσθωσαν ἐπὶ τῷ Βασιλεῖ αὐτῶν.

Αἰνεσάτωσαν τὸ ὄνομα Αὐτοῦ ἐν χορῷ, ἐν τυμπάνῳ καὶ ψαλτηρίῳ ψαλάτωσαν Αὐτῷ.

Ὅτι εὐδοκεῖ Κύριος ἐν τῷ λαῷ αὐτοῦ, καὶ ὑψώσει πραεῖς ἐν σωτηρίᾳ.

Καυχήσονται Ὅσιοι ἐν δόξῃ, καὶ ἀγαλλιάσονται ἐπὶ τῶν κοιτῶν αὐτῶν.

Αἱ ὑψώσεις τοῦ Θεοῦ ἐν τῷ λάρυγγι αὐτῶν, καὶ ρομφαῖαι δίστομοι ἐν ταῖς χερσὶν αὐτῶν.

Τοῦ ποιῆσαι ἐκδίκησιν ἐν τοῖς ἔθνεσιν, ἐλεγμοὺς ἐν τοῖς λαοῖς.

Τοῦ δῆσαι τοὺς βασιλεῖς αὐτῶν ἐν πέδαις, καὶ τοὺς ἐνδόξους αὐτῶν ἐν χειροπέδαις σιδηραῖς.

Τοῦ ποιῆσαι ἐν αὐτοῖς κρῖμα ἔγγραπτον· δόξα αὕτη ἔσται πᾶσι τοῖς Ὁσίοις Αὐτοῦ.

Ψαλμός ρν΄. (150)

Αἰνεῖτε τὸν Θεὸν ἐν τοῖς Ἁγίοις Αὐτοῦ· αἰνεῖτε Αὐτὸν ἐν στερεώματι τῆς δυνάμεως Αὐτοῦ.

Αἰνεῖτε Αὐτὸν ἐπὶ ταῖς δυναστείαις Αὐτοῦ· αἰνεῖτε Αὐτὸν κατὰ τὸ πλῆθος τῆς μεγαλωσύνης Αὐτοῦ.

Αἰνεῖτε Αὐτὸν ἐν ἤχῳ σάλπιγγος· αἰνεῖτε Αὐτὸν ἐν ψαλτηρίῳ καὶ κιθάρᾳ.

Αἰνεῖτε Αὐτὸν ἐν τυμπάνῳ καὶ χορῷ· αἰνεῖτε αὐτὸν ἐν χορδαῖς καὶ ὀργάνῳ.

Αἰνεῖτε Αὐτὸν ἐν κυμβάλοις εὐήχοις· αἰνεῖτε Αὐτὸν ἐν κυμβάλοις ἀλαλαγμοῦ. Πᾶσα πνοὴ αἰνεσάτω τὸν Κύριον.

Εἶτα, **Δόξα. Καὶ νῦν**, καὶ εὐθὺς ἡ **μικρὰ Δοξολογία**.

Μικρὰ Δοξολογία

Ὁ ἀναγνώστης (χῦμα)·

Σοὶ δόξα πρέπει, Κύριε, ὁ Θεὸς ἡμῶν, καὶ Σοὶ τὴν δόξαν ἀναπέμπομεν, τῷ Πατρὶ καὶ τῷ Υἱῷ καὶ τῷ Ἁγίῳ Πνεύματι, νῦν καὶ ἀεὶ καὶ εἰς τοὺς αἰῶνας τῶν αἰώνων. Ἀμήν.

Δόξα ἐν ὑψίστοις Θεῷ, καὶ ἐπὶ γῆς εἰρήνη ἐν ἀνθρώποις εὐδοκία. Ὑμνοῦμέν Σε, εὐλογοῦμέν Σε, προσκυνοῦμέν Σε, δοξολογοῦμέν Σε, εὐχαριστοῦμέν Σοι, διὰ τὴν μεγάλην Σου δόξαν. Κύριε Βασιλεῦ, ἐπουράνιε Θεέ, Πάτερ Παντοκράτορ· Κύριε Υἱὲ μονογενές, Ἰησοῦ Χριστέ, καὶ Ἅγιον Πνεῦμα. Κύριε ὁ Θεός, ὁ ἀμνὸς τοῦ Θεοῦ, ὁ Υἱὸς τοῦ Πατρός, ὁ αἴρων τὴν ἁμαρτίαν τοῦ κόσμου, ἐλέησον ἡμᾶς, ὁ αἴρων τὰς ἁμαρτίας τοῦ κόσμου. Πρόσδεξαι τὴν δέησιν ἡμῶν, ὁ καθήμενος ἐν δεξιᾷ τοῦ Πατρός, καὶ ἐλέησον ἡμᾶς. Ὅτι Σὺ εἶ μόνος Ἅγιος, Σὺ εἶ μόνος Κύριος, Ἰησοῦς Χριστός, εἰς δόξαν Θεοῦ Πατρός. Ἀμήν. Καθ᾽ ἑκάστην ἡμέραν εὐλογήσω Σε, καὶ αἰνέσω τὸ ὄνομά Σου εἰς τὸν αἰῶνα, καὶ εἰς τὸν αἰῶνα τοῦ αἰῶνος. Κύριε, καταφυγὴ ἐγενήθης ἡμῖν, ἐν γενεᾷ καὶ γενεᾷ. Ἐγὼ εἶπα· Κύριε, ἐλέησόν με· ἴασαι τὴν ψυχήν μου, ὅτι ἥμαρτόν Σοι. Κύριε, πρὸς Σὲ κατέφυγον· δίδαξόν με τοῦ ποιεῖν τὸ θέλημά Σου, ὅτι Σὺ εἶ ὁ Θεός μου. Ὅτι παρὰ Σοὶ πηγὴ ζωῆς· ἐν τῷ φωτί Σου ὀψόμεθα φῶς. Παράτεινον τὸ ἔλεός Σου τοῖς γινώσκουσί Σε. Καταξίωσον, Κύριε, ἐν τῇ ἡμέρα ταύτη ἀναμαρτήτους φυλαχθῆναι ἡμᾶς. Εὐλογητὸς εἶ, Κύριε, ὁ Θεὸς τῶν πατέρων ἡμῶν, καὶ αἰνετὸν καὶ δεδοξασμένον τὸ ὄνομά Σου εἰς τοὺς αἰῶνας. Ἀμήν. Γένοιτο, Κύριε, τὸ ἔλεός Σου ἐφ᾽ ἡμᾶς, καθάπερ ἠλπίσαμεν ἐπὶ Σέ. Εὐλογητὸς εἶ, Κύριε· δίδαξόν με τὰ δικαιώματά Σου. Εὐλογητὸς εἶ, Δέσποτα· συνέτισόν με τὰ δικαιώματά Σου. Εὐλογητὸς εἶ, Ἅγιε· φώτισόν με τοῖς δικαιώμασί Σου. Κύριε, τὸ ἔλεός Σου εἰς τὸν αἰῶνα· τὰ ἔργα τῶν χειρῶν Σου μὴ παρίδῃς. Σοὶ πρέπει αἶνος, Σοὶ πρέπει ὕμνος, Σοὶ δόξα πρέπει, τῷ Πατρὶ καὶ τῷ Υἱῷ καὶ τῷ Ἁγίῳ Πνεύματι, νῦν καὶ ἀεί, καὶ εἰς τοὺς αἰῶνας τῶν αἰώνων. Ἀμήν.

Ὁ ἱερεὺς τὴν Δέησιν, ἤτοι τὰ **«Πληρωτικά»**·

Πληρώσωμεν τὴν ἑωθινὴν δέησιν ἡμῶν τῷ Κυρίῳ.

Ὁ ἀναγνώστης· Κύριε ἐλέησον.

Ἀντιλαβοῦ, σῶσον, ἐλέησον καὶ διαφύλαξον ἡμᾶς, ὁ Θεός, τῇ Σῇ χάριτι.

Ὁ ἀναγνώστης· Κύριε ἐλέησον ἢ Ἀμήν[75].

Τὴν ἡμέραν πᾶσαν, τελείαν, ἁγίαν, εἰρηνικὴν καὶ ἀναμάρτητον, παρὰ τοῦ Κυρίου αἰτησώμεθα.

Ὁ ἀναγνώστης· Παράσχου Κύριε.

Ἄγγελον εἰρήνης, πιστὸν ὁδηγόν, φύλακα τῶν ψυχῶν καὶ τῶν σωμάτων ἡμῶν, παρὰ τοῦ Κυρίου αἰτησώμεθα.

Ὁ ἀναγνώστης· Παράσχου Κύριε.

Συγγνώμην καὶ ἄφεσιν τῶν ἁμαρτιῶν καὶ τῶν πλημμελημάτων ἡμῶν, παρὰ τοῦ Κυρίου αἰτησώμεθα.

Ὁ ἀναγνώστης· Παράσχου Κύριε.

Τὰ καλὰ καὶ συμφέροντα ταῖς ψυχαῖς ἡμῶν, καὶ εἰρήνην τῷ κόσμῳ, παρὰ τοῦ Κυρίου αἰτησώμεθα.

Ὁ ἀναγνώστης· Παράσχου Κύριε.

Τὸν ὑπόλοιπον χρόνον τῆς ζωῆς ἡμῶν, ἐν εἰρήνῃ καὶ μετανοίᾳ ἐκτελέσαι, παρὰ τοῦ Κυρίου αἰτησώμεθα.

Ὁ ἀναγνώστης· Παράσχου Κύριε.

Χριστιανὰ τὰ τέλη τῆς ζωῆς ἡμῶν, ἀνώδυνα, ἀνεπαίσχυντα, εἰρηνικά, καὶ καλὴν ἀπολογίαν τὴν ἐπὶ τοῦ φοβεροῦ βήματος τοῦ Χριστοῦ, αἰτησώμεθα.

Ὁ ἀναγνώστης· Παράσχου Κύριε.

Τῆς Παναγίας, ἀχράντου, ὑπερευλογημένης, ἐνδόξου, Δεσποίνης ἡμῶν, Θεοτόκου καὶ ἀειπαρθένου Μαρίας (Ὑπεραγία Θεοτόκε σῶσον ἡμᾶς), μετὰ πάντων τῶν Ἁγίων μνημονεύσαντες, ἑαυτοὺς καὶ ἀλλήλους καὶ πᾶσαν τὴν ζωὴν ἡμῶν Χριστῷ τῷ Θεῷ παραθώμεθα.

Ὁ ἀναγνώστης· Σοί, Κύριε.

Ὅτι Θεὸς ἐλέους, οἰκτιρμῶν, καὶ φιλανθρωπίας ὑπάρχεις, καὶ Σοὶ τὴν δόξαν ἀναπέμπομεν, τῷ Πατρὶ καὶ τῷ Υἱῷ καὶ τῷ Ἁγίῳ Πνεύματι, νῦν καὶ ἀεὶ καὶ εἰς τοὺς αἰῶνας τῶν αἰώνων.

Ὁ ἀναγνώστης· Ἀμήν.

Εἰρήνη πᾶσι.

Ὁ ἀναγνώστης· Καὶ τῷ πνεύματί σου.

Τὰς κεφαλὰς ἡμῶν τῷ Κυρίῳ κλίνωμεν.

Ὁ ἀναγνώστης· Σοί, Κύριε.

Σὸν γάρ ἐστι τὸ ἐλεεῖν καὶ σῴζειν ἡμᾶς, ὁ Θεὸς ἡμῶν, καὶ Σοὶ τὴν δόξαν ἀναπέμπομεν, τῷ Πατρὶ καὶ τῷ Υἱῷ καὶ τῷ Ἁγίῳ Πνεύματι, νῦν καὶ ἀεὶ καὶ εἰς τοὺς αἰῶνας τῶν αἰώνων.

Ὁ ἀναγνώστης· Ἀμήν.

Ἀπόστιχα τῶν Αἴνων

Καὶ ψάλλονται τὰ **Ἀπόστιχα τῶν Αἴνων** ἐκ τῆς **Παρακλητικῆς**, κείμενα εἰς τὸ τέλος τοῦ Ὄρθρου τῆς ἡμέρας, ἐπιγραφόμενα ἐνίοτε «Ἀπόστιχα τῶν Αἴνων Μαρτυρικά» (ἐν Σαββάτῳ κείμενα πρὸ τῶν Ἀποστίχων τοῦ κυροῦ Θεοφάνους[100]), μετὰ τῶν ἑξῆς στίχων·

---

[100] Τὰ ἀπόστιχα τοῦ κυροῦ Θεοφάνους λέγονται μόνον εἰς τὰ Σάββατα μὲ Ἀλληλούια (τυπικὴ διάταξις, σ. 77).

Τὰς καθημερινὰς πλὴν τοῦ Σαββάτου.

Τὸ **πρῶτον** ἄνευ στίχου. Διὰ τὰ ἑπόμενα·

Στίχ. β΄. Ἐνεπλήσθημεν τὸ πρωῒ τοῦ ἐλέους Σου, Κύριε, καὶ ἠγαλλιασάμεθα, καὶ εὐφράνθημεν ἐν πάσαις ταῖς ἡμέραις ἡμῶν· εὐφρανθείημεν ἀνθ᾽ ὧν ἡμερῶν ἐταπείνωσας ἡμᾶς, ἐτῶν ὧν εἴδομεν κακά· καὶ ἴδε ἐπὶ τοὺς δούλους Σου καὶ ἐπὶ τὰ ἔργα Σου, καὶ ὁδήγησον τοὺς υἱοὺς αὐτῶν.

Στίχ. γ΄. Καὶ ἔστω ἡ λαμπρότης Κυρίου τοῦ Θεοῦ ἡμῶν ἐφ᾽ ἡμᾶς, καὶ τὰ ἔργα τῶν χειρῶν ἡμῶν κατεύθυνον ἐφ᾽ ἡμᾶς, καὶ τὸ ἔργον τῶν χειρῶν ἡμῶν κατεύθυνον.

Τῷ Σαββάτῳ.
(ψάλλονται γ΄ μαρτυρικά, καὶ ἓν νεκρώσιμον)

Τὸ **πρῶτον** ἄνευ στίχου. Διὰ τὰ ἑπόμενα·

Στίχ. β΄. Τοῖς Ἁγίοις τοῖς ἐν τῇ γῇ Αὐτοῦ ἐθαυμάστωσεν ὁ Κύριος (, πάντα τὰ θελήματα Αὐτοῦ ἐν αὐτοῖς).

Στίχ. γ΄. Θαυμαστὸς ὁ Θεὸς ἐν τοῖς Ἁγίοις Αὐτοῦ.

Στίχ. δ΄. Μακάριοι οὓς ἐξελέξω καὶ προσελάβου, Κύριε.

Δόξα, Καὶ νῦν, Θεοτοκίον ἢ Σταυροθεοτοκίον[101] αὐτῶν, ἐκ τῆς Παρακλητικῆς[102].

---

[101] Ἐν Τετάρτῃ καὶ Παρασκευῇ, λέγομεν Σταυροθεοτοκίον.
[102] Ἅγιος «μὴ ἑορταζόμενος», δὲν ἔχει ἀπόστιχα, ἢ δοξαστικὸν ἀποστίχων Αἴνων (βλ. σ. 28) [ΤΟΕ, σ. 124].

Ἀγαθὸν τὸ ἐξομολογεῖσθαι – Τρισάγιον

Εἶτα, ὁ ἱερεύς·

Ἀγαθὸν τὸ ἐξομολογεῖσθαι τῷ Κυρίῳ καὶ ψάλλειν τῷ ὀνόματί Σου, Ὕψιστε· τοῦ ἀναγγέλειν τὸ πρωῒ τὸ ἔλεός Σου καὶ τὴν ἀλήθειάν Σου κατὰ νύκτα.

Ὁ ἀναγνώστης, τὸ **Τρισάγιον**, ἤτοι·

Ἅγιος ὁ Θεός, Ἅγιος ἰσχυρός, Ἅγιος ἀθάνατος, ἐλέησον ἡμᾶς (γ΄).

Δόξα. Καὶ νῦν.

Παναγία Τριάς, ἐλέησον ἡμᾶς· Κύριε, ἱλάσθητι ταῖς ἁμαρτίαις ἡμῶν· Δέσποτα, συγχώρησον τὰς ἀνομίας ἡμῖν· Ἅγιε, ἐπίσκεψαι καὶ ἴασαι τὰς ἀσθενείας ἡμῶν, ἕνεκεν τοῦ ὀνόματός Σου.

Κύριε, ἐλέησον (γ΄).

Δόξα. Καὶ νῦν.

Πάτερ **ἡμῶν** ὁ ἐν τοῖς οὐρανοῖς, ἁγιασθήτω τὸ ὄνομά Σου· ἐλθέτω ἡ Βασιλεία Σου· γενηθήτω τὸ θέλημά Σου, ὡς ἐν οὐρανῷ, καὶ ἐπὶ τῆς γῆς. Τὸν ἄρτον ἡμῶν τὸν ἐπιούσιον δὸς ἡμῖν σήμερον καὶ ἄφες ἡμῖν τὰ ὀφειλήματα ἡμῶν, ὡς καὶ ἡμεῖς ἀφίεμεν τοῖς ὀφειλέταις ἡμῶν· καὶ μὴ εἰσενέγκῃς ἡμᾶς εἰς πειρασμόν, ἀλλὰ ῥῦσαι ἡμᾶς ἀπὸ τοῦ πονηροῦ.

Ὁ ἱερεύς·

Ὅτι Σοῦ ἐστιν ἡ Βασιλεία καὶ ἡ δύναμις, καὶ ἡ δόξα τοῦ Πατρὸς καὶ τοῦ Υἱοῦ καὶ τοῦ Ἁγίου Πνεύματος, νῦν καὶ ἀεὶ καὶ εἰς τοὺς αἰῶνας τῶν αἰώνων.

Ὁ ἀναγνώστης· Ἀμήν.

Καὶ εὐθὺς ψάλλονται τὰ Ἀπολυτίκια·

Ἀπολυτίκια

Τὸ **Ἀπολυτίκιον** (μετὰ τοῦ Θεοτοκίου) ὡς ἐψάλλησαν εἰς τὸ Θεὸς Κύριος (σ. 53), ἄνευ ἐπαναλήψεως τοῦ ἀπολυτικίου[103]. Ἐὰν ὅμως ἐψάλη Ἀπολυτίκιον τοῦ Ἁγίου τοῦ Μηναίου, Θεοτοκίον λέγε τὸ «εἰς τὸ τέλος τοῦ Ὄρθρου» ὁμόηχον, βλ. σ. 139.

Καὶ ἄρχεται ἡ Θεία Λειτουργία[104].

Στοιχεῖα Θείας Λειτουργίας

[Τὰ Τυπικὰ καὶ οἱ Μακαρισμοί[105]**, ἢ], τὰ συνήθη Ἀντίφωνα** «Ἀγαθὸν τὸ ἐξομολογεῖσθαι»[106].

Α΄ Ἀντίφωνον

Στίχ. α΄. Ἀγαθὸν τὸ ἐξομολογεῖσθαι τῷ Κυρίῳ, καὶ ψάλλειν τῷ ὀνόματί Σου Ὕψιστε.

Ταῖς πρεσβείαις τῆς Θεοτόκου, Σῶτερ σῶσον ἡμᾶς.

Στίχ. β΄. Τοῦ ἀναγγέλλειν τὸ πρωῒ τὸ ἔλεός Σου, καὶ τὴν ἀλήθειάν Σου κατὰ νύκτα.

Ταῖς πρεσβείαις τῆς Θεοτόκου, Σῶτερ σῶσον ἡμᾶς.

Στίχ. γ΄. Ὅτι εὐθὺς Κύριος ὁ Θεὸς ἡμῶν, καὶ οὐκ ἔστιν ἀδικία ἐν Αὐτῷ.

Ταῖς πρεσβείαις τῆς Θεοτόκου, Σῶτερ σῶσον ἡμᾶς.

---

[103] Τὸ ΤΜΕ, εἰς τὴν γενικὴν διάταξιν τῆς Καθημερινῆς, σ. 46, λέει ἀντὶ ἀπολυτικίου, μόνον «τὸ εἰς τὸ τέλος τοῦ Ὄρθρου Θεοτοκίον».

[104] Περὶ Ἀπολύσεως τοῦ Ὄρθρου (ποὺ συνήθως καταλιμπάνεται ὅταν ὑπάρχει μικρὰ δοξολογία), βλ. [ΤΟΕ, σ. 78], πρβλ. σ. 75 ἐνταῦθα.

[105] Ἱστῶμεν στίχους ϛ΄ καὶ ψάλλομεν μόνον τὰ ἐξ τροπάρια τῶν Μακαρισμῶν τῆς ἡμέρας τῆς ἑβδομάδος, εἰς τὸν ἦχον τῆς ἑβδομάδος, ἐκ τῆς Παρακλητικῆς [ΤΓΡ, σσ. 191, 209].

[106] βλ. [ΤΜΕ, σ. 46].

Δόξα. **Κ**αὶ νῦν.

Ταῖς πρεσβείαις τῆς Θεοτόκου, Σῶτερ σῶσον ἡμᾶς.

Β΄ Ἀντίφωνον[107]

Στίχ. α΄. Ὁ Κύριος ἐβασίλευσεν, εὐπρέπειαν ἐνεδύσατο, ἐνεδύσατο Κύριος δύναμιν καὶ περιεζώσατο.

Σῶσον ἡμᾶς Υἱὲ Θεοῦ, ὁ <u>ἐν Ἁγίοις θαυμαστός</u>, ψάλλοντάς Σοι, Ἀλληλούια.

Στίχ. β΄. Καὶ γὰρ ἐστερέωσε τὴν οἰκουμένην, ἥτις οὐ σαλευθήσεται.

Σῶσον ἡμᾶς Υἱὲ Θεοῦ, ὁ <u>ἐν Ἁγίοις θαυμαστός</u>, ...

Στίχ. γ΄. Τῷ οἴκῳ Σου πρέπει ἁγίασμα Κύριε, εἰς μακρότητα ἡμερῶν.

Σῶσον ἡμᾶς Υἱὲ Θεοῦ, ὁ <u>ἐν Ἁγίοις θαυμαστός</u>, ...

Δόξα[108]. Καὶ νῦν.

Ὁ Μονογενὴς Υἱὸς καὶ Λόγος τοῦ Θεοῦ...

Γ΄ Ἀντίφωνον[109]

---

[107] Οἱ στίχοι εἶναι σύμφωνοι μέ τό Β΄ Ἀντίφωνον τοῦ ΤΜΕ. Τό ΤΜΕ σ. 47, ἔχει εἰς τό Β΄ Ἀντίφωνον ὡς ἐφύμνιον τό «**Πρεσβείαις τῶν Ἁγίων Σου σῶσον ἡμᾶς Κύριε**», καὶ εἰς τό Γ΄ Ἀντίφωνον ὡς ἐφύμνιον τό «**Σῶσον ἡμᾶς Υἱὲ Θεοῦ, ὁ ἐν Ἁγίοις θαυμαστός, ψάλλοντάς Σοι, Ἀλληλούια**». Τὴν σήμερον ὅμως εἴθισται νὰ λέγεται τό «Σῶσον ἡμᾶς...» εἰς τό Β΄ Ἀντίφωνον, καὶ ὡς ἐφύμνιον τοῦ Γ΄ Ἀντιφώνου τὸ Ἀπολυτίκιον, βλ. [ΕΓΚ, σσ. 94-96], [ΣΥΛ, σσ. 137, 139].

[108] Σύμφωνα μὲ τό ΤΜΕ σ. 47, μετὰ τὸ Δόξα, ψάλλεται τὸ ἐφύμνιον, καὶ ἀκολουθεῖ τό· Καὶ νῦν, ὁ μονογενής Υἱὸς καὶ Λόγος τοῦ Θεοῦ... .

[109] Σύμφωνα μὲ τό [ΕΓΚ, σσ. 94-96]. Τό ΤΜΕ σ. 47, ἔχει εἰς τό Γ΄ Ἀντίφωνον τὸ ἐφύμνιον «**Σῶσον ἡμᾶς Υἱὲ Θεοῦ, ὁ ἐν Ἁγίοις θαυμαστός, ψάλλοντάς Σοι, Ἀλληλούια**», μετὰ τῶν ἐξῆς τριῶν στίχων:
Στίχ. α΄. Δεῦτε ἀγαλλιασώμεθα τῷ Κυρίῳ, ἀλαλάξωμεν τῷ Θεῷ τῷ Σωτῆρι ἡμῶν.

Στίχ. Δεῦτε ἀγαλλιασώμεθα τῷ Κυρίῳ, ἀλαλάξωμεν τῷ Θεῷ τῷ Σωτῆρι ἡμῶν[110].

Καὶ ψάλλεται τὸ **Ἀπολυτίκιον** ὡς εἰς τὸ Θεὸς Κύριος (ἄνευ Θεοτοκίου).

Εἰσοδικόν· Δεῦτε προσκυνήσωμεν..., Σῶσον ἡμᾶς Υἱὲ Θεοῦ, ὁ <u>ἐν Ἁγίοις θαυμαστός</u>,... .

Μετὰ τὴν εἴσοδον· τὸ Ἀπολυτίκιον ὡς εἰς τὸ Θεὸς Κύριος[111], καὶ τοῦ Ἁγίου τοῦ Ναοῦ.

Κοντάκιον· [τοῦ Ἁγίου τοῦ Μηναίου ἐὰν ἔχει, ἀλλιῶς τῆς ἡμέρας τῆς ἑβδομάδος[112] (σ. 145), καὶ] τὸ Προστασία τῶν Χριστιανῶν[113, σ. 146] ἐν καθημερινῇ (ἐν Σαββάτῳ τό μαρτυρικόν· Ὡς ἀπαρχάς[114]).

Τρισάγιον, Προκείμενον τῆς ἡμέρας. **Ἀπόστολος καὶ Εὐαγγέλιον**· τῆς ἡμέρας[115].

Εἰς τὸ Ἐξαιρέτως· Ἄξιόν ἐστιν.

Κοινωνικόν· τῆς ἡμέρας.

Στίχ. β΄. Προφθάσωμεν τὸ πρόσωπον Αὐτοῦ ἐν ἐξομολογήσει καὶ ἐν ψαλμοῖς ἀλαλάξωμεν Αὐτῷ, ὅτι Θεὸς μέγας Κύριος καὶ Βασιλεὺς μέγας ἐπὶ πᾶσαν τὴν γῆν.

Στίχ. γ΄. Ὅτι ἐν τῇ χειρὶ Αὐτοῦ τὰ πέρατα τῆς γῆς καὶ τὰ ὕψη τῶν ὀρέων Αὐτοῦ εἰσιν, ὅτι Αὐτοῦ ἐστιν ἡ θάλασσα, καὶ Αὐτὸς ἐποίησεν αὐτὴν καὶ τὴν ξηρὰν αἱ χεῖρες Αὐτοῦ ἔπλασαν.

[110] Ἡ προτάσσεται στίχος κατάλληλος διὰ τὸν Ἅγιον.

[111] Ἐὰν σήμερα λέγεται Ἀπολυτίκιον τῆς ἡμέρας τῆς ἑβδομάδος (–, βλ. σ. 38), κατ' οἰκονομίαν καὶ εἰ βούλει, λέγε μόνον ἐνταῦθα μετὰ τὸ Ἀπολυτίκιον τῆς ἡμέρας τῆς ἑβδομάδος, τὸ Ἀπολυτίκιον τοῦ Ἁγίου τοῦ Μηναίου.

[112] «Κοντάκιον τῆς ἡμέρας τῆς ἑβδομάδος», [ΤΜΕ, σ. 48].

[113] Σύμφωνα μὲ τὸ [ΤΓΡ, σσ. 191, 197], ὅτε ὑπάρχει μικρὰ δοξολογία ἐν καθημερινῇ, λέγεται τὸ «Προστασία τῶν Χριστιανῶν» (σ. 146), καὶ ὄχι τῆς περιόδου (εἴτε τυγχάνει ἢ μή). Νομίζομεν εἶναι ὀρθὸν ἐὰν συγκρίνωμεν καὶ μὲ τὸ Σάββατον μὲ ἀλληλούια ὅπου δὲν λέγεται τῆς περιόδου.

[114] Σύμφωνα μὲ τό [ΤΓΡ, σ. 213], ἐὰν δὲν ἔχει ὁ Ἅγιος κοντάκιον: Δόξα, τὸ νεκρώσιμον Μετὰ τῶν Ἁγίων, Καὶ νῦν, τὸ μαρτυρικὸν Ὡς ἀπαρχάς (σ. 146).

[115] Σύμφωνα μὲ τό [ΤΓΡ, σ. 191]· τῆς ἡμέρας, καὶ τῆς Θεοτόκου, ἢ τοῦ Ἁγίου ἐὰν ἔχει δύο δοξαστικὰ ἢ εἶναι Ἀπόστολος.

Μετὰ τὸ Σῶσον ὁ Θεός· Εἴδομεν τὸ Φῶς.

Ἐὰν δὲν τελεῖται Θεία Λειτουργία ἐπισυνάπτεται ἡ Α΄ ὥρα[116], καὶ μετὰ τὴν εὐχὴν «Χριστὲ τὸ φῶς τὸ ἀληθινόν», ἀναγινώσκεται ὁ Ἀπόστολος καὶ τὸ Εὐαγγέλιον τῆς ἡμέρας[115], καὶ ἡ Ἀπόλυσις[117] ὡς ἑξῆς:

Ἀπόλυσις

Ὁ ἱερεὺς τὴν Ἐκτενὴν Δέησιν· Εἴπωμεν πάντες ἐξ ὅλης τῆς ψυχῆς…, Κύριε, παντοκράτορ, ὁ Θεὸς τῶν πατέρων ἡμῶν…, Ἐλέησον ἡμᾶς ὁ Θεός, κατὰ τὸ μέγα ἔλεός Σου…, κτλ. (οἱ χοροὶ εἰς τὰς δύο πρώτας καὶ τὴν τελευταίαν δέησιν, Κύριε ἐλέησον (ἅπαξ), εἰς δὲ τὰς λοιπὰς Κύριε ἐλέησον (ἐκ γ΄)), μὲ ἐκφώνησιν· Ὅτι ἐλεήμων καὶ φιλάνθρωπος.

Ὁ ἱερεύς· Σοφία.

Ὁ ἀναγνώστης· Εὐλόγησον.

Ὁ ἱερεύς· Ὁ ὢν εὐλογητὸς Χριστὸς ὁ Θεὸς ἡμῶν, πάντοτε· νῦν καὶ ἀεὶ καὶ εἰς τοὺς αἰῶνας τῶν αἰώνων.

Ὁ ἀναγνώστης· Ἀμήν.

Ὁ ἀναγνώστης·

Στερεώσαι Κύριος ὁ Θεὸς τὴν ἁγίαν καὶ ἀμώμητον πίστιν τῶν εὐσεβῶν καὶ Ὀρθοδόξων Χριστιανῶν, σὺν τῇ ἁγίᾳ Αὐτοῦ Ἐκκλησίᾳ καὶ τῇ πόλει (ἤ, τῇ Μονῇ, ἤ, τῇ χώρᾳ, ἤ, τῇ νήσῳ) ταύτῃ εἰς αἰῶνας αἰώνων.

Ὁ ἀναγνώστης· Ἀμήν.

Ὁ ἱερεύς· Ὑπεραγία Θεοτόκε, σῶσον ἡμᾶς.

Ὁ ἀναγνώστης·

Τὴν τιμιωτέραν τῶν Χερουβεὶμ καὶ ἐνδοξοτέραν ἀσυγκρίτως τῶν Σεραφείμ, τὴν ἀδιαφθόρως Θεὸν Λόγον τεκοῦσαν, τὴν ὄντως Θεοτόκον, Σὲ μεγαλύνομεν.

---

[116] βλ. [ΤΟΕ, σσ. 78-79].
[117] βλ. [ΤΟΕ, σ. 225].

Ὁ ἱερεύς· Δόξα Σοι, Χριστὲ ὁ Θεός, ἡ ἐλπὶς ἡμῶν, δόξα Σοι.

Ὁ ἀναγνώστης· Δόξα. Καὶ νῦν. Κύριε, ἐλέησον (γ΄). Πάτερ ἅγιε, εὐλόγησον.

Καὶ ὁ Ἱερεὺς λέγει τὴν ἀπόλυσιν·

Χριστὸς ὁ ἀληθινὸς Θεὸς ἡμῶν, ...

Δι’ εὐχῶν.

Οἱ χοροί· Ἀμήν.

Ἅγιος Ἰωάννης ὁ Χρυσόστομος

«Νῦν δὲ λήροις μὲν καὶ φλυαρίαις ἀνονήτοις πάντα καιρὸν ἀφορίζομεν, [...]· τῶν δὲ θείων δογμάτων ἅπαξ ἢ δὶς τῆς ἑβδομάδος ἀκούοντες, ναυτιῶμεν, διακορεῖς γινόμεθα. Τί οὖν τὸ αἴτιον; Κακῶς διακείμεθα τὴν ψυχήν. Τὸ ἐπιθυμητικὸν αὐτῆς τὸ περὶ ταῦτα καὶ ὀρεκτικὸν ἐξελύσαμεν ἅπαν. Διὰ τοῦτο οὐκ ἔρρωται πρὸς τὴν τῆς πνευματικῆς τροφῆς ὄρεξιν»

[PG 59, 118-119]

Ἅγιος Νικόδημος ὁ Ἁγιορείτης

«Παρακαλῶ τόσον τοὺς ἁγίους Ἱερεῖς ὅσον καὶ τοὺς λαϊκοὺς Χριστιανοὺς νὰ μὴ βιάζεσθε πότε νὰ ἐβγῆτε ἀπὸ τὴν ἁγίαν Ἐκκλησίαν, ἀλλὰ οἱ μὲν ἅγιοι Ἱερεῖς νὰ ἀναγινώσκετε καὶ νὰ ψάλλετε τὰς ἐν τῇ Ἐκκλησίᾳ ἱερὰς ἀκολουθίας τοῦ Ὄρθρου, τῆς Θείας Λειτουργίας καὶ τοῦ Ἑσπερινοῦ, μὲ ἀργοπορίαν καὶ μετὰ εὐταξίας καὶ εὐλαβείας· οἱ δὲ λαϊκοὶ Χριστιανοὶ νὰ ἀκούετε μὲ ἐπιμέλειαν καὶ προσοχὴν τὰ ἀναγινωσκόμενα καὶ ψαλλόμενα, διὰ νὰ τὰ ἐντυπώνετε εἰς τὴν καρδίαν σας καὶ νὰ τὰ ἐνθυμᾶσθε μετὰ ταῦτα, καὶ ἐκ τῆς ἐνθυμήσεως αὐτῆς νὰ φυλάττεσθε ἀπὸ τὸ νὰ μὴ ἁμαρτάνετε· καθὼς καὶ ὁ Προφήτης Δαβίδ, διὰ νὰ κρύπτῃ τὰ λόγια τοῦ Κυρίου εἰς τὴν καρδίαν του, ἐβοηθεῖτο ἀπὸ αὐτὰ καὶ δὲν ἁμάρτανεν· ὅθεν ἔλεγεν· "ἐν τῇ καρδίᾳ μου ἔκρυψα τὰ λόγια Σου, ὅπως ἂν μὴ ἁμάρτω Σοι" (Ψαλμ. ριη΄)»

[Χριστοήθεια τῶν Χριστιανῶν, Λόγος ΙΒ΄, σ. 318, ἐκδ. Σωτ. Ν. Σχοινᾶ (ἐκδ. Βασ. Ῥηγοπούλου)]

Σάββατον μὲ Ἀλληλούια

Ἀλληλούια

Ἀντὶ τοῦ Θεὸς Κύριος, ψάλλεται τὸ Ἀλληλούια τετράκις (τὰ δύο πρῶτα ἄνευ στίχου[118]).

Ἦχος β΄.

Ἀλληλούια, ἀλληλούια, ἀλληλούια.

Ἀλληλούια, ἀλληλούια, ἀλληλούια.

Στίχ. Μακάριοι οὓς ἐξελέξω καὶ προσελάβου, Κύριε. Ἀλληλούια, ἀλληλούια, ἀλληλούια.

Στίχ. Καὶ τὸ μνημόσυνον αὐτῶν εἰς γενεὰν καὶ γενεάν. Ἀλληλούια, ἀλληλούια, ἀλληλούια.

Ἀπολυτίκια

Ἀντὶ ἀπολυτικίων Ἁγίων, ψάλλονται τὰ κάτωθι ἀπολυτίκια[119] τῆς ἡμέρας τοῦ Σαββάτου εἰς ὅλους τοὺς Ἁγίους, καὶ εἰς τοὺς κεκοιμημένους, ὡς τὸ τυπικὸν προβλέπει·

Ἦχος β΄.

Ἀπόστολοι, μάρτυρες καὶ προφῆται, ἱεράρχαι, ὅσιοι καὶ δίκαιοι, οἱ καλῶς τὸν ἀγῶνα τελέσαντες καὶ τὴν πίστιν τηρήσαντες, παρρησίαν ἔχοντες πρὸς τὸν Σωτῆρα, ὑπὲρ ἡμῶν Αὐτὸν ὡς ἀγαθὸν ἱκετεύσατε σωθῆναι, δεόμεθα τὰς ψυχὰς ἡμῶν.

---

118 βλ. [ΤΜΕ, σ. 320], [ΕΓΚ, σ. 77], [ΤΓΡ, σσ. 74, 207].
119 Τὰ αὐτὰ Ἀπολυτίκια, ψάλλονται καὶ εἰς τὸν Ἑσπερινόν.

Δόξα. Νεκρώσιμον.

Μνήσθητι, Κύριε, ὡς ἀγαθὸς τῶν δούλων Σου καὶ ὅσα ἐν βίῳ ἥμαρτον συγχώρησον· οὐδεὶς γὰρ ἀναμάρτητος, εἰ μὴ Σὺ ὁ δυνάμενος καὶ τοῖς μεταστᾶσι δοῦναι τὴν ἀνάπαυσιν.

Καὶ νῦν. Θεοτοκίον.

Μήτηρ Ἁγία ἡ τοῦ ἀφράστου Φωτός, ἀγγελικοῖς Σε ὕμνοις τιμῶντες, εὐσεβῶς μεγαλύνομεν.

Καθίσματα (Στιχολογία τοῦ Ψαλτηρίου)

[Ἡ α΄ Στιχολογία τοῦ Ψαλτηρίου, ἤτοι τὸ ις΄ Κάθισμα, εἰς στασεις γ΄[83]]

Ὁ ἱερεὺς τὴν μικρὰν Συναπτήν (**«Αἴτησιν»**)·

Ἔτι καὶ ἔτι, ἐν εἰρήνῃ τοῦ Κυρίου δεηθῶμεν.

Ὁ ἀναγνώστης· Κύριε ἐλέησον.

Ἀντιλαβοῦ, σῶσον, ἐλέησον καὶ διαφύλαξον ἡμᾶς ὁ Θεός, τῇ Σῇ χάριτι.

Ὁ ἀναγνώστης· Κύριε ἐλέησον ἢ Ἀμήν[75].

Τῆς Παναγίας, ἀχράντου, ὑπερευλογημένης, ἐνδόξου, Δεσποίνης ἡμῶν, Θεοτόκου καὶ ἀειπαρθένου Μαρίας (Ὑπεραγία Θεοτόκε σῶσον ἡμᾶς), μετὰ πάντων τῶν Ἁγίων μνημονεύσαντες, ἑαυτοὺς καὶ ἀλλήλους, καὶ πᾶσαν τὴν ζωὴν ἡμῶν Χριστῷ τῷ Θεῷ παραθώμεθα.

Ὁ ἀναγνώστης· Σοί, Κύριε.

Ὅτι Σὸν τὸ κράτος, καὶ Σοῦ ἐστιν ἡ βασιλεία, καὶ ἡ δύναμις καὶ ἡ δόξα, τοῦ Πατρὸς καὶ τοῦ Υἱοῦ καὶ τοῦ Ἁγίου Πνεύματος, νῦν καὶ ἀεὶ καὶ εἰς τοὺς αἰῶνας τῶν αἰώνων.

Ὁ ἀναγνώστης· Ἀμήν.

Καὶ ψάλλομεν Καθίσματα τοῦ ἤχου τῆς ἑβδομάδος[84], ἐκ τοῦ βιβλίου τῆς Παρακλητικῆς[120],

Καθίσματα (τὰ μετὰ τὴν α΄ Στιχολογίαν).

[Ἡ β΄ Στιχολογία τοῦ Ψαλτηρίου, ἤτοι τὸ ιζ΄ Κάθισμα «ὁ Ἄμωμος» (εἰς στάσεις β΄[83,121])]

Καθίσματα (τὰ μετὰ τὴν β΄ Στιχολογίαν, τὰ ἐνίοτε ἐπιγραφόμενα «Καθίσματα, μετὰ τὸν Ἄμωμον» εἰς τὴν Παρακλητικήν).

Σημείωσε ὅτι εἴθισται[122] νὰ λέγονται ὅλα τὰ Καθίσματα μαζὶ πρὸ τοῦ Ἀμώμου (καὶ ὄχι ἀνὰ Στιχολογίαν), ὡς ἑξῆς:

γ΄ μαρτυρικὰ Καθίσματα τοῦ ἤχου τῆς ἑβδομάδος,
ἕν νεκρώσιμον Κάθισμα,
Δόξα, καὶ νῦν, Θεοτοκίον[123].

[Τὸ ιζ΄ Κάθισμα «ὁ Ἄμωμος» (εἰς στάσεις β΄[83,121])]

---

[120] Ἐν τῇ Μ. Τεσσαρακοστῇ· ἐκ τοῦ βιβλίου τοῦ Τριῳδίου (ζήτει εἰς τὸ τέλος του). Ἐπειδὴ εἰς τὸ Τριῴδιον, τῇ αὐτῇ ἡμέρᾳ, ὑπάρχουν Καθίσματα μόνο μετὰ τὴν α΄ Στιχολογίαν, μετὰ τὰ Καθίσματα, λέγε [μετὰ τὸν Ἄμωμον], εὐθὺς τὰ Εὐλογητάρια.

[121] Εἰς τὸ τέλος τῆς α΄ στάσεως, ὁ ἱερεὺς ποιεῖ Αἴτησιν, «ὑπὲρ μακαρίας μνήμης καὶ αἰωνίου ἀναπαύσεως», μὲ ἐκφώνησιν· Ὅτι Σὺ εἶ ἡ Ἀνάστασις, [ΤΓΡ, σ. 207].

[122] βλ. [ΤΑΣ, ἀπορ., κεφ. Ͷδ΄.], [ΤΜΕ, σ. 320], [ΤΓΡ, σ. 207]. Ἡ Παρακλητικὴ ἔχει Καθίσματα ἀνὰ στιχολογίαν (καὶ «μετὰ τὸν Ἄμωμον»), καὶ θεωροῦμε ὅτι δὲν πρέπει σὲ αὐτὸ τὸ σημεῖο ἡ τάξις νὰ εἶναι διαφορετικὴ ἀπὸ τῆς καθημερινῆς (σ. 57), ἐκτὸς ἐξ ἀνάγκης ἐν τῇ Μ. Τεσσαρακοστῇ (βλ. ὑποσ. 120). Σὺ δὲ ποίει ὡς βούλει.

[123] «Θεοτοκίον τοῦ τῆς ἑβδομάδος ἤχου» [ΤΜΕ, σ. 339], ἤτοι τὸ θεοτοκίον μετὰ τὸ νεκρώσιμον (ὁμοίως ὑπονοοῦν καὶ τὸ [ΕΓΚ, σ. 78], καὶ τὸ [ΕΚΠ, σ. 132]). Κατὰ τὰ ΤΑΣ, ΤΓΡ καὶ τὸ μεταγενέστερον ΣΤ, τὸ α΄ Θεοτοκίον τοῦ ἤχου [ΤΑΣ, ἀπορ., κεφ. Ͷδ΄.], [ΤΓΡ, σ. 207], [ΣΤ, σ. 109].

Νεκρώσιμα Εὐλογητάρια

Ἦχος πλ. α΄.

Εὐλογητὸς εἶ, Κύριε, δίδαξόν με τὰ δικαιώματά Σου.

Τῶν Ἁγίων ὁ χορός, εὗρε πηγὴν τῆς ζωῆς, καὶ θύραν Παραδείσου· εὕρω κἀγώ, τὴν ὁδὸν διὰ τῆς μετανοίας· τὸ ἀπολωλὸς, πρόβατον ἐγὼ εἰμι· ἀνακάλεσαί με, Σωτήρ, καὶ σῶσόν με.

Εὐλογητὸς εἶ, Κύριε, δίδαξόν με τὰ δικαιώματά Σου.

Οἱ τὸν Ἀμνόν, τοῦ Θεοῦ κηρύξαντες, καὶ σφαγιασθέντες ὥσπερ ἄρνες· καὶ πρὸς ζωήν, τὴν ἀγήρω Ἅγιοι, καὶ ἀΐδιον μετατεθέντες, τοῦτον ἐκτενῶς, Μάρτυρες αἰτήσασθε, ὀφλημάτων λύσιν ἡμῖν δωρήσασθαι.

Εὐλογητὸς εἶ, Κύριε, δίδαξόν με τὰ δικαιώματά Σου.

Οἱ τὴν ὁδόν, τὴν στενὴν βαδίσαντες, τεθλιμμένην πάντες οἱ ἐν βίῳ· οἱ τὸν Σταυρόν, ὡς ζυγὸν ἀράμενοι, καὶ Ἐμοὶ ἀκολουθήσαντες ἐν πίστει, δεῦτε ἀπολαύετε, ἃ ἡτοίμασα ὑμῖν, βραβεῖα, καὶ στέφη τὰ οὐράνια.

Εὐλογητὸς εἶ, Κύριε, δίδαξόν με τὰ δικαιώματά Σου.

Εἰκών εἰμι, τῆς ἀρρρήτου δόξης Σου, εἰ καὶ στίγματα φέρω πταισμάτων· οἰκτείρησον τὸ Σὸν πλάσμα, Δέσποτα, καὶ καθάρισον Σῇ εὐσπλαγχνίᾳ· καὶ τὴν ποθεινὴν πατρίδα παράσχου μοι Παραδείσου πάλιν ποιῶν πολίτην με.

Εὐλογητὸς εἶ, Κύριε, δίδαξόν με τὰ δικαιώματά Σου.

Ὁ πάλαι μέν, ἐκ μὴ ὄντων πλάσας με, καὶ εἰκόνι Σου θείᾳ τιμήσας, παραβάσει ἐντολῆς δὲ πάλιν με ἐπιστρέψας εἰς γῆν ἐξ ἧς ἐλήφθην, εἰς τὸ καθ᾽ ὁμοίωσιν ἐπανάγαγε, τὸ ἀρχαῖον κάλλος ἀναμορφώσασθαι.

Εὐλογητὸς εἶ, Κύριε, δίδαξόν με τὰ δικαιώματά Σου.

Ἀνάπαυσον, ὁ Θεός, τοὺς δούλους Σου, καὶ κατάταξον αὐτοὺς ἐν Παραδείσῳ, ὅπου χοροί, τῶν Ἁγίων, Κύριε, καὶ οἱ Δίκαιοι, ἐκλάμψουσιν ὡς φωστῆρες· τοὺς κεκοιμημένους δούλους Σου ἀνάπαυσον, παρορῶν αὐτῶν πάντα τὰ ἐγκλήματα.

Δόξα. Τριαδικόν.

Τὸ τριλαμπές, τῆς μιᾶς Θεότητος, εὐσεβῶς ὑμνήσωμεν βοῶντες· Ἅγιος εἶ, ὁ Πατὴρ ὁ ἄναρχος, ὁ συνάναρχος Υἱὸς καὶ τὸ θεῖον Πνεῦμα· φώτισον ἡμᾶς, πίστει Σοι λατρεύοντας, καὶ τοῦ αἰωνίου πυρὸς ἐξάρπασον.

Καὶ νῦν. Θεοτοκίον.

Χαῖρε σεμνή, ἡ Θεὸν σαρκὶ τεκοῦσα, εἰς πάντων σωτηρίαν, δι᾽ ἧς γένος τῶν ἀνθρώπων, εὕρατο τὴν σωτηρίαν· διὰ Σοῦ εὕροιμεν Παράδεισον, Θεοτόκε ἁγνὴ εὐλογημένη.

Ἀλληλούια, Ἀλληλούια, Ἀλληλούια, δόξα Σοι, ὁ Θεός (ἐκ γ΄).

Ὁ ἱερεὺς τὴν **δέησιν ὑπὲρ τῶν Κεκοιμημένων**·

Ἐλέησον ἡμᾶς, ὁ Θεός, κατὰ τὸ μέγα ἔλεός Σου, δεόμεθά Σου, ἐπάκουσον καὶ ἐλέησον.

Ὁ ἀναγνώστης· Κύριε ἐλέησον (γ΄).

Ἔτι δεόμεθα ὑπὲρ ἀναπαύσεως πάντων τῶν ἐπ᾽ ἐλπίδι ἀναστασεως ζωῆς αἰωνίου κεκοιμημένων εὐσεβῶς ὀρθοδόξων χριστιανῶν, βασιλέων, πατριαρχῶν, ἀρχιερέων, ἱερέων, ἱερομονάχων, ἱεροδιακόνων, μοναχῶν, μοναζουσῶν, πατέρων, προπατόρων, πάππων, προπάππων, γονέων, τέκνων, ἀδελφῶν καὶ συγγενῶν ἡμῶν, ἐκ τῶν ἀπ᾽ ἀρχῆς καὶ μέχρι τῶν ἐσχάτων, καὶ ὑπὲρ τοῦ συγχωρηθῆναι αὐτοῖς πᾶν πλημμέλημα ἑκούσιόν τε καὶ ἀκούσιον.

Ὁ ἀναγνώστης· Κύριε ἐλέησον (γ΄).

Ὅπως Κύριος ὁ Θεὸς τάξῃ τὰς ψυχὰς αὐτῶν ἔνθα οἱ δίκαιοι ἀναπαύονται· τὰ ἐλέη τοῦ Θεοῦ, τὴν βασιλείαν τῶν οὐρανῶν, καὶ ἄφεσιν τῶν αὐτῶν ἁμαρτιῶν, παρὰ Χριστῷ τῷ ἀθανάτῳ Βασιλεῖ καὶ Θεῷ ἡμῶν αἰτησώμεθα.

Ὁ ἀναγνώστης· Κύριε ἐλέησον (γ΄).

Τοῦ Κυρίου δεηθῶμεν.

Ὁ ἀναγνώστης· Κύριε ἐλέησον (ἅπαξ).

Ὁ ἱερεὺς τὴν εὐχὴν·

Ὁ Θεὸς τῶν πνευμάτων καὶ πάσης σαρκός..., καὶ τὴν ἐκφώνησιν·

Ὅτι Σὺ εἶ ἡ ἀνάστασις ἡ ζωὴ καὶ ἡ ἀνάπαυσις τῶν κεκοιμημένων δούλων Σου, Χριστὲ ὁ Θεὸς ἡμῶν, καὶ Σοὶ τὴν δόξαν ἀναπέμπομεν, σὺν τῷ ἀνάρχῳ Σου Πατρὶ καὶ τῷ παναγίῳ καὶ ἀγαθῷ καὶ ζωοποιῷ Σου Πνεύματι, νῦν καὶ ἀεὶ καὶ εἰς τοὺς αἰῶνας τῶν αἰώνων.

Ὁ ἀναγνώστης· Ἀμήν.

Καὶ ψάλλονται τὰ ἐξῆς **Καθίσματα** (τὰ μετὰ τὰ Εὐλογητάρια)·

Ἦχος πλ. α΄.

Ἀνάπαυσον, Σωτὴρ ἡμῶν, μετὰ δικαίων τοὺς δούλους Σου καὶ τούτους κατασκήνωσον ἐν ταῖς αὐλαῖς Σου, καθὼς γέγραπται, παρορῶν ὡς ἀγαθὸς τὰ πλημμελήματα αὐτῶν, τὰ ἑκούσια καὶ τὰ ἀκούσια καὶ πάντα τὰ ἐν ἀγνοίᾳ καὶ γνώσει φιλάνθρωπε.

Δόξα. Καὶ πάλιν τὸ τέλος.

Καὶ πάντα τὰ ἐν ἀγνοίᾳ καὶ γνώσει φιλάνθρωπε.

Καὶ νῦν. Θεοτοκίον.

Ὁ ἐκ Παρθένου ἀνατείλας τῷ κόσμῳ, Χριστὲ ὁ Θεός, υἱοὺς φωτὸς δι᾽ αὐτῆς ἀναδείξας, ἐλέησον ἡμᾶς.

Καὶ εὐθὺς ἀναγινώσκεται ὁ Ν΄ Ψαλμός (χῦμα).

Ν΄ Ψαλμός (50)

Ἐλέησόν με, ὁ Θεός, κατὰ τὸ μέγα ἔλεός Σου, καὶ κατὰ τὸ πλῆθος τῶν οἰκτιρμῶν Σου ἐξάλειψον τὸ ἀνόμημά μου. Ἐπὶ πλεῖον πλῦνόν με ἀπὸ τῆς ἀνομίας μου καὶ ἀπὸ τῆς ἁμαρτίας μου καθάρισόν με. Ὅτι τὴν ἀνομίαν μου ἐγὼ γινώσκω, καὶ ἡ ἁμαρτία μου ἐνώπιόν μού ἐστι διαπαντός. Σοὶ μόνῳ ἥμαρτον, καὶ τὸ πονηρὸν ἐνώπιόν Σου ἐποίησα. Ὅπως ἂν δικαιωθῇς ἐν τοῖς λόγοις Σου, καὶ νικήσῃς ἐν τῷ κρίνεσθαί Σε. Ἰδοὺ γὰρ ἐν ἀνομίαις συνελήφθην, καὶ ἐν ἁμαρτίαις ἐκίσσησέ με ἡ μήτηρ μου. Ἰδοὺ γὰρ ἀλήθειαν ἠγάπησας· τὰ ἄδηλα καὶ τὰ κρύφια τῆς σοφίας Σου ἐδήλωσάς μοι. Ῥαντιεῖς με ὑσσώπῳ, καὶ καθαρισθήσομαι· πλυνεῖς με, καὶ ὑπὲρ χιόνα λευκανθήσομαι. Ἀκουτιεῖς μοι ἀγαλλίασιν καὶ εὐφροσύνην· ἀγαλλιάσονται ὀστέα τεταπεινωμένα. Ἀπόστρεψον τὸ πρόσωπόν Σου ἀπὸ τῶν ἁμαρτιῶν μου, καὶ πάσας τὰς ἀνομίας μου ἐξάλειψον. Καρδίαν καθαρὰν κτίσον ἐν ἐμοί, ὁ Θεός, καὶ πνεῦμα εὐθὲς ἐγκαίνισον ἐν τοῖς ἐγκάτοις μου. Μὴ ἀπορρίψῃς με ἀπὸ τοῦ προσώπου Σου, καὶ τὸ Πνεῦμά Σου τὸ Ἅγιον μὴ ἀντανέλῃς ἀπ᾽ ἐμοῦ. Ἀπόδος μοι τὴν ἀγαλλίασιν τοῦ σωτηρίου Σου, καὶ πνεύματι ἡγεμονικῷ στήριξόν με. Διδάξω ἀνόμους τὰς ὁδούς Σου, καὶ ἀσεβεῖς ἐπὶ Σὲ ἐπιστρέψουσι. Ῥῦσαί με ἐξ αἱμάτων, ὁ Θεός, ὁ Θεὸς τῆς σωτηρίας μου· ἀγαλλιάσεται ἡ γλῶσσά μου τὴν δικαιοσύνην Σου. Κύριε, τὰ χείλη μου ἀνοίξεις, καὶ τὸ στόμα μου ἀναγγελεῖ τὴν αἴνεσίν Σου. Ὅτι, εἰ ἠθέλησας θυσίαν, ἔδωκα ἄν· ὁλοκαυτώματα οὐκ εὐδοκήσεις. Θυσία τῷ Θεῷ, πνεῦμα συντετριμμένον, καρδίαν συντετριμμένην καὶ τεταπεινωμένην ὁ Θεὸς οὐκ ἐξουδενώσει. Ἀγάθυνον, Κύριε, ἐν τῇ εὐδοκίᾳ Σου τὴν Σιών, καὶ οἰκοδομηθήτω τὰ τείχη Ἱερουσαλήμ. Τότε εὐδοκήσεις θυσίαν δικαιοσύνης, ἀναφορὰν καὶ ὁλοκαυτώματα. Τότε ἀνοίσουσιν ἐπὶ τὸ θυσιαστήριόν Σου μόσχους.

Εἶτα οἱ Κανόνες.

Κανόνες – Κοντάκιον – Συναξάριον

Κανόνες[124] λέγομεν ἐκ τοῦ Μηναίου καὶ ἐκ τῆς Παρακλητικῆς[125].

Α΄. Ἂν ἡ ἀκολουθία τοῦ Μηναίου ἔχει ἕναν κανόνα, τότε λέγεται πρῶτος ὁ Κανὼν τοῦ Μηναίου[126], καὶ δεύτερος καὶ τρίτος, οἱ δύο Κανόνες τῆς Παρακλητικῆς (μὲ τὸν β΄ Κανόνα τῆς Παρακλητικῆς, ἤτοι τὸν Νεκρώσιμον Κανόνα, τελευταῖον[127]). Ἂν ἡ ἀκολουθία τοῦ Μηναίου ἔχει δύο κανόνας, τότε λέγονται πρῶτος καὶ δεύτερος, οἱ δύο Κανόνες Μηναίου, καὶ τρίτος, ὁ Νεκρώσιμος Κανὼν[127] (παραλείπεται ὁ α΄ κανὼν τῆς Παρακλητικῆς).

Β΄. *Κατ᾽ ἄλλους [ΣΤ, σ. 110], λέγεται ὁ Κανὼν τοῦ Ἁγίου τελευταῖος ὅπως εἰς τὰς καθημερινάς. Ὅμως τό ἰσχῦον τυπικὸν τῆς Ἐκκλησίας ΤΜΕ ὡς προανεφέρθη ἔχει τὸν Κανόνα τοῦ Ἁγίου πρῶτον (εἰς ἀντιστοίχους περιπτώσεις).*

Σὺ δὲ ποίει ὡς βούλει (ἐκτὸς Μ. Τεσσαρακοστῆς, εἰς τὴν ὁποίαν πάντα ὁ τοῦ Μηναίου κανὼν λέγεται πρῶτος), ἡ τάξις εἰς τοὺς Κανόνας παρακάτω εἶναι γενικευμένη.

Εἰς τὸ προτελευταῖον τροπάριον ἑκάστης ᾠδῆς λέγομεν, Δόξα, καὶ εἰς τὸ τελευταῖον, Καὶ νῦν. Διὰ τὰ ὑπόλοιπα τροπάρια,

---

[124] Ἐν τῇ Μ. Τεσσαρακοστῇ (τὰ Σάββατα τῆς β΄, γ΄, καὶ δ΄ ἑβδομάδος τῶν Νηστειῶν ἔχουν τετραῴδια – εἰς τὴν ϛ΄, ζ΄, η΄, καὶ θ΄ ᾠδήν, καὶ οὐχὶ τριῴδια) [γίνεται καὶ ἡ στιχολογία (ἀνάγνωσις) τῶν ἐννέα Ὡδῶν τοῦ Ψαλτηρίου (βλ. λεπτομέρειες εἰς σ. 103), καὶ] ἐπειδὴ τὸ Σάββατον τὰ τετραῴδια ἔχουν ϛ΄ ᾠδήν, ἀφ᾽ ϛ΄ ᾠδῆς θὰ ψαλλεῖ ὁ εἱρμὸς τοῦ τελευταίου τετραῳδίου καὶ οὐχὶ τοῦ Μηναίου.

[125] Ἐκ τοῦ Τριῳδίου (ἀντὶ τῆς Παρακλητικῆς) ἐν τῇ Μ. Τεσσαρακοστῇ, ὁπότε καὶ λέγεται ὁ τοῦ Μηναίου κανὼν μετὰ τῶν Εἱρμῶν [καὶ ὁ κανὼν τοῦ Ἁγίου τοῦ Ναοῦ] μέχρι καὶ τῆς ε΄ ᾠδῆς, ἀφοῦ ἀπὸ τὴν ϛ΄ ᾠδὴν ἀρχίζουν τὰ τετραῴδια τοῦ Σαββάτου.

[126] [ΤΜΕ, σσ. 335, 339], [ΗΟΠ(2007), σ. 126], [ΤΑΣ, ἀπορ., κεφ. ϞΔ΄.], [ΤΟΕ, σ. 105]. Πρβλ. [ΤΓΡ, σσ. 207, 208, 211], [ΤΣ, σ. 23].

[127] Οἱ Εἱρμοὶ τῶν γ΄, ϛ΄, η΄, θ΄ Ὡδῶν τῶν Νεκρωσίμων Κανόνων εἰς τὴν σ. 151.

πλὴν τῶν εἱρμῶν, λέγε τοὺς προψαλλόμενους στίχους[89], εἰς σελ. 161.

Οἱ **Κανόνες** ψάλλονται οὕτω:

Ὠδὴ α΄.
ὁ πρῶτος κανὼν μὲ τὸν εἱρμὸν αὐτοῦ, εἰς δ΄,
ὁ δεύτερος κανὼν ἄνευ εἱρμοῦ, εἰς δ΄,
καὶ τελευταῖος, ὁ τρίτος κανὼν ἄνευ εἱρμοῦ εἰς δ΄.

Ὠδὴ γ΄.
ὁ πρῶτος κανὼν μὲ τὸν εἱρμὸν αὐτοῦ, εἰς δ΄,
ὁ δεύτερος κανὼν ἄνευ εἱρμοῦ, εἰς δ΄,
καὶ τελευταῖος, ὁ τρίτος κανὼν ἄνευ εἱρμοῦ εἰς δ΄,

καὶ **ψάλλεται ὁ εἱρμὸς τῆς γ΄ ᾠδῆς** τοῦ τελευταίου ψαλλέντος κανόνος, ἀπὸ τὸν δεξιὸν χορόν.

Ὁ ἱερεὺς τὴν μικρὰν Συναπτήν (**«Αἴτησιν»**)·
Ἔτι καὶ ἔτι, ἐν εἰρήνῃ τοῦ Κυρίου δεηθῶμεν.

Ὁ ἀναγνώστης· Κύριε ἐλέησον.
Ἀντιλαβοῦ, σῶσον, ἐλέησον καὶ διαφύλαξον ἡμᾶς ὁ Θεός, τῇ Σῇ χάριτι.

Ὁ ἀναγνώστης· Κύριε ἐλέησον ἢ Ἀμήν[75].
Τῆς Παναγίας, ἀχράντου, ὑπερευλογημένης, ἐνδόξου, Δεσποίνης ἡμῶν, Θεοτόκου καὶ ἀειπαρθένου Μαρίας (Ὑπεραγία Θεοτόκε σῶσον ἡμᾶς), μετὰ πάντων τῶν Ἁγίων μνημονεύσαντες, ἑαυτοὺς καὶ ἀλλήλους, καὶ πᾶσαν τὴν ζωὴν ἡμῶν Χριστῷ τῷ Θεῷ παραθώμεθα.

Ὁ ἀναγνώστης· Σοί, Κύριε.
Ὅτι Σὺ εἶ ὁ Θεὸς ἡμῶν, καὶ Σοὶ τὴν δόξαν ἀναπέμπομεν, τῷ Πατρὶ καὶ τῷ Υἱῷ καὶ τῷ Ἁγίῳ Πνεύματι, νῦν καὶ ἀεὶ καὶ εἰς τοὺς αἰῶνας τῶν αἰώνων.
Ὁ ἀναγνώστης· Ἀμήν.

Καὶ ψάλλονται τὰ **Μεσῴδια Καθίσματα** (μὲ Δόξα, Καὶ νῦν), ἤτοι τὰ Καθίσματα τοῦ Μηναίου μετὰ τὴν γ΄ ᾠδήν.

Εἶτα[91], ὁμοίως μὲ τὶς προαναφερθεῖσες, ἀναγινώσκονται χάριν συντομίας (ἢ καὶ ψάλλονται) αἱ δ΄, ε΄ ᾠδαὶ τῶν κανόνων.

Ἡ **ς΄ ᾠδὴ** τῶν κανόνων[128], καὶ **ψάλλεται ὁ εἱρμὸς τῆς ς΄ ᾠδῆς** τοῦ τελευταίου ψαλλέντος κανόνος, ἀπὸ τὸν ἀριστερὸν χορόν.

Ὁ ἱερεὺς τὴν μικρὰν Συναπτήν («**Αἴτησιν**»), καὶ τὴν ἐκφώνησιν·

Σὺ γὰρ εἶ ὁ Βασιλεὺς τῆς εἰρήνης, καὶ Σωτὴρ τῶν ψυχῶν ἡμῶν, καὶ Σοὶ τὴν δόξαν ἀναπέμπομεν, τῷ Πατρὶ καὶ τῷ Υἱῷ καὶ τῷ Ἁγίῳ Πνεύματι, νῦν καὶ ἀεὶ καὶ εἰς τοὺς αἰῶνας τῶν αἰώνων.

Ὁ ἀναγνώστης· Ἀμήν.

Καὶ ἀναγινώσκεται τὸ **Κοντάκιον** τοῦ Ἁγίου ἐκ τοῦ Μηναίου. Ἐὰν δὲν ἔχει, λέγομεν τὸ κάτωθι Νεκρώσιμον μετὰ τοῦ Οἴκου·

Κοντάκιον Νεκρώσιμον.

Ἦχος πλ. δ΄.

Μετὰ τῶν Ἁγίων ἀνάπαυσον Χριστέ, τὰς ψυχὰς τῶν δούλων Σου, ἔνθα οὐκ ἔστι πόνος, οὐ λύπη, οὐ στεναγμός, ἀλλὰ ζωὴ ἀτελεύτητος.

Ὁ Οἶκος.

---

[128] Εἰς τὰ Σάββατα τῆς β΄, γ΄ καὶ δ΄ ἑβδομάδος τῶν Νηστειῶν, ἄρχονται τὰ τετραῴδια ἀπὸ τὴν ς΄ ᾠδήν, ὁπότε καὶ ἡ σειρὰ εἰς τὰς ᾠδὰς (ς΄, ζ΄, η΄, θ΄) τῶν κανόνων εἶναι: πρῶτος ὁ κανὼν τοῦ μηναίου μετὰ τῶν εἱρμῶν [καταλιμπανομένου τοῦ κανόνος τοῦ Ἁγίου τοῦ Ναοῦ] καὶ εἶτα οἱ δύο κανόνες τῶν τετραῳδίων. Βλ. [ΤΡ, Σάββατον β΄ ἑβδομάδος πρωΐ].

Αὐτὸς μόνος ὑπάρχεις ἀθάνατος, ὁ ποιήσας καὶ πλάσας τὸν ἄνθρωπον· οἱ βροτοὶ οὖν ἐκ γῆς διεπλάσθημεν, καὶ εἰς γῆν τὴν αὐτὴν πορευσόμεθα, καθὼς ἐκέλευσας ὁ πλάσας με, καὶ εἰπών μοι· Ὅτι γῆ εἶ, καὶ εἰς γῆν ἀπελεύσῃ· ὅπου πάντες βροτοὶ πορευσόμεθα, ἐπιτάφιον θρῆνον ποιοῦντες ᾠδὴν τό, Ἀλληλούια.

Καὶ εὐθὺς ἀναγινώσκεται τὸ· **Συναξάριον τοῦ Μηναίου**.

> *Σημ.. **Καταβασίαι δὲν ψάλλονται**, διότι ὁ Ἅγιος τοῦ Μηναίου δὲν εἶναι ἑορταζόμενος εἰς η´ (πλήρως ἑορταζόμενος ἢ ἐπισήμως ἑορταζόμενος)· **λέγομεν ἀντ' αὐτῶν τοὺς Εἱρμοὺς τῶν γ´, ϛ´, η´ καὶ θ´ ᾠδῶν**, εἰς τὴν οἰκείαν των θέσιν, ὡς προβλέπει τὸ τυπικόν.*

[Εἶτα[93], ἀναγινώσκονται χάριν συντομίας (ἢ καὶ ψάλλονται) αἱ ζ´, η´ ᾠδαὶ[94] τῶν κανόνων]

καὶ **ψάλλεται ὁ εἱρμὸς τῆς η´ ᾠδῆς** τοῦ τελευταίου ψαλλέντος κανόνος[128], μετὰ τοῦ Αἰνοῦμεν, εὐλογοῦμεν καὶ προσκυνοῦμεν τὸν Κύριον, ἀπὸ τὸν ἀριστερὸν χορόν.

Τιμιωτέρα – Ὠδὴ Ἐνάτη

Ὠδὴ τῆς Θεοτόκου (Λουκ. α´ 46)
Τὸν Υἱὸν ὑμνεῖ καὶ Θεόν, Μήτηρ Κόρη.

Ὁ ἱερεύς·
Τὴν Θεοτόκον καὶ Μητέρα τοῦ Φωτός, ἐν ὕμνοις τιμῶντες, μεγαλύνωμεν.

Κατερχόμενοι τοῦ στασιδίου στιχολογοῦμεν τὴν «Τιμιωτέραν» (Ὠδὴ θ´ τῆς Θεοτόκου), εἰς τὸν ἦχον τοῦ τελευταίου ψαλλέντος κανόνος[95].

Στίχ. α΄. Μεγαλύνει ἡ ψυχή μου τὸν Κύριον καὶ ἠγαλλίασε τὸ πνεῦμά μου ἐπὶ τῷ Θεῷ τῷ Σωτῆρί μου.

Τὴν Τιμιωτέραν τῶν Χερουβείμ, καὶ ἐνδοξοτέραν ἀσυγκρίτως τῶν Σεραφείμ, τὴν ἀδιαφθόρως, Θεὸν Λόγον τεκοῦσαν, τὴν ὄντως Θεοτόκον, Σὲ μεγαλύνομεν.

Στίχ. β΄. Ὅτι ἐπέβλεψεν ἐπὶ τὴν ταπείνωσιν τῆς δούλης Αὐτοῦ· ἰδοὺ γὰρ ἀπὸ τοῦ νῦν μακαριοῦσί με πᾶσαι αἱ γενεαί.

Τὴν Τιμιωτέραν τῶν Χερουβείμ...

Στίχ. γ΄. Ὅτι ἐποίησέ μοι μεγαλεῖα ὁ Δυνατὸς καὶ ἅγιον τὸ ὄνομα Αὐτοῦ· καὶ τὸ ἔλεος Αὐτοῦ εἰς γενεὰν καὶ γενεὰν τοῖς φοβουμένοις Αὐτόν.

Τὴν Τιμιωτέραν τῶν Χερουβείμ...

Στίχ. δ΄. Ἐποίησε κράτος ἐν βραχίονι Αὐτοῦ, διεσκόρπισεν ὑπερηφάνους διανοίᾳ καρδίας αὐτῶν.

Τὴν Τιμιωτέραν τῶν Χερουβείμ...

Στίχ. ε΄. Καθεῖλε δυνάστας ἀπὸ θρόνων καὶ ὕψωσε ταπεινούς· πεινῶντας ἐνέπλησεν ἀγαθῶν καὶ πλουτοῦντας ἐξαπέστειλε κενούς.

Τὴν Τιμιωτέραν τῶν Χερουβείμ...

Στίχ. ϛ΄. Ἀντελάβετο Ἰσραὴλ παιδὸς Αὐτοῦ μνησθῆναι ἐλέους, καθὼς ἐλάλησε πρὸς τοὺς Πατέρας ἡμῶν, τῷ Ἀβραὰμ καὶ τῷ σπέρματι Αὐτοῦ ἕως αἰῶνος.

Τὴν Τιμιωτέραν τῶν Χερουβείμ...

[Εἶτα, ψάλλεται ἡ θ΄ ᾠδὴ τῶν κανόνων]

καὶ **ψάλλεται ὁ εἱρμὸς τῆς θ΄ ᾠδῆς** τοῦ τελευταίου ψαλλέντος κανόνος[128], ἀπὸ τὸν δεξιὸν χορόν.

Εὐθὺς τὸ Ἄξιόν ἐστιν (ὁμόηχον, εἰς σύντομον μέλος)·

Ἄξιόν ἐστιν ὡς ἀληθῶς, μακαρίζειν Σε τὴν Θεοτόκον, τὴν ἀειμακάριστον καὶ παναμώμητον καὶ Μητέρα τοῦ Θεοῦ ἡμῶν. Τὴν τιμιωτέραν τῶν Χερουβεὶμ καὶ ἐνδοξοτέραν ἀσυγκρίτως τῶν Σεραφείμ, τὴν ἀδιαφθόρως Θεὸν Λόγον τεκοῦσαν· τὴν ὄντως Θεοτόκον Σὲ μεγαλύνομεν.

Ὁ ἱερεὺς τὴν μικρὰν Συναπτήν (**«Αἴτησιν»**), καὶ τὴν ἐκφώνησιν·

Ὅτι Σὲ αἰνοῦσι πᾶσαι αἱ Δυνάμεις τῶν οὐρανῶν, καὶ Σοὶ τὴν δόξαν ἀναπέμπομεν[96]**, τῷ Πατρὶ καὶ τῷ Υἱῷ καὶ τῷ Ἁγίῳ Πνεύματι, νῦν καὶ ἀεὶ καὶ εἰς τοὺς αἰῶνας τῶν αἰώνων.**

Ὁ ἀναγνώστης· Ἀμήν.

Ἐξαποστειλάρια

Εἶτα ψάλλονται τὰ **Ἐξαποστειλάρια** ὡς ἐν τῷ Μηναίῳ.

Ἐὰν δὲν ἔχει, λέγομεν *[(χῦμα) τὸ φωταγωγικὸν τοῦ ἤχου δίς*[129]*, σ. 108, καὶ]* τὰ κάτωθι (βλ. [TME, σ. 339], [ΔΕΕ(2003)]· εἰς τὸν α΄ ἦχον, ἐὰν βούλει, λέγε τὰ Ἐξαποστειλάρια ὡς ἔχουν εἰς τὴν Παρακλητικήν).

Νεκρώσιμον Ἐξαποστειλάριον.
Ἦχος γ΄. Ὁ οὐρανὸν τοῖς ἄστροις.

---

[129] Συμπληροῦντες ἐν μὲν τῷ πρώτῳ· Πρεσβείαις, Κύριε, τῶν Ἁγίων Σου, ἐν δὲ τῷ δευτέρῳ· Πρεσβείαις, Κύριε, τῆς Θεοτόκου [ΤΡ, Σάββατον β΄ ἑβδομάδος πρωΐ].

Ὁ καὶ νεκρῶν καὶ ζώντων, ἐξουσιάζων ὡς Θεός, ἀνάπαυσον τοὺς Σοὺς δούλους, ἐν ταῖς σκηναῖς τῶν ἐκλεκτῶν· εἰ γὰρ καὶ ἥμαρτον Σῶτερ, ἀλλ᾽ οὐκ ἀπέστησαν ἐκ Σοῦ.

Θεοτοκίον.[130]
Ἦχος β΄. Τῶν Μαθητῶν ὁρώντων Σε.

Ἡμεῖς ἐν Σοὶ καυχώμεθα Θεοτόκε, καὶ εἰς Θεόν Σε ἔχομεν προστασίαν· ἔκτεινον τὴν χεῖρά Σου τὴν ἄμαχον, καὶ θραῦσον τοὺς ἐχθροὺς ἡμῶν· Σοῖς ἐξαπόστειλον δούλοις, βοήθειαν ἐξ Ἁγίου.

Καὶ εὐθὺς ψάλλονται οἱ Αἶνοι εἰς τὸν ἦχον τῆς ἑβδομάδος (τῶν στιχηρῶν).

Αἶνοι

Ψαλμός ρμη΄. (148)

Πᾶσα πνοὴ αἰνεσάτω τὸν Κύριον. Αἰνεῖτε τὸν Κύριον ἐκ τῶν οὐρανῶν· αἰνεῖτε Αὐτὸν ἐν τοῖς Ὑψίστοις. Σοὶ πρέπει ὕμνος τῷ Θεῷ.

Αἰνεῖτε Αὐτόν, πάντες οἱ Ἄγγελοι Αὐτοῦ· αἰνεῖτε Αὐτόν, πᾶσαι αἱ Δυνάμεις Αὐτοῦ. Σοὶ πρέπει ὕμνος τῷ Θεῷ.

[Αἰνεῖτε Αὐτόν, ἥλιος καὶ σελήνη·... (βλ. σ. 65, μέχρι καὶ τοῦ στίχου, Αἰνεῖτε τὸν Θεὸν ἐν τοῖς Ἁγίοις Αὐτοῦ)].

---

[130] Ἐὰν δὲν πεῖς Θεοτοκίον [ΤΓΡ, σ. 208], [ΤΡ, Σάββατον β΄ ἑβδομάδος πρωί], πρέπει ἀπαραιτήτως νὰ πεῖς τὸ φωταγωγικόν.

Ἱστῶμεν **στίχους δ΄** καὶ ψάλλομεν τὰ **δ΄ Μαρτυρικὰ τοῦ ἤχου**, ἐκ τῆς Παρακλητικῆς[131], ἐπιγραφόμενα ἐνίοτε «Ἀπόστιχα τῶν Αἴνων Μαρτυρικά» (ἐὰν εἶναι τρία δευτέρωσε τὸ πρῶτον).

Στίχ. α΄. Αἰνεῖτε Αὐτὸν ἐπὶ ταῖς δυναστείαις Αὐτοῦ· αἰνεῖτε Αὐτὸν κατὰ τὸ πλῆθος τῆς μεγαλωσύνης Αὐτοῦ.

Στίχ. β΄. Αἰνεῖτε Αὐτὸν ἐν ἤχῳ σάλπιγγος· αἰνεῖτε Αὐτὸν ἐν ψαλτηρίῳ καὶ κιθάρᾳ.

Στίχ. γ΄. Αἰνεῖτε Αὐτὸν ἐν τυμπάνῳ καὶ χορῷ· αἰνεῖτε Αὐτὸν ἐν χορδαῖς καὶ ὀργάνῳ.

Στίχ. δ΄. Αἰνεῖτε Αὐτὸν ἐν κυμβάλοις εὐήχοις· αἰνεῖτε Αὐτὸν ἐν κυμβάλοις ἀλαλαγμοῦ. Πᾶσα πνοὴ αἰνεσάτω τὸν Κύριον.

Δόξα, τὸ Νεκρώσιμον (ἐὰν ὑπάρχει· ἐὰν μή, Δόξα), **Καὶ νῦν**, τὸ Θεοτοκίον (αὐτοῦ).

Μικρὰ Δοξολογία

Ὁ ἀναγνώστης (χῦμα)·

Σοὶ δόξα πρέπει, Κύριε, ὁ Θεὸς ἡμῶν, καὶ Σοὶ τὴν δόξαν ἀναπέμπομεν, τῷ Πατρὶ καὶ τῷ Υἱῷ καὶ τῷ Ἁγίῳ Πνεύματι, νῦν καὶ ἀεὶ καὶ εἰς τοὺς αἰῶνας τῶν αἰώνων. Ἀμήν.

Δόξα ἐν ὑψίστοις Θεῷ, καὶ ἐπὶ γῆς εἰρήνη ἐν ἀνθρώποις εὐδοκία. Ὑμνοῦμέν Σε, εὐλογοῦμέν Σε, προσκυνοῦμέν Σε, δοξολογοῦμέν Σε, εὐχαριστοῦμέν Σοι, διὰ τὴν μεγάλην Σου δόξαν. Κύριε Βασιλεῦ, ἐπουράνιε Θεέ, Πάτερ Παντοκράτορ· Κύριε Υἱὲ μονογενές, Ἰησοῦ Χριστέ, καὶ Ἅγιον Πνεῦμα. Κύριε ὁ Θεός, ὁ ἀμνὸς τοῦ Θεοῦ, ὁ Υἱὸς τοῦ Πατρός, ὁ αἴρων τὴν ἁμαρτίαν τοῦ κόσμου, ἐλέησον ἡμᾶς, ὁ αἴρων τὰς ἁμαρτίας τοῦ

---

[131] Τὰ ἰδιόμελα ἐκ τοῦ Τριῳδίου (ἀντὶ τῆς Παρακλητικῆς) ἐν τῇ Μ. Τεσσαρακοστῇ (ζήτει εἰς τὸ τέλος τοῦ βιβλίου τοῦ Τριῳδίου).

κόσμου. Πρόσδεξαι τὴν δέησιν ἡμῶν, ὁ καθήμενος ἐν δεξιᾷ τοῦ Πατρός, καὶ ἐλέησον ἡμᾶς. Ὅτι Σὺ εἶ μόνος Ἅγιος, Σὺ εἶ μόνος Κύριος, Ἰησοῦς Χριστός, εἰς δόξαν Θεοῦ Πατρός. Ἀμήν. Καθ᾽ ἑκάστην ἡμέραν εὐλογήσω Σε, καὶ αἰνέσω τὸ ὄνομά Σου εἰς τὸν αἰῶνα, καὶ εἰς τὸν αἰῶνα τοῦ αἰῶνος. Κύριε, καταφυγὴ ἐγενήθης ἡμῖν, ἐν γενεᾷ καὶ γενεᾷ. Ἐγὼ εἶπα· Κύριε, ἐλέησόν με· ἴασαι τὴν ψυχήν μου, ὅτι ἥμαρτόν Σοι. Κύριε, πρὸς Σὲ κατέφυγον· δίδαξόν με τοῦ ποιεῖν τὸ θέλημά Σου, ὅτι Σὺ εἶ ὁ Θεός μου. Ὅτι παρὰ Σοὶ πηγὴ ζωῆς· ἐν τῷ φωτί Σου ὀψόμεθα φῶς. Παράτεινον τὸ ἔλεός Σου τοῖς γινώσκουσί Σε. Καταξίωσον, Κύριε, ἐν τῇ ἡμέρᾳ ταύτῃ ἀναμαρτήτους φυλαχθῆναι ἡμᾶς. Εὐλογητὸς εἶ, Κύριε, ὁ Θεὸς τῶν πατέρων ἡμῶν, καὶ αἰνετὸν καὶ δεδοξασμένον τὸ ὄνομά Σου εἰς τοὺς αἰῶνας. Ἀμήν. Γένοιτο, Κύριε, τὸ ἔλεός Σου ἐφ᾽ ἡμᾶς, καθάπερ ἠλπίσαμεν ἐπὶ Σέ. Εὐλογητὸς εἶ, Κύριε· δίδαξόν με τὰ δικαιώματά Σου. Εὐλογητὸς εἶ, Δέσποτα· συνέτισόν με τὰ δικαιώματά Σου. Εὐλογητὸς εἶ, Ἅγιε· φώτισόν με τοῖς δικαιώμασί Σου. Κύριε, τὸ ἔλεός Σου εἰς τὸν αἰῶνα· τὰ ἔργα τῶν χειρῶν Σου μὴ παρίδῃς. Σοὶ πρέπει αἶνος, Σοὶ πρέπει ὕμνος, Σοὶ δόξα πρέπει, τῷ Πατρὶ καὶ τῷ Υἱῷ καὶ τῷ Ἁγίῳ Πνεύματι, νῦν καὶ ἀεί, καὶ εἰς τοὺς αἰῶνας τῶν αἰώνων. Ἀμήν.

Πληρώσωμεν τὴν ἑωθινὴν δέησιν ἡμῶν τῷ Κυρίῳ.

Ὁ ἀναγνώστης· Κύριε ἐλέησον.

Ἀντιλαβοῦ, σῶσον, ἐλέησον καὶ διαφύλαξον ἡμᾶς, ὁ Θεός, τῇ Σῇ χάριτι.

Ὁ ἀναγνώστης· Κύριε ἐλέησον ἢ Ἀμήν[75].

Τὴν ἡμέραν πᾶσαν, τελείαν, ἁγίαν, εἰρηνικὴν καὶ ἀναμάρτητον, παρὰ τοῦ Κυρίου αἰτησώμεθα.

Ὁ ἀναγνώστης· Παράσχου Κύριε.

Ἄγγελον εἰρήνης, πιστὸν ὁδηγόν, φύλακα τῶν ψυχῶν καὶ τῶν σωμάτων ἡμῶν, παρὰ τοῦ Κυρίου αἰτησώμεθα.

Ὁ ἀναγνώστης· Παράσχου Κύριε.

Συγγνώμην καὶ ἄφεσιν τῶν ἁμαρτιῶν καὶ τῶν πλημμελημάτων ἡμῶν, παρὰ τοῦ Κυρίου αἰτησώμεθα.

Ὁ ἀναγνώστης· Παράσχου Κύριε.

Τὰ καλὰ καὶ συμφέροντα ταῖς ψυχαῖς ἡμῶν, καὶ εἰρήνην τῷ κόσμῳ, παρὰ τοῦ Κυρίου αἰτησώμεθα.

Ὁ ἀναγνώστης· Παράσχου Κύριε.

Τὸν ὑπόλοιπον χρόνον τῆς ζωῆς ἡμῶν, ἐν εἰρήνῃ καὶ μετανοίᾳ ἐκτελέσαι, παρὰ τοῦ Κυρίου αἰτησώμεθα.

Ὁ ἀναγνώστης· Παράσχου Κύριε.

Χριστιανὰ τὰ τέλη τῆς ζωῆς ἡμῶν, ἀνώδυνα, ἀνεπαίσχυντα, εἰρηνικά, καὶ καλὴν ἀπολογίαν τὴν ἐπὶ τοῦ φοβεροῦ βήματος τοῦ Χριστοῦ, αἰτησώμεθα.

Ὁ ἀναγνώστης· Παράσχου Κύριε.

Τῆς Παναγίας, ἀχράντου, ὑπερευλογημένης, ἐνδόξου, Δεσποίνης ἡμῶν, Θεοτόκου καὶ ἀειπαρθένου Μαρίας (Ὑπεραγία Θεοτόκε σῶσον ἡμᾶς), μετὰ πάντων τῶν Ἁγίων μνημονεύσαντες, ἑαυτοὺς καὶ ἀλλήλους καὶ πᾶσαν τὴν ζωὴν ἡμῶν Χριστῷ τῷ Θεῷ παραθώμεθα.

Ὁ ἀναγνώστης· Σοί, Κύριε.

Ὅτι Θεὸς ἐλέους, οἰκτιρμῶν, καὶ φιλανθρωπίας ὑπάρχεις, καὶ Σοὶ τὴν δόξαν ἀναπέμπομεν, τῷ Πατρὶ καὶ τῷ Υἱῷ καὶ τῷ Ἁγίῳ Πνεύματι, νῦν καὶ ἀεὶ καὶ εἰς τοὺς αἰῶνας τῶν αἰώνων.

Ὁ ἀναγνώστης· Ἀμήν.

Εἰρήνη πᾶσι.

Ὁ ἀναγνώστης· Καὶ τῷ πνεύματί σου.

Τὰς κεφαλὰς ἡμῶν τῷ Κυρίῳ κλίνωμεν.

Ὁ ἀναγνώστης· Σοί, Κύριε.

Σὸν γάρ ἐστι τὸ ἐλεεῖν καὶ σῴζειν ἡμᾶς, ὁ Θεὸς ἡμῶν, καὶ Σοὶ τὴν δόξαν ἀναπέμπομεν, τῷ Πατρὶ καὶ τῷ Υἱῷ καὶ τῷ Ἁγίῳ Πνεύματι, νῦν καὶ ἀεὶ καὶ εἰς τοὺς αἰῶνας τῶν αἰώνων.

Ὁ ἀναγνώστης· Ἀμήν.

Ἀπόστιχα τῶν Αἴνων

Καὶ ψάλλονται (ἐκ τῆς Παρακλητικῆς[132], κείμενα εἰς τὸ τέλος τοῦ Ὄρθρου) τὰ νεκρώσιμα προσόμοια, ἐπιγραφόμενα καὶ ὡς **Ἀπόστιχα τοῦ κυροῦ Θεοφάνους**, μετὰ τῶν στίχων αὐτῶν·

Τὸ πρῶτον ἄνευ στίχου. Διὰ τὰ ἑπόμενα·

Στίχ. β΄. Μακάριοι οὓς ἐξελέξω καὶ προσελάβου, Κύριε.

Στίχ. γ΄. Αἱ ψυχαὶ αὐτῶν ἐν ἀγαθοῖς αὐλισθήσονται.

Στίχ. δ΄. Καὶ τὸ μνημόσυνον αὐτῶν εἰς γενεὰν καὶ γενεάν.

Δόξα, Καὶ νῦν, τὸ Θεοτοκίον αὐτῶν.

Ἀγαθὸν τὸ ἐξομολογεῖσθαι – Τρισάγιον

Εἶτα, ὁ ἱερεύς· **Ἀγαθὸν τὸ ἐξομολογεῖσθαι...** (σ. 71).

Ὁ ἀναγνώστης, τὸ **Τρισάγιον**, (σ. 71).

Ὁ ἱερεύς· **Ὅτι Σοῦ ἐστιν ἡ Βασιλεία...**

Ὁ ἀναγνώστης· Ἀμήν.

Ἀπολυτίκια

Ἦχος β΄.

Ἀπόστολοι, μάρτυρες καὶ προφῆται, ἱεράρχαι, ὅσιοι καὶ δίκαιοι, οἱ καλῶς τὸν ἀγῶνα τελέσαντες καὶ τὴν πίστιν τηρήσαντες, παρρησίαν ἔχοντες πρὸς τὸν Σωτῆρα, ὑπὲρ ἡμῶν Αὐτὸν ὡς ἀγαθὸν ἱκετεύσατε σωθῆναι, δεόμεθα τὰς ψυχὰς ἡμῶν.

---

[132] Ἐν τῇ Μ. Τεσσαρακοστῇ, ζήτει εἰς τὸ τέλος τοῦ βιβλίου τοῦ Τριωδίου (ἀντὶ τῆς Παρακλητικῆς), ὡς κεῖνται.

(Δόξα. Νεκρώσιμον.

Μνήσθητι, Κύριε, ὡς ἀγαθὸς τῶν δούλων Σου καὶ ὅσα ἐν βίῳ ἥμαρτον συγχώρησον· οὐδεὶς γὰρ ἀναμάρτητος, εἰ μὴ Σὺ ὁ δυνάμενος καὶ τοῖς μεταστᾶσι δοῦναι τὴν ἀνάπαυσιν.

Καὶ νῦν. Θεοτοκίον.

Μήτηρ Ἁγία ἡ τοῦ ἀφράστου Φωτός, ἀγγελικοῖς Σε ὕμνοις τιμῶντες, εὐσεβῶς μεγαλύνομεν.) [133]

Καὶ ἄρχεται ἡ Θεία Λειτουργία[104].

Στοιχεῖα Θείας Λειτουργίας

[Τὰ Τυπικὰ καὶ οἱ Μακαρισμοί[105]**, ἢ]**, τὰ συνήθη **Ἀντίφω-να**[134].

Εἰσοδικόν· Δεῦτε προσκυνήσωμεν..., Σῶσον ἡμᾶς Υἱὲ Θεοῦ, ὁ ἐν Ἁγίοις θαυμαστός,.... .

Μετὰ τὴν εἴσοδον· τὰ ἀπολυτίκια (τῆς ἡμέρας τῆς ἑβδομάδος) «Ἀπόστολοι, μάρτυρες» καὶ «Μνήσθητι Κύριε», [τοῦ Ἁγίου τοῦ Μηναίου[135],] καὶ τοῦ Ἁγίου τοῦ Ναοῦ.

Κοντάκια· Μετὰ τῶν Ἁγίων[136], καὶ τό, Ὡς ἀπαρχὰς τῆς φύσεως (σ. 146).

Τρισάγιον, Προκείμενον τῆς ἡμέρας. **Ἀπόστολος καὶ Εὐαγγέλιον**· τῆς ἡμέρας[137].

Εἰς τὸ Ἐξαιρέτως· Ἄξιόν ἐστιν.

---

[133] [ΤΜΕ, σσ. 48, 339], ἀλλὰ καλὸν εἶναι νὰ ψαλλοῦν, ὡς εἰς [ΔΕΕ(2003), σ. νγ΄].

[134] βλ. σ. 72.

[135] Κατ’ οἰκονομίαν καὶ εἰ βούλει, λέγε μόνον ἐνταῦθα τὸ Ἀπολυτίκιον τοῦ Ἁγίου τοῦ Μηναίου, πρὸ αὐτὸ τοῦ Ναοῦ.

[136] Σύμφωνα μὲ τὸ [ΤΓΡ, σ. 209], πρὸ τοῦ πρώτου Κοντακίου λέγεται Δόξα, καὶ Καὶ νῦν, πρὸ τοῦ δευτέρου.

[137] [καὶ νεκρώσιμον· διὰ τὸν Ἀπόστολον· «Οὐ θέλω δὲ ὑμᾶς ἀγνοεῖν», διὰ δὲ τὸ Εὐαγγέλιον· «Εἶπεν ὁ Κύριος πρὸς τοὺς ἐληλυθότας»], [ΤΓΡ, σ. 209].

Κοινωνικόν· τῆς ἡμέρας· Μακάριοι, οὓς ἐξελέξω.

Μετὰ τὸ Σῶσον ὁ Θεός· Εἴδομεν τὸ Φῶς.

Ἐὰν δὲν τελεῖται Θεία Λειτουργία, βλ. σ. 75.

Ἅγιος Ἰωάννης ὁ Χρυσόστομος

«Οὐκ ἔστιν ἐξ ἑτέρας συνάξεως ἢ συνόδου τοσοῦτον κέρδος λαβόντας ἀπελθεῖν, ὅσον ἀπὸ τῆς ἐνταῦθα [ἐν τῇ ἐκκλησίᾳ] διατριβῆς»

Χρυσοστομικὸν Ταμεῖον, Βενεδίκτου Ἱερομ. Ἁγιορείτου, σ. 405

π. Εὐμένιος Σαριδάκης

«Ὁ π. Εὐμένιος ἦτο εἰς τὸ ἔπακρον φιλακόλουθος, ὅσο ἐλάχιστοι μοναχοὶ ἢ ἱερεῖς. Μοῦ ἀρέσουν τὰ ἱερὰ γράμματα, ἔλεγε, μοῦ ἀρέσουν νὰ τὰ βλέπω, νὰ τὰ διαβάζω καὶ νὰ τὰ ἀκούω, μοῦ ἀρέσουν πολύ. Εἶχε ἕναν ἀπέραντο σεβασμὸ στὰ Λειτουργικὰ βιβλία. Ὅλα γιὰ τὸν Παππούλη ἦταν ἱερὰ καὶ ἅγια γράμματα, φωτιστικά. Ἀτέρμονες Ἀκολουθίες εἶχε τὸ καθημερινὸ πρόγραμμα. Ὄχι μόνο δὲν παραλείπαμε τίποτε ἀπὸ τὴν εἰκοσιτετράωρη λατρευτικὴ Τάξι τῆς Ἐκκλησίας μας, ἀλλὰ προσθέταμε καὶ ἄλλα, δηλαδὴ Παρακλήσεις, Χαιρετισμοὺς καὶ ὅ,τι ἄλλο σκεπτόταν ἐκείνη τὴν στιγμὴ ἡ εὐαίσθητη ψυχὴ τοῦ Παππούλη μας. […]»

π. Εὐμένιος, Σίμωνος Μοναχοῦ, ἔκδ. ς΄, σ. 86

Κανὼν Ε΄ τῆς ἐν Γάγγρᾳ Τοπικῆς Συνόδου

(ἐπικυρωθεὶς ἀπὸ τὰς Δ΄, ΣΤ΄ καί Ζ΄ Οἰκουμενικὰς Συνόδους)

«Εἴ τις διδάσκει τὸν οἶκον τοῦ Θεοῦ εὐκαταφρόνητον εἶναι, καὶ τὰς ἐν αὐτῷ συνάξεις, ἀνάθεμα ἔστω»

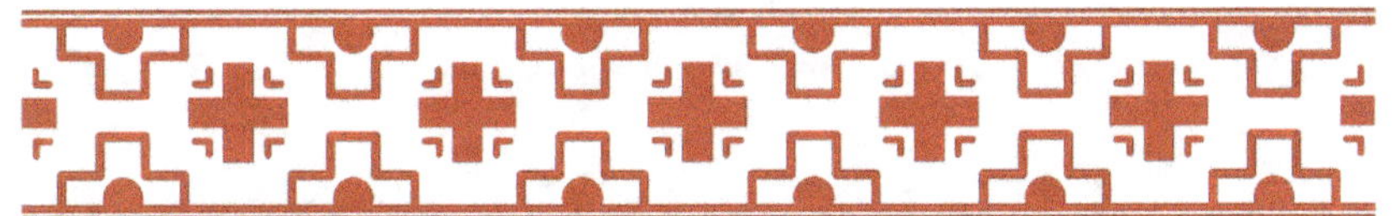

Καθημερινὴ Μ. Τεσσαρακοστῆς
(ἐκτὸς Σαββάτου)

Ἀλληλούϊα

Ἀντὶ τοῦ Θεὸς Κύριος, ψάλλεται τὸ **Ἀλληλούϊα** εἰς τὸν ἦχον τῆς ἑβδομάδος, μετὰ τῶν στίχων ὡς ἐξῆς·

Ἦχος τῆς ἑβδομάδος.

Στίχ. α΄. Ἐκ νυκτὸς ὀρθρίζει τὸ πνεῦμά μου πρὸς Σέ, ὁ Θεός, διότι φῶς τὰ προστάγματά Σου ἐπὶ τῆς γῆς.
Ἀλληλούϊα, ἀλληλούϊα, ἀλληλούϊα.

Στίχ. β΄. Δικαιοσύνην μάθετε, οἱ ἐνοικοῦντες ἐπὶ τῆς γῆς.
Ἀλληλούϊα, ἀλληλούϊα, ἀλληλούϊα.

Στίχ. γ΄. Ζῆλος λήψεται λαὸν ἀπαίδευτον, καὶ νῦν πῦρ τοὺς ὑπεναντίους ἔδεται.
Ἀλληλούϊα, ἀλληλούϊα, ἀλληλούϊα.

Στίχ. δ΄. Πρόσθες αὐτοῖς κακά, Κύριε, πρόσθες αὐτοῖς κακὰ τοῖς ἐνδόξοις τῆς γῆς.
Ἀλληλούϊα, ἀλληλούϊα, ἀλληλούϊα.

Τριαδικοὶ Ὕμνοι

Ἀντὶ ἀπολυτικίων Ἁγίων, ψάλλονται οἱ **Τριαδικοὶ ὕμνοι** τοῦ ἤχου[138] τῆς ἑβδομάδος, ὡς τὸ τυπικὸν προβλέπει:

---

[138] Περιέχονται καὶ εἰς τὸ τέλος τοῦ βιβλίου τοῦ Τριῳδίου.

Ὁ α΄ ὕμνος συμπληροῦται διὰ τοῦ χαρακτηριστικοῦ τῆς ἡμέρας τῆς ἑβδομάδος, ἤτοι·

Τῇ Δευτέρᾳ· Προστασίαις τῶν Ἀσωμάτων σῶσον ἡμᾶς.

Τῇ Τρίτῃ· Πρεσβείαις τοῦ Προδρόμου σῶσον ἡμᾶς.

Τῇ Τετάρτῃ καὶ Παρασκευῇ· Δυνάμει τοῦ Σταυροῦ Σου σῶσον ἡμᾶς.

Τῇ Πέμπτῃ· Πρεσβείαις τῶν Ἀποστόλων σῶσον ἡμᾶς.

Εἰς τὸν β΄ ὕμνον (εἰς τὸ Δόξα), ποιοῦμεν μνείαν τοῦ Ἁγίου τοῦ Ναοῦ[139], ὡς ἑξῆς·

Πρεσβείαις τοῦ Ἁγίου (ἢ τῆς Ἁγίας) σῶσον ἡμᾶς.

Ἦχος α΄.

Σωματικαῖς μορφώσεσι, τῶν ἀσωμάτων Δυνάμεων, πρὸς νοερὰν καὶ ἄϋλον ἀναγόμενοι ἔννοιαν, καὶ τρισαγίῳ μελῳδήματι, τρισυποστάτου Θεότητος, ἐκδεχόμενοι ἔλλαμψιν, Χερουβικῶς βοήσωμεν τῷ μόνῳ Θεῷ· Ἅγιος, Ἅγιος, Ἅγιος εἶ ὁ Θεὸς ἡμῶν, ...

Δόξα.

Μετὰ πασῶν τῶν οὐρανίων Δυνάμεων, Χερουβικῶς Τῷ ἐν ὑψίστοις βοήσωμεν, τὸν τρισάγιον ἀναπέμποντες αἶνον· Ἅγιος, Ἅγιος, Ἅγιος εἶ ὁ Θεὸς ἡμῶν, ...

Καὶ νῦν.

Ἐξεγερθέντες τοῦ ὕπνου, προσπίπτομέν Σοι Ἀγαθέ, καὶ τῶν Ἀγγέλων τὸν ὕμνον βοῶμέν Σοι Δυνατέ· Ἅγιος, Ἅγιος, Ἅγιος εἶ ὁ Θεὸς ἡμῶν, διὰ τῆς Θεοτόκου ἐλέησον ἡμᾶς.

---

[139] Ἂν ὁ Ναὸς τιμᾶται ἐπ᾽ ὀνόματι Δεσποτικῆς ἢ Θεομητορικῆς Ἑορτῆς, ἡ συμπλήρωσις γίνεται ὡς καὶ εἰς τὸν α΄ ὕμνον, πλὴν τῆς Πέμπτης ὅπου ποιοῦμεν μνείαν τοῦ Ἁγίου Νικολάου.

Ἦχος β΄.

Τὰς ἄνω Δυνάμεις μιμούμενοι οἱ ἐπὶ γῆς, ἐπινίκιον ὕμνον προσφέρομέν Σοι Ἀγαθέ· Ἅγιος, Ἅγιος, Ἅγιος εἶ ὁ Θεὸς ἡμῶν, ...

Δόξα.

Ἄκτιστε φύσις, ἡ τῶν ὅλων Δημιουργός, τὰ χείλη ἡμῶν ἄνοιξον, ὅπως ἀναγγέλλωμεν τὴν αἴνεσίν Σου βοῶντες· Ἅγιος, Ἅγιος, Ἅγιος εἶ ὁ Θεὸς ἡμῶν, ...

Καὶ νῦν.

Τῆς κλίνης καὶ τοῦ ὕπνου ἐξεγείρας με Κύριε, τὸν νοῦν μου φώτισον καὶ τὴν καρδίαν μου, καὶ τὰ χείλη μου ἄνοιξον, εἰς τὸ ὑμνεῖν Σε, Ἁγία Τριάς· Ἅγιος, Ἅγιος, Ἅγιος εἶ ὁ Θεὸς ἡμῶν, διὰ τῆς Θεοτόκου ἐλέησον ἡμᾶς.

Ἦχος γ΄.

Τριὰς ὁμοούσιε καὶ ἀδιαίρετε, Μονὰς τρισυπόστατε καὶ συναΐδιε, Σοὶ ὡς Θεῷ, τῶν Ἀγγέλων τὸν ὕμνον βοῶμεν· Ἅγιος, Ἅγιος, Ἅγιος εἶ ὁ Θεὸς ἡμῶν, ...

Δόξα.

Πατέρα ἄναρχον, Υἱὸν συνάναρχον, Πνεῦμα συναΐδιον, Θεότητα μίαν, Χερουβικῶς δοξολογεῖν, τολμῶντες λέγομεν· Ἅγιος, Ἅγιος, Ἅγιος εἶ ὁ Θεὸς ἡμῶν, ...

Καὶ νῦν.

Ἀθρόον ὁ Κριτὴς ἐπελεύσεται, καὶ ἑκάστου αἱ πράξεις γυμνωθήσονται· ἀλλὰ φόβῳ κράξωμεν, ἐν τῷ μέσῳ τῆς νυκτός· Ἅγιος, Ἅγιος, Ἅγιος εἶ ὁ Θεὸς ἡμῶν, διὰ τῆς Θεοτόκου ἐλέησον ἡμᾶς.

Ἦχος δ΄.

Τῶν νοερῶν Σου λειτουργῶν, προσφέρειν οἱ θνητοὶ τὸν ὕμνον, τολμῶντες λέγομεν· Ἅγιος, Ἅγιος, Ἅγιος εἶ ὁ Θεὸς ἡμῶν, ...

Δόξα.

Ὡς αἱ τάξεις νῦν τῶν Ἀγγέλων ἐν Οὐρανῷ, καὶ στάσεις φόβῳ ἀνθρώπων ἐπὶ τῆς γῆς, ἐπινίκιον ὕμνον προσφέρομέν Σοι Ἀγαθέ· Ἅγιος, Ἅγιος, Ἅγιος εἶ ὁ Θεὸς ἡμῶν, ...

Καὶ νῦν.

Τὸν ἄναρχόν Σου Πατέρα, καὶ Σὲ Χριστὲ ὁ Θεός, καὶ τὸ πανάγιόν Σου Πνεῦμα, Χερουβικῶς δοξολογεῖν, τολμῶντες λέγομεν· Ἅγιος, Ἅγιος, Ἅγιος εἶ ὁ Θεὸς ἡμῶν, διὰ τῆς Θεοτόκου ἐλέησον ἡμᾶς.

Ἦχος πλ. α΄.

Ὑμνῳδίας ὁ καιρός, καὶ δεήσεως ὥρα, ἐκτενῶς βοήσωμεν τῷ μόνῳ Θεῷ· Ἅγιος, Ἅγιος, Ἅγιος εἶ ὁ Θεὸς ἡμῶν, ...

Δόξα.

Εἰκονίζειν τολμῶντες τὰ νοερά Σου στρατεύματα, Τριὰς ἄναρχε, στόμασιν ἀναξίοις βοῶμεν· Ἅγιος, Ἅγιος, Ἅγιος εἶ ὁ Θεὸς ἡμῶν, ...

Καὶ νῦν.

Ὁ ἐν μήτρᾳ Παρθενικῇ χωρηθείς, καὶ τῶν κόλπων τοῦ Πατρὸς μὴ χωρισθείς, σὺν Ἀγγέλοις καὶ ἡμᾶς Χριστὲ ὁ Θεός, πρόσδεξαι βοῶντάς Σοι· Ἅγιος, Ἅγιος, Ἅγιος εἶ ὁ Θεὸς ἡμῶν, διὰ τῆς Θεοτόκου ἐλέησον ἡμᾶς.

Ἦχος πλ. β΄.

Παριστάμενα φόβῳ τὰ Χερουβείμ, ἐξιστάμενα τρόμῳ τὰ Σεραφίμ, τὸν τρισάγιον ὕμνον, προσφέρει ἀσιγήτῳ φωνῇ· μεθ' ὧν καὶ ἡμεῖς βοῶμεν οἱ ἁμαρτωλοί· Ἅγιος, Ἅγιος, Ἅγιος εἶ ὁ Θεὸς ἡμῶν, ...

Δόξα.

Ἀσωμάτοις στόμασιν, ἀσιγήτοις δοξολογίαις τὰ Ἑξαπτέρυγα ᾄδουσί Σοι, τὸν τρισάγιον ὕμνον ὁ Θεὸς ἡμῶν· καὶ ἡμεῖς οἱ ἐπὶ γῆς, ἀναξίοις χείλεσιν, αἶνόν Σοι ἀναπέμπομεν· Ἅγιος, Ἅγιος, Ἅγιος εἶ ὁ Θεὸς ἡμῶν, ...

Καὶ νῦν.

Τριαδικῆς Μονάδος Θεότητα, ἀσυγχύτῳ ἑνώσει δοξάσωμεν, καὶ τῶν Ἀγγέλων τὸν ὕμνον βοήσωμεν· Ἅγιος, Ἅγιος, Ἅγιος εἶ ὁ Θεὸς ἡμῶν, διὰ τῆς Θεοτόκου ἐλέησον ἡμᾶς.

Ἦχος βαρύς.

Ὁ ὑψίστῳ δυνάμει, Χερουβικῶς ἀνυμνούμενος, καὶ θεϊκῇ τῇ δόξῃ, Ἀγγελικῶς προσκυνούμενος, πρόσδεξαι καὶ ἡμᾶς τοὺς ἁμαρτωλούς, ἀναξίως τολμῶντας κραυγάζειν Σοι· Ἅγιος, Ἅγιος, Ἅγιος εἶ ὁ Θεὸς ἡμῶν, ...

Δόξα.

Ὡς ὕπνον τὸν ὄκνον ἀποθεμένη ψυχή, διόρθωσιν πρὸς ἔγερσιν δεῖξον τῷ Κριτῇ, καὶ ἐν φόβῳ βόησον· Ἅγιος, Ἅγιος, Ἅγιος εἶ ὁ Θεὸς ἡμῶν, ...

Καὶ νῦν.

Τῇ ἀπροσίτῳ Θεότητι, τῇ ἐν Μονάδι Τριάδι, τῶν Σεραφεὶμ τὸν τρισάγιον ἀναπέμποντες αἶνον, μετὰ φόβου βοήσωμεν· Ἅγιος, Ἅγιος, Ἅγιος εἶ ὁ Θεὸς ἡμῶν, διὰ τῆς Θεοτόκου ἐλέησον ἡμᾶς.

Ἦχος πλ. δ΄.

Εἰς Οὐρανὸν τὰς καρδίας ἔχοντες, Ἀγγελικὴν μιμησώμεθα τάξιν· καὶ ἐν φόβῳ Τῷ ἀδεκάστῳ προσπέσωμεν, ἐπινίκιον ἀνακράζοντες αἶνον· Ἅγιος, Ἅγιος, Ἅγιος εἶ ὁ Θεὸς ἡμῶν, ...

Δόξα.

Ὁρᾶν Σε μὴ τολμῶντα τὰ Χερουβείμ, ἱπτάμενα κραυγάζει ἀλαλαγμῷ, τὸ ἔνθεον μέλος, τῆς τρισαγίας φωνῆς· μεθ᾽ ὧν καὶ ἡμεῖς οἱ ἁμαρτωλοὶ βοῶμέν Σοι· Ἅγιος, Ἅγιος, Ἅγιος εἶ ὁ Θεὸς ἡμῶν, ...

Καὶ νῦν.

Κατακαμπτόμενοι τῷ πλήθει τῶν πταισμάτων ἡμῶν, καὶ μὴ τολμῶντες ἀτενίσαι τῷ ὕψει Σου, τὴν ψυχὴν σὺν τῷ σώματι κλίναντες, μετὰ Ἀγγέλων τὸν ὕμνον βοῶμέν Σοι· Ἅγιος, Ἅγιος, Ἅγιος εἶ ὁ Θεὸς ἡμῶν, διὰ τῆς Θεοτόκου ἐλέησον ἡμᾶς.

Καθίσματα (Στιχολογία τοῦ Ψαλτηρίου)

[Ἡ α΄ Στιχολογία τοῦ Ψαλτηρίου(σ. 157), 83*]*

Ὁ ἱερεὺς τὴν μικρὰν Συναπτήν (**«Αἴτησιν»**)[140], καὶ τὴν ἐκφώνησιν· **Ὅτι Σὸν τὸ κράτος, ...**
Ὁ ἀναγνώστης· Ἀμήν.

Καὶ ψάλλομεν τὰ εἰς τὸν ἦχον τῆς ἑβδομάδος γ΄ **Καθίσματα**, τὰ μετὰ τὴν α΄ Στιχολογίαν, εὑρισκόμενα εἰς τὸ τέλος τοῦ βιβλίου τοῦ Τριῳδίου[141].

[Ἡ β΄ Στιχολογία τοῦ Ψαλτηρίου(σ. 157), 83*, καὶ «Αἴτησις» μὲ ἐκφώνησιν· Ὅτι ἀγαθὸς καὶ φιλάνθρωπος...]*

Καὶ ψάλλομεν τὰ **Καθίσματα** τῆς ἡμέρας τοῦ Τριῳδίου, τὰ μετὰ τὴν β΄ Στιχολογίαν (εὑρισκόμενα εἰς τὸ Τριῴδιον, εἰς τὴν σημερινὴν ἡμέραν).

---

[140] [ΤΜΕ, σ. 326].
[141] Τὰ Καθίσματα τῆς α΄ Στιχολογίας, εὑρίσκονται εἰς τὸ τέλος τοῦ βιβλίου τοῦ Τριῳδίου, ἐπειδὴ ἀλλάζουν ἀναλόγως τὴν ἡμέρα καὶ τὸν ἦχον τῆς ἑβδομάδος.

[Ἡ γ΄ Στιχολογία τοῦ Ψαλτηρίου[(σ. 157), 83]*, καὶ «Αἴτησις» μὲ ἐκφώνησιν· Ὅτι ηὐλογηταί Σου τὸ ὄνομα…]*

Καὶ ψάλλομεν τὰ **Καθίσματα** τῆς ἡμέρας τοῦ Τριῳδίου, τὰ μετὰ τὴν γ΄ Στιχολογίαν (εὑρισκόμενα εἰς τὸ Τριῴδιον, εἰς τὴν σημερινὴν ἡμέραν).

Ν΄ Ψαλμός (50)

Καὶ εὐθὺς ἀναγινώσκεται ὁ **Ν΄ Ψαλμός** (χῦμα), σ. 58. Εἶτα·
Ὁ ἱερεύς· **Σῶσον, ὁ Θεός, τὸν λαόν Σου…**[142]
Οἱ χοροί· Κύριε ἐλέησον (ιβ΄), τετράκις ἀνὰ γ΄.
Ὁ ἱερεύς· **Ἐλέει καὶ οἰκτιρμοῖς…**
Ὁ χορός· Ἀμήν.

Στιχολογία τῶν θ΄ Ὠδῶν – Κανόνες – Συναξάριον

Ἡ διάταξις τῶν **Ὠδῶν καὶ Κανόνων, α΄-ς΄ ᾠδαί·**

εἰς τὴν σημερινὴν ἡμέραν (βλέπε εἰς τὸ βιβλίον τοῦ Τριῳδίου), διὰ κάθε ᾠδὴν ἀπὸ τὴν α΄ ἕως καὶ τὴν ς΄ ᾠδὴν μὲ τὴν σειράν:

– εἰς **τὰς ᾠδὰς ποὺ ἔχουν τριῴδια**, ἤτοι, τῇ ἡμέρᾳ **Δευτέρᾳ ἡ α΄ ᾠδή**, τῇ **Τρίτῃ ἡ β΄**, τῇ **Τετάρτῃ ἡ γ΄**, τῇ **Πέμπτῃ ἡ δ΄**, καὶ τῇ **Παρασκευῇ ἡ ε΄ ᾠδή**, ἀναγινώσκεται (ἢ στιχολογεῖται) ἡ ὁμώνυμος Ὠδὴ τοῦ Ψαλτηρίου ὁλόκληρος (βλ. σ. 163), καὶ ψάλλεται (ἢ ἀναγινώσκεται)[143] ἡ ᾠδὴ τοῦ κανόνος τοῦ Μη-

---

[142] [ΤΜΕ, σ. 326], [ΤΑΣ(2012), σ. 282]. Τὸ [ΣΥΛ, σ. 120], πηγαίνει ἀπευθείας εἰς τὴν Στιχολογίαν τῶν Ὠδῶν.
[143] Σημείωσε ὅτι εἴθισται νὰ προηγεῖται ἡ μαζικὴ ἀνάγνωσις ὅλων τῶν Ὠδῶν τοῦ Ψαλτηρίου [ΜΤΕ, σ. 84], καὶ νὰ ἕπονται κανονικὰ αἱ ᾠδαὶ τῶν Κανόνων / Τριῳδίων, ὡς ἐν ταῖς ἐκτὸς Τριῳδίου καθημεριναῖς, βλ. σ. 59, ἐν τῷ μέσῳ τῶν ὁποίων ὁ μετὰ τὴν γ΄ ᾠδὴν εἱρμός, αἴτησις, μεσώδια καθίσματα, κτλ..

ναίου[144] μετὰ τοῦ εἱρμοῦ (εἰς δ΄), καὶ τέλος τὰ δύο τριώδια[145] (κανόνες) τῆς αὐτῆς ᾠδῆς, ἄνευ εἱρμῶν (εἰς δ΄ καί δ΄), καὶ εἰς τὸ τέλος ψάλλεται ὡς καταβασία ὁ εἱρμὸς τοῦ τελευταίου τριῳδίου.

— **εἰς τὰς λοιπὰς ᾠδὰς ποὺ δὲν ἔχουν τριῴδια**, δὲν ἀναγινώσκεται (στιχολογεῖται) ὅλη ἡ ὁμώνυμος Ὠδὴ τοῦ Ψαλτηρίου, ἀλλὰ ἀναγινώσκονται μόνον ἡ ἐπικεφαλίς της (βλ. εἰς τό Μ. Ὡρολόγιον), καὶ οἱ δύο τελευταῖοι αὐτῆς στίχοι[146] μετὰ τοῦ Δόξα, Καὶ νῦν, καὶ ψάλλεται μόνη ἡ ᾠδὴ τοῦ κανόνος τοῦ Μηναίου μετὰ τοῦ εἱρμοῦ εἰς δ΄.

Μετὰ τὴν γ΄ ᾠδὴν, ψάλλεται ὁ εἱρμὸς τῆς γ΄ ᾠδῆς τοῦ τελευταίου ψαλλέντος κανόνος (τελευταῖος κανὼν εἰς τὴν γ΄ ᾠδὴν τῇ Τετάρτῃ εἶναι ὁ τελευταῖος τοῦ Τριῳδίου, ἐνῶ τὶς ἄλλες ἡμέρες εἶναι τοῦ Μηναίου), ἀπὸ τὸν δεξιὸν χορόν.

Ὁ ἱερεὺς τὴν μικρὰν Συναπτὴν (**«Αἴτησιν»**), καὶ τὴν ἐκφώνησιν· **Ὅτι Σὺ εἶ ὁ Θεὸς ἡμῶν, ...**
Ὁ ἀναγνώστης· Ἀμήν.

Καὶ ψάλλονται τὰ **Μεσῴδια Καθίσματα**, ἤτοι τὰ Καθίσματα τοῦ Μηναίου μετὰ τὴν γ΄ ᾠδήν[90].

Μετὰ τὴν ϛ΄ ᾠδὴν, ψάλλεται ὁ εἱρμὸς τῆς ϛ΄ ᾠδῆς τοῦ κανόνος τοῦ Μηναίου, ἀπὸ τὸν ἀριστερὸν χορόν.

Ὅμως νομίζουμε ὅτι ἡ τάξις ποὺ ἐκθέτουμε, καίτοι εἶναι ἰσοδύναμη χρονικά μὲ τὴν συνηθισμένην, εἶναι τυπικῶς σωστότερη (βλ. λεπτομέρειες ἐὰν βούλει, εἰς [ΤΓΡ, σσ. 84, 87], [ΤΑΣ (2012), σ. 282]), καὶ διὰ τῆς ἐναλλαγῆς ἀναγνώσεως/ψαλμῳδίας συμβάλλει εἰς τὴν περαιτέρω προσοχὴν τῆς ἀκολουθίας. Σὺ δὲ ποίει ὡς βούλει.

[144] Οἱ κανόνες ψάλλονται ἢ ἀναγινώσκονται ἄνευ προϋμνίου ἢ στίχου τινός, ἐὰν ἀνεγνώσθη (καὶ δὲν στιχολογήθηκε) ἡ Ὠδὴ τοῦ Ψαλτηρίου.

[145] Τὸ τροπάριον(α) τοῦ β΄ τριῳδίου, μετὰ τὸ Καὶ νῦν, καὶ πρὸ τοῦ Εἱρμοῦ, μετὰ στίχου, Δόξα Σοι, ὁ Θεὸς ἡμῶν, δόξα Σοι.

[146] Περισσότερες λεπτομέρειες εἰς [ΤΓΡ, σ. 87 παρ. (δ)].

Ὁ ἱερεὺς τὴν μικρὰν Συναπτήν (**«Αἴτησιν»**), καὶ τὴν ἐκφώνησιν· **Σὺ γὰρ εἶ ὁ Βασιλεὺς τῆς εἰρήνης, ...**

Ὁ ἀναγνώστης· Ἀμήν.

Καὶ ἀναγινώσκεται ἀντὶ Κοντακίου τὸ **Μαρτυρικὸν** τοῦ ἤχου (βλέπε ἐν τῷ τέλει τοῦ Τριωδίου, μετὰ τὰ Καθίσματα· τὸ δὲ Κοντάκιον τοῦ Μηναίου ἐὰν ἔχει καταλιμπάνεται, [ΤΓΡ, σ. 756]).

Καὶ εὐθὺς ἀναγινώσκεται τὸ· **Συναξάριον τοῦ Μηναίου**.

> ***Σημ.. Καταβασίαι δὲν ψάλλονται***, *διότι ὁ Ἅγιος τοῦ Μηναίου δὲν εἶναι ἑορταζόμενος εἰς η΄ (πλήρως ἑορταζόμενος ἢ ἐπισήμως ἑορταζόμενος)·* ***λέγομεν ἀντ᾽ αὐτῶν τοὺς Εἱρμοὺς τῶν γ΄, ς΄, η΄ καὶ θ΄ ᾠδῶν***, *εἰς τὴν οἰκείαν των θέσιν, ὡς προβλέπει τὸ τυπικόν.*

Ἐν συνεχείᾳ, ἡ ζ΄ **Ὠδή**[147], ὡς ἑξῆς·

– δὲν ἀναγινώσκεται (στιχολογεῖται) ὅλη ἡ ζ΄ Ὠδὴ τοῦ Ψαλτηρίου, ἀλλὰ ἀναγινώσκεται μόνον ἡ **ἐπικεφαλίς** της, «Τῶν Πατέρων καὶ ἡμῶν Θεὸς εὐλογητὸς εἶ» (βλ. εἰς τό Μ. Ὡρολόγιον), καὶ οἱ δύο τελευταῖοι αὐτῆς στίχοι μετὰ τοῦ Δόξα, Καὶ νῦν, [καὶ ψάλλεται μόνη ἡ ζ΄ ᾠδὴ τοῦ κανόνος τοῦ Μηναίου μετὰ τοῦ εἱρμοῦ (εἰς δ΄)].

Εὐθύς ἡ **η΄ Ὠδή**[147], ὡς ἑξῆς·

– ἀναγινώσκεται (ἢ στιχολογεῖται) ἡ **η΄ Ὠδὴ τοῦ Ψαλτηρίου** ὁλόκληρος, [καὶ μετὰ ψάλλεται ἡ η΄ ᾠδὴ τοῦ κανόνος τοῦ Μηναίου μετὰ τοῦ εἱρμοῦ (εἰς δ΄), καὶ τέλος ἡ η΄ ᾠδὴ τῶν δύο

---

[147] Ἐὰν βούλει ἀναγνῶσαι τὰς Ὠδὰς τοῦ Ψαλτηρίου μαζικῶς εἰς τὴν ἀρχὴν πρὸ τῶν Κανόνων, ποίει οὕτως (βλ. καὶ ὑποσ. 143), καὶ μὴ τὰς ἀναγινώσκεις ἐνθάδε.

τριῳδίων[148] (κανόνων) ἄνευ εἱρμῶν (εἰς δ΄ καί δ΄),] καὶ εἰς τὸ τέλος,

ψάλλεται ὡς καταβασία **ὁ εἱρμὸς τῆς η΄ ᾠδῆς** τοῦ τελευταίου τριῳδίου, μετὰ τοῦ Αἰνοῦμεν, εὐλογοῦμεν καὶ προσκυνοῦμεν τὸν Κύριον, ἀπὸ τὸν ἀριστερὸν χορόν.

Τιμιωτέρα – Ὠδὴ Ἐνάτη

Ὠδὴ τῆς Θεοτόκου (Λουκ. α΄ 46)
Τὸν Υἱὸν ὑμνεῖ καὶ Θεόν, Μήτηρ Κόρη.

Ὁ ἱερεύς·
Τὴν Θεοτόκον καὶ Μητέρα τοῦ Φωτός, ἐν ὕμνοις τιμῶντες, μεγαλύνωμεν.

Κατερχόμενοι τοῦ στασιδίου στιχολογοῦμεν τὴν «Τιμιωτέραν» (Ὠδή θ΄ τῆς Θεοτόκου) εἰς στίχους ϛ΄ ὡς εἴθισται, εἰς τὸν ἦχον τοῦ τελευταίου ψαλλέντος κανόνος[95] (ψάλλοντας τὴν Τιμιωτέραν μετὰ ἀπὸ κάθε στίχον).

Στίχ. α΄. Μεγαλύνει ἡ ψυχή μου τὸν Κύριον καὶ ἠγαλλίασε τὸ πνεῦμά μου ἐπὶ τῷ Θεῷ τῷ Σωτῆρί μου.

Τὴν Τιμιωτέραν τῶν Χερουβείμ, καὶ ἐνδοξοτέραν ἀσυγκρίτως τῶν Σεραφείμ, τὴν ἀδιαφθόρως, Θεὸν Λόγον τεκοῦσαν, τὴν ὄντως Θεοτόκον, Σὲ μεγαλύνομεν.

Στίχ. β΄. Ὅτι ἐπέβλεψεν ἐπὶ τὴν ταπείνωσιν τῆς δούλης Αὐτοῦ· ἰδοὺ γὰρ ἀπὸ τοῦ νῦν μακαριοῦσί με πᾶσαι αἱ γενεαί.

---

[148] Πρὸ τοῦ Τριαδικοῦ, ἀντὶ Δόξα, λέγομεν τὸ «Εὐλογοῦμεν Πατέρα, Υἱόν, καὶ Ἅγιον Πνεῦμα, τὸν Κύριον».

Στίχ. γ΄. Ὅτι ἐποίησέ μοι μεγαλεῖα ὁ Δυνατὸς καὶ ἅγιον τὸ ὄνομα Αὐτοῦ· καὶ τὸ ἔλεος Αὐτοῦ εἰς γενεὰν καὶ γενεὰν τοῖς φοβουμένοις Αὐτόν.

Στίχ. δ΄. Ἐποίησε κράτος ἐν βραχίονι Αὐτοῦ, διεσκόρπισεν ὑπερηφάνους διανοίᾳ καρδίας αὐτῶν.

Στίχ. ε΄. Καθεῖλε δυνάστας ἀπὸ θρόνων καὶ ὕψωσε ταπεινούς· πεινῶντας ἐνέπλησεν ἀγαθῶν καὶ πλουτοῦντας ἐξαπέστειλε κενούς.

Στίχ. ς΄. Ἀντελάβετο Ἰσραὴλ παιδὸς Αὐτοῦ μνησθῆναι ἐλέους, καθὼς ἐλάλησε πρὸς τοὺς Πατέρας ἡμῶν, τῷ Ἀβραὰμ καὶ τῷ σπέρματι Αὐτοῦ ἕως αἰῶνος.

Ἐν συνεχείᾳ, ἀναγινώσκεται (ἢ στιχολογεῖται) ἡ **θ΄ Ὠδὴ**[147] **τοῦ Ψαλτηρίου (Προσευχὴ Ζαχαρίου)**, [καὶ μετὰ ψάλλεται ἡ θ΄ ᾠδὴ τοῦ κανόνος τοῦ Μηναίου μετὰ τοῦ εἱρμοῦ (εἰς δ΄), καὶ τέλος ἡ θ΄ ᾠδὴ τῶν δύο τριωδίων (κανόνων) ἄνευ εἱρμῶν (εἰς δ΄ καί δ΄),] καὶ εἰς τὸ τέλος,

ψάλλεται ὡς καταβασία **ὁ εἱρμὸς τῆς θ΄ ᾠδῆς** τοῦ τελευταίου τριῳδίου, ἀπὸ τὸν δεξιὸν χορόν.

Εὐθὺς τὸ Ἄξιόν ἐστιν (ὁμόηχον, εἰς σύντομον μέλος)[149].

Ἄξιόν ἐστιν ὡς ἀληθῶς, μακαρίζειν Σε τὴν Θεοτόκον, τὴν ἀειμακάριστον καὶ παναμώμητον καὶ Μητέρα τοῦ Θεοῦ ἡμῶν. Τὴν τιμιωτέραν τῶν Χερουβεὶμ καὶ ἐνδοξοτέραν ἀσυγκρίτως τῶν Σεραφείμ, τὴν ἀδιαφθόρως Θεὸν Λόγον τεκοῦσαν· τὴν ὄντως Θεοτόκον Σὲ μεγαλύνομεν.

Ὁ ἱερεὺς τὴν μικρὰν Συναπτήν (**«Αἴτησιν»**), καὶ τὴν ἐκφώνησιν· **Ὅτι Σὲ αἰνοῦσι πᾶσαι αἱ Δυνάμεις...**

Ὁ ἀναγνώστης· Ἀμήν.

---

[149] βλ. [ΤΜΕ, σ. 328].

Φωταγωγικόν

Εἶτα ψάλλομεν τὸ **Φωταγωγικὸν** τοῦ ἤχου τῆς ἑβδομάδος (τρίς), ἀντὶ ἐξαποστειλαρίων, συμπληρούμενον, ὡς καὶ οἱ τριαδικοί ὕμνοι, ἤτοι·

Τό α΄, διὰ τοῦ χαρακτηριστικοῦ τῆς ἡμέρας τῆς ἑβδομάδος·

Τῇ Δευτέρᾳ· Προστασίαις τῶν Ἀσωμάτων.

Τῇ Τρίτῃ· Πρεσβείαις τοῦ Προδρόμου.

Τῇ Τετάρτῃ καὶ Παρασκευῇ· Δυνάμει τοῦ Σταυροῦ Σου.

Τῇ Πέμπτῃ· Πρεσβείαις τῶν Ἀποστόλων.

Τό β΄, διὰ τοῦ χαρακτηριστικοῦ τοῦ Ἁγίου τοῦ Ναοῦ[139]. Πρεσβείαις τοῦ Ἁγίου (ἢ τῆς Ἁγίας).

Καὶ τό γ΄, διὰ τῆς Παναγίας· Πρεσβείαις τῆς Θεοτόκου.

Εἰς τὸν πλ. β΄ καὶ βαρὺν ἦχον προσθέτομεν καὶ τὸ Κύριε, ὡς φαίνεται.

Ἦχος α΄.

Ὁ τὸ φῶς ἀνατέλλων Κύριε, τὴν ψυχήν μου καθάρισον ἀπὸ πάσης ἁμαρτίας, (προστασίαις τῶν Ἀσωμάτων), καὶ σῶσόν με.

Ἦχος β΄.

Τὸ φῶς Σου τὸ ἀΐδιον ἐξαπόστειλον Κύριε, καὶ φώτισον τὰ ὄμματα τὰ κρυπτὰ τῆς καρδίας μου, (προστασίαις τῶν Ἀσωμάτων), καὶ σῶσόν με.

Ἦχος γ΄.

Ἐξαπόστειλον τὸ φῶς Σου, Χριστὲ ὁ Θεός, καὶ φώτισον τὴν καρδίαν μου, (προστασίαις τῶν Ἀσωμάτων), καὶ σῶσόν με.

Ἦχος δ΄.

Ὁ τὸ φῶς ἀνατέλλων τῷ κόσμῳ Σου, τὴν ἐν σκότει ψυχήν μου ὑπάρχουσαν, ἀπὸ πάσης ἁμαρτίας καθάρισον, (προστασίαις τῶν Ἀσωμάτων), καὶ σῶσόν με.

Ἦχος πλ. α΄.

Φωτοδότα Κύριε, ἐξαπόστειλον τὸ φῶς Σου, καὶ φώτισον τὴν καρδίαν μου, (προστασίαις τῶν Ἀσωμάτων), καὶ σῶσόν με.

Ἦχος πλ β΄.

(**Π**ροστασίαις Κύριε τῶν Ἀσωμάτων), κατάπεμψον ταῖς ψυχαῖς ἡμῶν, τὸ φῶς Σου τὸ ἀΐδιον.

Ἦχος βαρύς.

(**Π**ροστασίαις Κύριε τῶν Ἀσωμάτων), φῶς κατάπεμψον ταῖς ψυχαῖς ἡμῶν, διὰ τὸ μέγα Σου ἔλεος.

Ἦχος πλ. δ΄.

Φῶς ὑπάρχων Χριστέ, φώτισόν με ἐν Σοί, (προστασίαις τῶν Ἀσωμάτων), καὶ σῶσόν με.

Αἶνοι (ἄνευ στιχηρῶν)

Καὶ εὐθὺς ἀναγινώσκονται (χῦμα) οἱ Αἶνοι[150], ἄνευ στιχηρῶν, (βλ. σ. 65).

Εἶτα, **Δόξα. Καὶ νῦν**, καὶ εὐθὺς ἡ **μικρὰ Δοξολογία**.

Μικρὰ Δοξολογία

Ὁ ἀναγνώστης (χῦμα)·

---

[150] βλ. [ΜΤΕ, σ. 118]. Ἐπίσης, τὰ [ΔΕΕ (2016), σ. 138], [ΣΤ, σ. 605], καὶ [ΜΤ (2016), σ. 160] ἔχουν Αἴνους (τὰ δύο πρῶτα ἐντὸς ἀγκυλῶν), ὅπως καὶ τὸ [ΤΑΣ (2012), σ. 283]. Τό ΤΜΕ δὲν ἔχει Αἴνους [ΤΜΕ, σ. 328], ἐπίσης καὶ τά [ΤΓΡ, σ. 756], [ΤΔΠ (2016), σ. 132]. Ὅμως πῶς θὰ ποῦμε ἀπόστιχα Αἴνων, χωρὶς Αἴνους;

Σοὶ δόξα πρέπει, Κύριε, ὁ Θεὸς ἡμῶν, καὶ Σοὶ τὴν δόξαν ἀναπέμπομεν, τῷ Πατρὶ καὶ τῷ Υἱῷ καὶ τῷ Ἁγίῳ Πνεύματι, νῦν καὶ ἀεὶ καὶ εἰς τοὺς αἰῶνας τῶν αἰώνων. Ἀμήν.

Δόξα ἐν ὑψίστοις Θεῷ, καὶ ἐπὶ γῆς εἰρήνη... (χῦμα, βλ. σ. 67).

Ὁ ἱερεὺς τὴν Δέησιν, ἤτοι τὰ **«Πληρωτικά»** (βλ. σ. 68), καὶ τὴν ἐκφώνησιν·

Σὸν γάρ ἐστι τὸ ἐλεεῖν καὶ σῴζειν ἡμᾶς, ὁ Θεὸς ἡμῶν, καὶ Σοὶ τὴν δόξαν ἀναπέμπομεν, τῷ Πατρὶ καὶ τῷ Υἱῷ καὶ τῷ Ἁγίῳ Πνεύματι, νῦν καὶ ἀεὶ καὶ εἰς τοὺς αἰῶνας τῶν αἰώνων.

Ὁ ἀναγνώστης· Ἀμήν.

Ἀπόστιχα τῶν Αἴνων

Καὶ ψάλλονται (ἐκ τοῦ βιβλίου τοῦ Τριῳδίου) **τὸ ἰδιόμελον** (δίς), καὶ **τὸ μαρτυρικόν**, μετὰ τῶν στίχων τῶν καθημερινῶν (σ. 70)·

Δόξα, Καὶ νῦν, τὸ Θεοτοκίον ἢ Σταυροθεοτοκίον αὐτῶν.

Ἀγαθὸν τὸ ἐξομολογεῖσθαι – Τρισάγιον

Εἶτα, ὁ ἱερεύς· **Ἀγαθὸν τὸ ἐξομολογεῖσθαι τῷ Κυρίῳ καὶ ψάλλειν τῷ ὀνόματί Σου, Ὕψιστε· τοῦ ἀναγγέλειν τὸ πρωῒ τὸ ἔλεός Σου καὶ τὴν ἀλήθειάν Σου κατὰ νύκτα.**

Ὁ ἀναγνώστης, τὸ **Τρισάγιον**, (σ. 71).

Ὁ ἱερεύς· **Ὅτι Σοῦ ἐστιν ἡ Βασιλεία...**

Ὁ ἀναγνώστης· Ἀμήν.

Ἀπολυτίκιον

Καὶ τὸ παρὸν ἀπολυτίκιον, ἅπαξ·

Ἦχος πλ β΄.

Ἐν τῷ ναῷ ἑστῶτες τῆς δόξης Σου, ἐν οὐρανῷ ἑστάναι νομίζομεν· Θεοτόκε, πύλη ἐπουράνιε, ἄνοιξον ἡμῖν, τὴν θύραν τοῦ ἐλέους Σου.

Εἶτα·

Κύριε ἐλέησον (μ΄). Δόξα, Καὶ νῦν. **Τὴν Τιμιωτέραν**. Ἐν ὀνόματι Κυρίου, εὐλόγησον, πάτερ.

Ὁ ἱερεύς·

Ὁ ὢν εὐλογητὸς Χριστός ὁ Θεὸς ἡμῶν πάντοτε, νῦν καὶ ἀεί, καὶ εἰς τοὺς αἰῶνας τῶν αἰώνων.

Ὁ ἀναγνώστης· Ἀμήν.

Ὁ ἱερεύς·

Ἐπουράνιε Βασιλεῦ, τοὺς πιστοὺς βασιλεῖς ἡμῶν στερέωσον· τὴν πίστιν στήριξον· τὰ ἔθνη πράϋνον· τὸν κόσμον εἰρήνευσον· τὴν ἁγίαν Ἐκκλησίαν καὶ τὴν πόλιν (ἢ τὴν ἁγίαν μονὴν) **ταύτην καλῶς διαφύλαξον· τοὺς προαπελθόντας πατέρας καὶ ἀδελφοὺς ἡμῶν ἐν σκηναῖς Δικαίων τάξον· καὶ ἡμᾶς ἐν μετανοίᾳ καὶ ἐξομολογήσει παράλαβε, ὡς Ἀγαθὸς καὶ Φιλάνθρωπος.**

Καὶ ποιοῦμεν τρεῖς μεγάλας μετανοίας, λέγοντες ἐν ἑκάστῃ ἕνα στίχον τῆς εὐχῆς τοῦ Ἁγίου Ἐφραὶμ τοῦ Σύρου (μυστικῶς).

Κύριε καὶ Δέσποτα τῆς ζωῆς μου, πνεῦμα ἀργίας, περιεργίας, φιλαρχίας καὶ ἀργολογίας μή μοι δῷς.

Πνεῦμα δὲ σωφροσύνης, ταπεινοφροσύνης, ὑπομονῆς καὶ ἀγάπης χάρισαί μοι τῷ Σῷ δούλῳ.

Ναί, Κύριε Βασιλεῦ, δώρησαί μοι τοῦ ὁρᾶν τὰ ἐμὰ πταίσματα, καὶ μὴ κατακρίνειν τὸν ἀδελφόν μου· ὅτι εὐλογητὸς εἶ, εἰς τοὺς αἰῶνας τῶν αἰώνων. Ἀμήν.

Μετὰ δὲ ταύτας, ἑτέρας μικρὰς ιβ΄ (δώδεκα), λέγοντες ἐν ἑκάστῃ τό· Ὁ Θεὸς ἱλάσθητί μοι τῷ ἁμαρτωλῷ καὶ ἐλέησόν με, εἶτ᾽ αὖθις μετάνοιαν μεγάλην μίαν, λέγοντες πάλιν τὸν τελευταῖον Στίχον τῆς ἀνωτέρω Εὐχῆς.

Καὶ ἀναστάντες ἀρχόμεθα τῶν Ὡρῶν.

Δεῦτε προσκυνήσωμεν (γ΄), καὶ λέγομεν τήν Α΄ Ὥραν, καὶ τὰς λοιπάς, ὡς διατέτακται [ΜΤΕ, σ. 126].

Ἅγιος Πορφύριος ὁ Καυσοκαλυβίτης

«Ὅταν ψάλλεις, μοῦ λέει *[ὁ Ἅγιος Πορφύριος]*, νὰ ψάλλεις ταπεινά, χωρὶς μορφασμούς, ἄτακτες κινήσεις τῶν χεριῶν σου καὶ πηδήματα στὸ ψαλτήρι. Νὰ κοιτάζεις πάντοτε στὸ ἀναλόγιο καὶ ὄχι συζητήσεις μεταξύ σας. Καὶ νὰ ζεῖς αὐτὰ ποὺ ψάλλεις γιατὶ ἔτσι μεταδίδονται καὶ στὸ ἐκκλησίασμα».

[Ἀναμνήσεις ἀπὸ τὸν Γέροντα Πορφύριο, Ἀναστ. Σ. Τζαβάρα, σ. 139]

Καθημερινὴ (καὶ Σάββατον)
μὲ Προεόρτια ἢ Μεθέορτα

Θεὸς Κύριος

Ψάλλεται τὸ Θεὸς Κύριος, ἐναλλὰξ ὑπὸ τῶν χορῶν, εἰς τὸν ἦχον τοῦ πρώτου ἀπολυτικίου (τῆς σημερινῆς τυπικῆς διατάξεως).

Θεὸς **Κύριος**, καὶ ἐπέφανεν ἡμῖν· εὐλογημένος ὁ ἐρχόμενος ἐν ὀνόματι Κυρίου.

Στίχ. α΄. Ἐξομολογεῖσθε τῷ Κυρίῳ, καὶ ἐπικαλεῖσθε τὸ ὄνομα τὸ ἅγιον Αὐτοῦ[151, 77].
Θεὸς Κύριος, καὶ ἐπέφανεν ἡμῖν...

Στίχ. β΄. Πάντα τὰ ἔθνη ἐκύκλωσάν με, καὶ τῷ ὀνόματι Κυρίου ἡμυνάμην αὐτούς.
Θεὸς Κύριος, καὶ ἐπέφανεν ἡμῖν...

Στίχ. γ΄. Παρὰ Κυρίου ἐγένετο αὕτη, καὶ ἔστι θαυμαστὴ ἐν ὀφθαλμοῖς ἡμῶν.
Θεὸς Κύριος, καὶ ἐπέφανεν ἡμῖν...

Ἀπολυτίκια

---

[151] Κατ' ἀπαίτησιν τοῦ [ΤΜΕ, σ. 16]. Παλαιότερον ὁ στίχος ἦταν «Ἐξομολογεῖσθε τῷ **Κυρίῳ, ὅτι ἀγαθός, ὅτι εἰς τὸν αἰῶνα τὸ ἔλεος Αὐτοῦ**», [ΣΥΛ], [ΕΚΠ].

Ἐὰν σήμερα <u>δὲν</u> λέγεται Ἀπολυτίκιον τοῦ Ἁγίου τοῦ Μηναίου (–, βλ. σ. 38)·

Ἀπολυτίκιον τὸ Προεόρτιον ἢ τῆς Ἑορτῆς[152].
Δόξα, Καὶ νῦν, τὸ αὐτό[153].

Ἐὰν ὅμως σήμερα λέγεται Ἀπολυτίκιον τοῦ Ἁγίου τοῦ Μηναίου (–⁖, βλ. σ. 38), λέγε·

— Ἐν τοῖς προεορτίοις τῆς Χριστοῦ Γεννήσεως καὶ τῶν Θεοφανείων [ΜΒ, κ΄ Δεκ.], [ΤΟΕ σ. 150], [ΤΓΡ, σ. 223]·

Ἀπολυτίκιον τὸ Προεόρτιον.
Δόξα, τοῦ Ἁγίου,
Καὶ νῦν, τὸ Προεόρτιον.

— Εἰς κάθε ἄλλην περίπτωσιν·
Ἀπολυτίκιον τοῦ Ἁγίου[154],
Δόξα, τὸ αὐτό[155],
Καὶ νῦν, τὸ Προεόρτιον ἢ τῆς Ἑορτῆς.

---

[152] Ἐὰν τύχει ἐν τῷ Πεντηκοσταρίῳ: α. ἐν μὲν τῇ ἑβδομάδι τοῦ Θωμᾶ, καὶ ἐν τοῖς μεθεόρτοις τῆς Μεσοπεντηκοστῆς, τῆς Ἀναλήψεως καὶ τῆς Πεντηκοστῆς, τὸ ἀπολυτίκιον τῆς Ἑορτῆς, Δόξα, Καὶ νῦν, τὸ αὐτό. β. Ἐν τῇ ἑβδομάδι τῶν Μυροφόρων ὡς ἐν τῇ Ἑορτῇ. γ. Ἐν τοῖς μεθεόρτοις τοῦ Παραλύτου, τῆς Σαμαρείτιδος καὶ τοῦ Τυφλοῦ, τὸ Ἀναστάσιμον τοῦ ἤχου, Δόξα, τὸ αὐτό, Καὶ νῦν, τὸ Θεοτοκίον αὐτοῦ.

[153] Μόνον ἐν τοῖς προεορτίοις τῆς Χριστοῦ Γεννήσεως καὶ τῶν Θεοφανείων, ψάλλεται τὸ προεόρτιον ἐκ γ΄, συμφώνως μὲ τὸ Μηναῖον καὶ τό [ΤΓΡ, σ. 223]. Τὸ Μηναῖον εἰς τὰς κδ΄ Δεκ., καὶ β΄ Ἰαν. ἔχει ἐκ τρίτου τὸ Ἀπολυτίκιον.

[154] Ἐὰν τύχει ἐν τῷ Πεντηκοσταρίῳ, α. ὡσαύτως, ἐν τῇ ἑβδομάδι τοῦ Θωμᾶ καὶ τοῖς μεθεόρτοις τῆς Μεσοπεντηκοστῆς, τῆς Ἀναλήψεως καὶ τῆς Πεντηκοστῆς, β. ἐν τῇ ἑβδομάδι τῶν Μυροφόρων, Ὁ εὐσχήμων, Ὅτε κατῆλθες, Δόξα, τοῦ Ἁγίου, Καὶ νῦν, Ταῖς Μυροφόροις, γ. ἐν τοῖς μεθεόρτοις τοῦ Παραλύτου, τῆς Σαμαρείτιδος καὶ τοῦ Τυφλοῦ, τὸ Ἀναστάσιμον τοῦ ἤχου, Δόξα, τοῦ Ἁγίου, Καὶ νῦν, α΄ Θεοτοκίον ὁμόηχον τοῦ Ἁγίου, βλ. [ΤΓΡ, σ. 841].

[155] Ἐὰν εἶναι δύο Ἅγιοι ποὺ λέγονται τὰ Ἀπολυτίκιά τους (–⁖), Δόξα, τοῦ ἑτέρου Ἁγίου.

Καθίσματα (Στιχολογία τοῦ Ψαλτηρίου)

[Ἡ α΄ Στιχολογία τοῦ Ψαλτηρίου[σ. 157] *(εἰς στάσεις γ΄*[83]*)]*

Ὁ ἱερεὺς τὴν μικρὰν Συναπτήν (**«Αἴτησιν»**), καὶ τὴν ἐκφώνησιν· **Ὅτι Σὸν τὸ κράτος, ...**

Ὁ ἀναγνώστης· Ἀμήν.

Καὶ ψάλλομεν τὰ Καθίσματα τῆς προεορτίου ἢ μεθεόρτου ἡμέρας ὡς ἐν τῷ **Μηναίῳ**[156] (μετὰ Δόξα, Καὶ νῦν· ἐὰν εἶναι ἕν, Δόξα, Καὶ νῦν, τὸ αὐτό)·

Καθίσματα (τὰ μετὰ τὴν α΄ Στιχολογίαν).

[Ἡ β΄ Στιχολογία τοῦ Ψαλτηρίου[σ. 157] *(εἰς στάσεις γ΄*[83]*), καὶ «Αἴτησις» μὲ ἐκφώνησιν· Ὅτι Ἀγαθὸς καὶ Φιλάνθρωπος...]*

Καθίσματα (τὰ μετὰ τὴν β΄ Στιχολογίαν).

Ν΄ Ψαλμός (50)

Ἐὰν τύχει ἐν τῷ Πεντηκοσταρίῳ, ἀπὸ τῆς Δευτέρας τοῦ Θωμᾶ μέχρι τὴν Τρίτην πρὸ τῆς ἀποδόσεως τοῦ Πάσχα ἀναγινώσκεται τὸ «Ἀνάστασιν Χριστοῦ θεασάμενοι»[157] *πρὸ τοῦ Ν΄ Ψαλμοῦ.*

Καὶ εὐθὺς ἀναγινώσκεται ὁ Ν΄ Ψαλμός (χῦμα), σ. 58.

---

[156] Ἢ ὡς ἐν τῷ Πεντηκοσταρίῳ, ἐὰν τύχει ἐν τῷ Πεντηκοσταρίῳ.

[157] **Ἀνάστασιν Χριστοῦ θεασάμενοι**, προσκυνήσωμεν Ἅγιον Κύριον Ἰησοῦν, τὸν μόνον ἀναμάρτητον. Τὸν Σταυρόν Σου, Χριστέ, προσκυνοῦμεν καὶ τὴν ἁγίαν Σου Ἀνάστασιν ὑμνοῦμεν καὶ δοξάζομεν· Σὺ γὰρ εἶ Θεὸς ἡμῶν, ἐκτὸς Σοῦ ἄλλον οὐκ οἴδαμεν, τὸ ὄνομά Σου ὀνομάζομεν. Δεῦτε πάντες οἱ πιστοὶ προσκυνήσωμεν τὴν τοῦ Χριστοῦ ἁγίαν Ἀνάστασιν· ἰδοὺ γὰρ ἦλθε διὰ τοῦ Σταυροῦ χαρὰ ἐν ὅλῳ τῷ κόσμῳ. Διαπαντὸς εὐλογοῦντες τὸν Κύριον ὑμνοῦμεν τὴν Ἀνάστασιν Αὐτοῦ. Σταυρὸν γὰρ ὑπομείνας δι’ ἡμᾶς, θανάτῳ θάνατον ὤλεσεν.

Ἐλέησόν με, ὁ Θεός, κατὰ τὸ μέγα ἔλεός Σου, καὶ κατὰ τὸ πλῆθος τῶν οἰκτιρμῶν Σου ἐξάλειψον τὸ ἀνόμημά μου. Ἐπὶ πλεῖον πλῦνόν με ἀπὸ τῆς ἀνομίας μου καὶ ἀπὸ τῆς ἁμαρτίας μου καθάρισόν με. ... (σ. 58).

Κανόνες – Κοντάκιον – Συναξάριον

Κανόνες λέγομεν μόνον ἐκ τοῦ **Μηναίου**[158].

Πρῶτον λέγομεν τὸν Κανόνα τὸν προεόρτιον ἢ τῆς Ἑορτῆς σὲ μεθέορτα, καὶ **δεύτερον** λέγομεν τοῦ Ἁγίου τοῦ Μηναίου.

Ἂν ἡ ἀκολουθία τοῦ Ἁγίου ἐκ τοῦ Μηναίου ἔχει δύο κανόνας, ψάλλονται καὶ οἱ δύο (τρεῖς τὸ σύνολον).

Ἂν ἡ Ἑορτὴ καθ᾽ αὐτὴ ἔχει δύο Κανόνας, ἐν τοῖς μεθεόρτοις λέγεται ἀνὰ εἷς καθ᾽ ἑκάστην ἐναλλάξ.

Εἰς τὸ προτελευταῖον τροπάριον ἑκάστης ᾠδῆς λέγομεν, Δόξα, καὶ εἰς τὸ τελευταῖον, Καὶ νῦν. Διὰ τὰ ὑπόλοιπα τροπάρια, πλὴν τῶν εἱρμῶν, λέγε τοὺς προψαλλόμενους στίχους[89], εἰς σελ. 161.

Οἱ **Κανόνες** ψάλλονται οὕτω:

Ὠδὴ α΄.
ὁ **πρῶτος** κανὼν μὲ τὸν εἱρμὸν αὐτοῦ, εἰς δ΄,
ὁ **δεύτερος** κανὼν ἄνευ εἱρμοῦ, εἰς δ΄,
καὶ τελευταῖος, ὁ **τρίτος** κανὼν (ἐὰν ὁ Ἅγιος ἔχει δύο) εἰς δ΄, ἐπίσης ἄνευ εἱρμοῦ.

Ὠδὴ γ΄.
ὁ **πρῶτος** κανὼν μὲ τὸν εἱρμὸν αὐτοῦ, εἰς δ΄,
ὁ **δεύτερος** κανὼν, ἄνευ εἱρμοῦ, εἰς δ΄,
καὶ τελευταῖος, ὁ **τρίτος** κανὼν (ἐὰν ὁ Ἅγιος ἔχει δύο) εἰς δ΄, ἐπίσης ἄνευ εἱρμοῦ,

---

[158] Ἐὰν τύχει ἐν τῷ Πεντηκοσταρίῳ, πρῶτα τῆς Ἑορτῆς ἐκ τοῦ Πεντηκοσταρίου (μὲ στίχον· Δόξα τῇ ἁγίᾳ Ἀναστάσει Σου, Κύριε), καὶ μετὰ τοῦ Ἁγίου ἐκ τοῦ Μηναίου, ἢ ὡς ἐν τῷ Πεντηκοσταρίῳ διατάττεται.

καὶ **ψάλλεται ὁ εἱρμὸς τῆς γ΄ ᾠδῆς** τοῦ τελευταίου ψαλλέντος κανόνος, ἀπὸ τὸν δεξιὸν χορόν.

Ὁ ἱερεὺς τὴν μικρὰν Συναπτὴν (**«Αἴτησιν»**), καὶ τὴν ἐκφώνησιν· **Ὅτι Σὺ εἶ ὁ Θεὸς ἡμῶν, καὶ Σοὶ τὴν δόξαν ἀναπέμπομεν, ...**

Ὁ ἀναγνώστης· Ἀμήν.

Ἐὰν τὸ Μηναῖον ἔχει Κοντάκιον (καὶ Οἶκον) τοῦ Ἁγίου, ἀναγινώσκεται τοῦ Ἁγίου μετὰ τὴν ς΄ ᾠδήν, καὶ τὸ **Κοντάκιον** τῆς Ἑορτῆς[159] ἐνταῦθα, πρὸ τῶν Μεσῳδίων Καθισμάτων[160].

Καὶ ψάλλονται τὰ **Μεσῳδια Καθίσματα** (μὲ Δόξα, Καὶ νῦν), ἤτοι τὰ Καθίσματα ὡς ἐν τῷ Μηναίῳ μετὰ τὴν γ΄ ᾠδήν (ἐὰν εἶναι ἕν, Δόξα, Καὶ νῦν, τὸ αὐτό).

Εἶτα[91], ὁμοίως μὲ τὶς προαναφερθεῖσες, ἀναγινώσκονται χάριν συντομίας (ἢ καὶ ψάλλονται) αἱ δ΄, ε΄ ᾠδαὶ τῶν κανόνων.

Ἡ ς΄ ᾠδὴ τῶν κανόνων, καὶ **ψάλλεται ὁ εἱρμὸς τῆς ς΄ ᾠδῆς** τοῦ τελευταίου ψαλλέντος κανόνος, ἀπὸ τὸν ἀριστερὸν χορόν.

Ὁ ἱερεὺς τὴν μικρὰν Συναπτὴν (**«Αἴτησιν»**), καὶ τὴν ἐκφώνησιν· **Σὺ γὰρ εἶ ὁ Βασιλεὺς τῆς εἰρήνης, ...**

Ὁ ἀναγνώστης· Ἀμήν.

---

[159] *Ἑορτὴ* ἐννοεῖται στὸ Πεντηκοστάριον ἡ προηγούμενη Κυριακὴ ἢ Ἑορτή.
[160] Πρβλ. Μηναῖον ιβ΄ Αὐγούστου [ΜΒ], καὶ [ΤΓΡ, σσ. 225, 843]. Ἐὰν εἶναι δύο Ἅγιοι, ἔχοντες ἴδιον Κοντάκιον ἔκαστος, τότε πρὸ τῶν Μεσῳδίων Καθισμάτων, λέγομεν τὸ Κοντάκιον τῆς Ἑορτῆς καὶ τοῦ ἑνὸς Ἁγίου, καὶ μετὰ τὴν ς΄ ᾠδήν τοῦ ἑτέρου Ἁγίου (βλ. ιβ΄ Αὐγούστου, [ΜΒ, σ. 61]). Σύμφωνα μὲ τό [ΤΑΣ(2010), σ. 536, Κεφ. ΞΗ΄]: «ἐὰν τύχωσιν εἰς τὰ προεόρτια καὶ μεθέορτα δύο Ἅγιοι ἔχοντες Κοντάκια δύο, λέγονται τὸ πρῶτον ἀπὸ τρίτης ᾠδῆς, καὶ τὸ ἕτερον, ἀφ' ἕκτης. Τὸ δὲ προεόρτιον ἢ τῆς Ἑορτῆς καταλιμπάνεται».

Καὶ ἀναγινώσκεται τὸ **Κοντάκιον καὶ ὁ Οἶκος** τοῦ Ἁγίου ἐκ τοῦ Μηναίου[160]. Ἐὰν δὲν ἔχει, λέγομεν τὸ προεόρτιον ἢ τῆς Ἑορτῆς (σὲ μεθέορτα).

Καὶ εὐθὺς ἀναγινώσκεται τὸ· **Συναξάριον τοῦ Μηναίου**.

> ***Σημ.. Καταβασίαι δὲν ψάλλονται***, *διότι ὁ Ἅγιος τοῦ Μηναίου δὲν εἶναι ἑορταζόμενος εἰς η΄ (πλήρως ἑορταζόμενος ἢ ἐπισήμως ἑορταζόμενος)·* ***λέγομεν ἀντ' αὐτῶν τοὺς Εἱρμοὺς τῶν γ΄, ς΄, η΄ καὶ θ΄ ᾠδῶν***, *εἰς τὴν οἰκείαν των θέσιν, ὡς προβλέπει τὸ τυπικόν.*

[Εἶτα[93], ἀναγινώσκονται χάριν συντομίας (ἢ καὶ ψάλλονται) αἱ ζ΄, η΄ ᾠδαὶ[94] τῶν κανόνων]

καὶ **ψάλλεται ὁ εἱρμὸς τῆς η΄ ᾠδῆς** τοῦ τελευταίου ψαλλέντος κανόνος, μετὰ τοῦ Αἰνοῦμεν, εὐλογοῦμεν καὶ προσκυνοῦμεν τὸν Κύριον, ἀπὸ τὸν ἀριστερὸν χορόν.

Τιμιωτέρα – Ὠδὴ Ἐνάτη

Ὠδὴ τῆς Θεοτόκου (Λουκ. α΄ 46)
Τὸν Υἱὸν ὑμνεῖ καὶ Θεόν, Μήτηρ Κόρη.

Ὁ ἱερεύς·
Τὴν Θεοτόκον καὶ Μητέρα τοῦ Φωτός, ἐν ὕμνοις τιμῶντες, μεγαλύνωμεν.

Κατερχόμενοι τοῦ στασιδίου στιχολογοῦμεν τὴν «Τιμιωτέραν» (Ὠδὴ θ΄ τῆς Θεοτόκου) εἰς στίχους ς΄ ὡς εἴθισται, εἰς τὸν ἦχον τοῦ τελευταίου ψαλλέντος κανόνος[95] (ψάλλοντας τὴν Τιμιωτέραν μετὰ ἀπὸ κάθε στίχον).

Στίχ. α΄. Μεγαλύνει ἡ ψυχή μου τὸν Κύριον καὶ ἠγαλλίασε τὸ πνεῦμά μου ἐπὶ τῷ Θεῷ τῷ Σωτῆρί μου.

Τὴν Τιμιωτέραν τῶν Χερουβείμ, καὶ ἐνδοξοτέραν ἀσυγκρίτως τῶν Σεραφείμ, τὴν ἀδιαφθόρως, Θεὸν Λόγον τεκοῦσαν, τὴν ὄντως Θεοτόκον, Σὲ μεγαλύνομεν.

Στίχ. β΄. Ὅτι ἐπέβλεψεν ἐπὶ τὴν ταπείνωσιν τῆς δούλης Αὐτοῦ· ἰδοὺ γὰρ ἀπὸ τοῦ νῦν μακαριοῦσί με πᾶσαι αἱ γενεαί.

Στίχ. γ΄. Ὅτι ἐποίησέ μοι μεγαλεῖα ὁ Δυνατὸς καὶ ἅγιον τὸ ὄνομα Αὐτοῦ· καὶ τὸ ἔλεος Αὐτοῦ εἰς γενεὰν καὶ γενεὰν τοῖς φοβουμένοις Αὐτόν.

Στίχ. δ΄. Ἐποίησε κράτος ἐν βραχίονι Αὐτοῦ, διεσκόρπισεν ὑπερηφάνους διανοίᾳ καρδίας αὐτῶν.

Στίχ. ε΄. Καθεῖλε δυνάστας ἀπὸ θρόνων καὶ ὕψωσε ταπεινούς· πεινῶντας ἐνέπλησεν ἀγαθῶν καὶ πλουτοῦντας ἐξαπέστειλε κενούς.

Στίχ. ς΄. Ἀντελάβετο Ἰσραὴλ παιδὸς Αὐτοῦ μνησθῆναι ἐλέους, καθὼς ἐλάλησε πρὸς τοὺς Πατέρας ἡμῶν, τῷ Ἀβραὰμ καὶ τῷ σπέρματι Αὐτοῦ ἕως αἰῶνος.

[Εἶτα, ψάλλεται ἡ θ΄ ᾠδὴ τῶν κανόνων]

καὶ **ψάλλεται ὁ εἱρμὸς τῆς θ΄ ᾠδῆς** τοῦ τελευταίου ψαλλέντος κανόνος, ἀπὸ τὸν δεξιὸν χορόν.

Εὐθὺς τὸ Ἄξιόν ἐστιν (ὁμόηχον, εἰς σύντομον μέλος)·

Ἄξιόν ἐστιν ὡς ἀληθῶς, μακαρίζειν Σε τὴν Θεοτόκον, τὴν ἀειμακάριστον καὶ παναμώμητον καὶ Μητέρα τοῦ Θεοῦ ἡμῶν. Τὴν τιμιωτέραν τῶν Χερουβεὶμ καὶ ἐνδοξοτέραν ἀσυγκρίτως τῶν Σεραφείμ, τὴν ἀδιαφθόρως Θεὸν Λόγον τεκοῦσαν· τὴν ὄντως Θεοτόκον Σὲ μεγαλύνομεν.

Ὁ ἱερεὺς τὴν μικρὰν Συναπτὴν (**«Αἴτησιν»**), καὶ τὴν ἐκφώνησιν· **Ὅτι Σὲ αἰνοῦσι πᾶσαι αἱ Δυνάμεις...**

Ὁ ἀναγνώστης· Ἀμήν.

Ἐξαποστειλάρια

Εἶτα ψάλλονται τὰ **Ἐξαποστειλάρια** ὡς ἐν τῷ Μηναίῳ[161].

Αἶνοι

Διακρίνομεν δύο περιπτώσεις εἰς τοὺς Αἴνους:

Α΄.

Ἐὰν ὑπάρχουν στιχηρὰ Αἴνων εἰς τὸ Μηναῖον[162] (ὑπάρχουν μόνον εἰς τὰ προεόρτια καὶ μεθέορτα τῆς Χριστοῦ Γεννήσεως, καὶ εἰς τὰ προεόρτια τῶν Θεοφανείων), ψάλλομεν τοὺς Αἴνους εἰς τὸν ἦχον τῶν στιχηρῶν·

Ψαλμός ρμη΄. (148)

Πᾶσα πνοὴ αἰνεσάτω τὸν Κύριον. Αἰνεῖτε τὸν Κύριον ἐκ τῶν οὐρανῶν· αἰνεῖτε Αὐτὸν ἐν τοῖς Ὑψίστοις. Σοὶ πρέπει ὕμνος τῷ Θεῷ.

Αἰνεῖτε Αὐτόν, πάντες οἱ Ἄγγελοι Αὐτοῦ· αἰνεῖτε Αὐτόν, πᾶσαι αἱ Δυνάμεις Αὐτοῦ. Σοὶ πρέπει ὕμνος τῷ Θεῷ.

[Αἰνεῖτε Αὐτόν, ἥλιος καὶ σελήνη·... (βλ. σ. 65, μέχρι καὶ τοῦ στίχου, Αἰνεῖτε τὸν Θεὸν ἐν τοῖς Ἁγίοις Αὐτοῦ)].

---

[161] Ἐὰν τύχει **ἐν τῷ Πεντηκοσταρίῳ**· Ἐξαποστειλάριον τῆς Ἑορτῆς συμφώνως μὲ τὴν διάταξιν τοῦ Πεντηκοσταρίου. Συμφώνως μὲ τὸ [ΤΓΡ, σ. 843] ἐξαποστειλάριον τοῦ Μηναίου καὶ τῆς Ἑορτῆς (ἅπαξ), καὶ ἐὰν οὐκ ἔχει τὸ Μηναῖον, ἐξαποστειλάριον τῆς Ἑορτῆς (δίς).

[162] Εἰς τὸ Πεντηκοστάριον (ἐὰν τύχει **ἐν τῷ Πεντηκοσταρίῳ**)· ψάλλονται οἱ Αἶνοι μετὰ τῶν στιχηρῶν, καὶ τῶν Δοξαστικῶν ὡς ἐν τῷ Πεντηκοσταρίῳ, καὶ ἀναγινώσκεται ἡ μικρὰ Δοξολογία.

Ἱστῶμεν **στίχους δ΄** καὶ ψάλλομεν τὰ **Στιχηρὰ τῶν Αἴνων** ἐκ τοῦ Μηναίου[163] (ἐὰν εἶναι τρία δευτέρωσε τὸ πρῶτον).

Στίχ. α΄. Αἰνεῖτε Αὐτὸν ἐπὶ ταῖς δυναστείαις Αὐτοῦ· αἰνεῖτε Αὐτὸν κατὰ τὸ πλῆθος τῆς μεγαλωσύνης Αὐτοῦ.

Στίχ. β΄. Αἰνεῖτε Αὐτὸν ἐν ἤχῳ σάλπιγγος· αἰνεῖτε Αὐτὸν ἐν ψαλτηρίῳ καὶ κιθάρᾳ.

Στίχ. γ΄. Αἰνεῖτε Αὐτὸν ἐν τυμπάνῳ καὶ χορῷ· αἰνεῖτε αὐτὸν ἐν χορδαῖς καὶ ὀργάνῳ.

Στίχ. δ΄. Αἰνεῖτε Αὐτὸν ἐν κυμβάλοις εὐήχοις· αἰνεῖτε Αὐτὸν ἐν κυμβάλοις ἀλαλαγμοῦ. Πᾶσα πνοὴ αἰνεσάτω τὸν Κύριον.

Δοξαστικά, ὡς ἐν τῷ Μηναίῳ[164].

Β΄.

Ἐὰν δὲν ὑπάρχουν στιχηρὰ Αἴνων εἰς τὸ Μηναῖον, ἀναγινώσκονται (χῦμα) οἱ Αἶνοι, ἄνευ στιχηρῶν·

Αἰνεῖτε τὸν Κύριον ἐκ τῶν οὐρανῶν· αἰνεῖτε Αὐτὸν ἐν τοῖς Ὑψίστοις.

Αἰνεῖτε Αὐτόν, πάντες οἱ Ἄγγελοι Αὐτοῦ· αἰνεῖτε Αὐτόν, πᾶσαι αἱ Δυνάμεις Αὐτοῦ.

Αἰνεῖτε Αὐτόν, ἥλιος καὶ σελήνη· αἰνεῖτε Αὐτόν, πάντα τὰ ἄστρα καὶ τὸ φῶς.... (συνέχεια εἰς τὴν σ. 65).

Εἶτα, **Δόξα. Καὶ νῦν**, μόνον.

Τέλος τῶν περιπτώσεων τῶν Αἴνων.

Εὐθὺς ἡ μικρὰ Δοξολογία.

---

[163] Ἐκ τοῦ Πεντηκοσταρίου, ἐὰν τύχει **ἐν τῷ Πεντηκοσταρίῳ**.
[164] Ὡς ἐν τῷ Πεντηκοσταρίῳ, ἐὰν τύχει **ἐν τῷ Πεντηκοσταρίῳ**.

Μικρὰ Δοξολογία

Ὁ ἀναγνώστης (χῦμα)·

Σοὶ δόξα πρέπει, Κύριε, ὁ Θεὸς ἡμῶν, καὶ Σοὶ τὴν δόξαν ἀναπέμπομεν, τῷ Πατρὶ καὶ τῷ Υἱῷ καὶ τῷ Ἁγίῳ Πνεύματι, νῦν καὶ ἀεὶ καὶ εἰς τοὺς αἰῶνας τῶν αἰώνων. Ἀμήν.

Δόξα ἐν ὑψίστοις Θεῷ, καὶ ἐπὶ γῆς εἰρήνη… (χῦμα, βλ. σ. 67).

Ὁ ἱερεὺς τὴν Δέησιν, ἤτοι τὰ «**Πληρωτικά**» (βλ. σ. 68), καὶ τὴν ἐκφώνησιν· **Σὸν γάρ ἐστι τὸ ἐλεεῖν…**

Ὁ ἀναγνώστης· Ἀμήν.

Ἀπόστιχα τῶν Αἴνων

Καὶ ψάλλονται τὰ **Ἀπόστιχα τῶν Αἴνων** μετὰ τῶν **Δοξαστικῶν** ὡς ἐν τῷ Μηναίῳ[164] (ἐὰν δὲν ἔχει τὸ Μηναῖον στίχους, βλ. σ. 70).

Ἀγαθὸν τὸ ἐξομολογεῖσθαι – Τρισάγιον

Εἶτα, ὁ ἱερεύς·

Ἀγαθὸν τὸ ἐξομολογεῖσθαι τῷ Κυρίῳ καὶ ψάλλειν τῷ ὀνόματί Σου, Ὕψιστε· τοῦ ἀναγγέλειν τὸ πρωῒ τὸ ἔλεός Σου καὶ τὴν ἀλήθειάν Σου κατὰ νύκτα.

Ὁ ἀναγνώστης, τὸ **Τρισάγιον**, (βλ. σ. 71).

Ὁ ἱερεύς· **Ὅτι Σοῦ ἐστιν ἡ Βασιλεία…**

Ὁ ἀναγνώστης· Ἀμήν.

Ἀπολυτίκια

Ἐὰν σήμερα λέγεται Ἀπολυτίκιον τῆς ἡμέρας τῆς ἑβδομάδος (–, βλ. σ. 38) ·

Ἀπολυτίκιον[165] τὸ Προεόρτιον ἢ τῆς Ἑορτῆς (ἅπαξ).

Ἐὰν ὅμως σήμερα λέγεται Ἀπολυτίκιον τοῦ Ἁγίου τοῦ Μηναίου (–⁚, βλ. σ. 38)·

Ἀπολυτίκιον τοῦ Ἁγίου.
Δόξα, Καὶ νῦν, τὸ Προεόρτιον ἢ τῆς Ἑορτῆς.

Καὶ ἄρχεται ἡ Θεία Λειτουργία[104].

Στοιχεῖα Θείας Λειτουργίας

[Τὰ Τυπικὰ καὶ οἱ Μακαρισμοί[166], **ἤ]**, τὰ συνήθη **Ἀντίφωνα**[167].

Εἰσοδικόν· Δεῦτε προσκυνήσωμεν[168]..., Σῶσον ἡμᾶς Υἱὲ Θεοῦ..., (*ὁ ἐν ἁγίοις θαυμαστός*, πλὴν τῶν μεθεόρτων τῶν Δεσποτικῶν Ἑορτῶν, τοῦ Εὐαγγελισμοῦ καὶ τῆς Ὑπαπαντῆς, ὅπου λέγεται μετὰ τοῦ <u>χαρακτηριστικοῦ τῆς Ἑορτῆς</u>, καὶ πλὴν

---

[165] Ἐὰν τύχει ἐν τῷ Πεντηκοσταρίῳ: α. ἐν μὲν τῇ ἑβδομάδι τοῦ Θωμᾶ, καὶ ἐν τοῖς μεθεόρτοις τῆς Μεσοπεντηκοστῆς, τῆς Ἀναλήψεως καὶ τῆς Πεντηκοστῆς, τὸ ἀπολυτίκιον τῆς Ἑορτῆς, β. τῇ ἑβδομάδι τῶν Μυροφόρων, τὸ Ταῖς Μυροφόροις γυναιξί, γ. ἐν τοῖς μεθεόρτοις τοῦ Παραλύτου, τῆς Σαμαρείτιδος καὶ τοῦ Τυφλοῦ, τὸ Ἀναστάσιμον τοῦ ἤχου.
[166] Ἱστῶμεν στίχους η΄ καὶ ψάλλομεν δ΄ τροπάρια ἐκ τῆς γ΄ ᾠδῆς, καὶ δ΄ ἐκ τῆς ς΄ ᾠδῆς τοῦ ἐν τῷ Ὄρθρῳ ψαλλέντος κανόνος τῆς Ἑορτῆς [ΤΓΡ, σ. 226].
[167] **Ἐν μεθεόρτοις**, τὰ ἀντίφωνα τῆς Ἑορτῆς [ΤΜΕ, σ. 49, καὶ ὑποσ. 3] ἅτινα ζήτει εἰς τὸ Μηναῖον εἰς τὴν κύριαν ἡμέραν τῆς Ἑορτῆς, ἢ τὰ συνήθη «Ἀγαθὸν τὸ ἐξομολογεῖσθαι», σ. 72.
[168] Ἐν τοῖς **μεθεόρτοις τῆς Πεντηκοστῆς**, κατ' ἐξαίρεσιν, Εἰσοδικὸν τὸ τῆς Ἑορτῆς [ΤΓΡ, σ. 872].

τῆς περιόδου τοῦ Πάσχα ὅπου λέγεται μετὰ τοῦ· <u>ὁ ἀναστὰς ἐκ νεκρῶν</u>).

Μετὰ τὴν εἴσοδον· Ἀπολυτίκια τὸ προεόρτιον ἢ τῆς Ἑορτῆς (ἐν μεθεόρτοις), τοῦ Ἁγίου τοῦ Μηναίου (ἐὰν λέγεται αὐτοῦ τὸ ἀπολυτίκιον (−⁝)[169]), καὶ τοῦ Ἁγίου τοῦ Ναοῦ.

Κοντάκιον· τὸ προεόρτιον ἢ τῆς Ἑορτῆς.

Τρισάγιον, Προκείμενον τῆς ἡμέρας. **Ἀπόστολος καὶ Εὐαγγέλιον**· τῆς ἡμέρας, ἢ ὡς ἐν τῷ Τυπικῷ ὁρίζεται[170].

Εἰς τὸ Ἐξαιρέτως· Ἄξιόν ἐστιν.

Κοινωνικόν· τῆς ἡμέρας (ἐν Σαββάτῳ· Ἀγαλλιᾶσθε δίκαιοι).

Μετὰ τὸ Σῶσον ὁ Θεός· Εἴδομεν τὸ Φῶς, πλὴν ἀπὸ τῆς Κυριακῆς τοῦ <u>Πάσχα</u> μέχρι τῆς ἀποδόσεως ποὺ λέγεται τὸ Χριστὸς ἀνέστη, καὶ ἀπὸ τῆς ἑορτῆς τῆς <u>Ἀναλήψεως</u> μέχρι τῆς ἀποδόσεώς της ποὺ λέγεται τὸ ἀπολυτίκιον τῆς Ἑορτῆς.

Ἐὰν δὲν τελεῖται Θεία Λειτουργία, βλ. σ. 75.

---

[169] Κατ' οἰκονομίαν καὶ εἰ βούλει, λέγε μόνον ἐνταῦθα τὸ Ἀπολυτίκιον τοῦ Ἁγίου (−) τοῦ Μηναίου.

[170] Εἰς ὅσες ἡμέρες ὑπάρχουν **προεόρτια ἢ μεθέορτα Εὐαγγέλια** (βλ. ἐπίσης τὸ βιβλίον τοῦ Ἀποστόλου), τότε ὡς ἐν τῷ Τυπικῷ ὁρίζεται.

Ψαλμοί ιθ΄ καί κ΄

Δεῦτε προσκυνήσωμεν καὶ προσπέσωμεν τῷ βασιλεῖ ἡμῶν Θεῷ.

Δεῦτε προσκυνήσωμεν καὶ προσπέσωμεν Χριστῷ τῷ βασιλεῖ ἡμῶν Θεῷ.

Δεῦτε προσκυνήσωμεν καὶ προσπέσωμεν αὐτῷ Χριστῷ τῷ βασιλεῖ καὶ Θεῷ ἡμῶν.

Ψαλμός ιθ΄. (19)

Ἐπακούσαι σου Κύριος ἐν ἡμέρᾳ θλίψεως, ὑπερασπίσαι σου τὸ ὄνομα τοῦ Θεοῦ Ἰακώβ.

Ἐξαποστείλαι σοι βοήθειαν ἐξ ἁγίου, καὶ ἐκ Σιὼν ἀντιλάβοιτό σου.

Μνησθείη πάσης θυσίας σου, καὶ τὸ ὁλοκαύτωμά σου πιανάτω.

Δῴη σοι Κύριος κατὰ τὴν καρδίαν σου, καὶ πᾶσαν τὴν βουλήν σου πληρώσαι.

Ἀγαλλιασόμεθα ἐπὶ τῷ σωτηρίῳ σου, καὶ ἐν ὀνόματι Κυρίου Θεοῦ ἡμῶν μεγαλυνθησόμεθα.

Πληρώσαι Κύριος πάντα τὰ αἰτήματά σου· νῦν ἔγνων, ὅτι ἔσωσε Κύριος τὸν χριστὸν αὐτοῦ.

Ἐπακούσεται αὐτοῦ ἐξ οὐρανοῦ ἁγίου αὐτοῦ, ἐν δυναστείαις ἡ σωτηρία τῆς δεξιᾶς αὐτοῦ.

Οὗτοι ἐν ἅρμασι καὶ οὗτοι ἐν ἵπποις, ἡμεῖς δὲ ἐν ὀνόματι Κυρίου Θεοῦ ἡμῶν μεγαλυνθησόμεθα.

Αὐτοὶ συνεποδίσθησαν καὶ ἔπεσον, ἡμεῖς δὲ ἀνέστημεν καὶ ἀνωρθώθημεν.

Κύριε, σῶσον τὸν βασιλέα καὶ ἐπάκουσον ἡμῶν, ἐν ᾗ ἂν ἡμέρᾳ ἐπικαλεσώμεθά σε.

Ψαλμός κ΄. (20)

Κύριε, ἐν τῇ δυνάμει σου εὐφρανθήσεται ὁ βασιλεύς, καὶ ἐπὶ τῷ σωτηρίῳ σου ἀγαλλιάσεται σφόδρα.

Τὴν ἐπιθυμίαν τῆς καρδίας αὐτοῦ ἔδωκας αὐτῷ, καὶ τὴν δέησιν τῶν χειλέων αὐτοῦ οὐκ ἐστέρησας αὐτόν.

Ὅτι προέφθασας αὐτὸν ἐν εὐλογίαις χρηστότητος, ἔθηκας ἐπὶ τὴν κεφαλὴν αὐτοῦ στέφανον ἐκ λίθου τιμίου.

Ζωὴν ᾐτήσατό σε, καὶ ἔδωκας αὐτῷ μακρότητα ἡμερῶν εἰς αἰῶνα αἰῶνος.

Μεγάλη ἡ δόξα αὐτοῦ ἐν τῷ σωτηρίῳ σου, δόξαν καὶ μεγαλοπρέπειαν ἐπιθήσεις ἐπ᾽ αὐτόν.

Ὅτι δώσεις αὐτῷ εὐλογίαν εἰς αἰῶνα αἰῶνος, εὐφρανεῖς αὐτὸν ἐν χαρᾷ μετὰ τοῦ προσώπου σου.

Ὅτι ὁ βασιλεὺς ἐλπίζει ἐπὶ Κύριον, καὶ ἐν τῷ ἐλέει τοῦ Ὑψίστου οὐ μὴ σαλευθῇ.

Εὑρεθείη ἡ χείρ σου πᾶσι τοῖς ἐχθροῖς σου, ἡ δεξιά σου εὕροι πάντας τοὺς μισοῦντάς σε.

Ὅτι θήσεις αὐτοὺς ὡς κλίβανον πυρὸς εἰς καιρὸν τοῦ προσώπου σου.

Κύριος ἐν ὀργῇ αὐτοῦ συνταράξει αὐτούς, καὶ καταφάγεται αὐτοὺς πῦρ.

Τὸν καρπὸν αὐτῶν ἀπὸ τῆς γῆς ἀπολεῖς, καὶ τὸ σπέρμα αὐτῶν ἀπὸ υἱῶν ἀνθρώπων.

Ὅτι ἔκλιναν εἰς σὲ κακά, διελογίσαντο βουλάς, αἷς οὐ μὴ δύνωνται στῆναι.

Ὅτι θήσεις αὐτοὺς νῶτον, ἐν τοῖς περιλοίποις σου ἑτοιμάσεις τὸ πρόσωπον αὐτῶν.

Ὑψώθητι, Κύριε, ἐν τῇ δυνάμει σου· ᾄσομεν καὶ ψαλοῦμεν τὰς δυναστείας σου.

Κοινὰ ἀπολυτίκια Ἁγίων ἐχόντων Μικρὰν Δοξολογίαν

Ἀπόστολε Ἅγιε (δεῖνα), πρέσβευε τῷ ἐλεήμονι Θεῷ, ἵνα πταισμάτων ἄφεσιν, παράσχῃ ταῖς ψυχαῖς ἡμῶν.

Ἀπόστολοι Ἅγιοι, πρεσβεύσατε τῷ ἐλεήμονι Θεῷ, ἵνα πταισμάτων ἄφεσιν, παράσχῃ ταῖς ψυχαῖς ἡμῶν.

Ἀπόστολε Ἅγιε καὶ Εὐαγγελιστὰ (δεῖνα), πρέσβευε τῷ ἐλεήμονι Θεῷ, ἵνα πταισμάτων ἄφεσιν, παράσχῃ ταῖς ψυχαῖς ἡμῶν.

Ἐν σοί, Μῆτερ ἀκριβῶς, διεσώθη τὸ κατ᾽ εἰκόνα· λαβοῦσα γὰρ τὸν Σταυρόν, ἠκολούθησας τῷ Χριστῷ, καὶ πράττουσα ἐδίδασκες, ὑπερορᾶν μὲν σαρκός· παρέρχεται γάρ· ἐπιμελεῖσθαι δὲ ψυχῆς, πράγματος ἀθανάτου· διὸ καὶ μετὰ Ἀγγέλων συναγάλλεται, Ὁσία (δεῖνα), τὸ πνεῦμά σου.

Ἐν σοί, Πάτερ ἀκριβῶς, διεσώθη τὸ κατ᾽ εἰκόνα· λαβὼν γὰρ τὸν Σταυρόν, ἠκολούθησας τῷ Χριστῷ, καὶ πράττων ἐδίδασκες, ὑπερορᾶν μὲν σαρκός, παρέρχεται γάρ· ἐπιμελεῖσθαι δὲ ψυχῆς, πράγματος ἀθανάτου· διὸ καὶ μετὰ Ἀγγέλων συναγάλλεται, Ὅσιε (δεῖνα) τὸ πνεῦμά σου.

Ἡ ἀμνάς Σου Ἰησοῦ, κράζει μεγάλῃ τῇ φωνῇ· Σὲ Νυμφίε μου ποθῶ, καὶ σὲ ζητοῦσα ἀθλῶ, καὶ συσταυροῦμαι, καὶ συνθάπτομαι τῷ βαπτισμῷ Σου, καὶ πάσχω διὰ Σέ, ὡς βασιλεύσω σὺν Σοί, καὶ θνήσκω ὑπὲρ Σοῦ, ἵνα καὶ ζήσω ἐν Σοί· ἀλλ' ὡς θυσίαν ἄμωμον προσδέχου, τὴν μετὰ πόθου τυθεῖσάν Σοι. Αὐτῆς πρεσβείαις, ὡς ἐλεήμων, σῶσον τὰς ψυχὰς ἡμῶν.

Εἰς ἱερομάρτυρα, ἦχος δ΄. Κανόνα πίστεως.

Καὶ τρόπων μέτοχος, καὶ θρόνων διάδοχος, τῶν Ἀποστόλων γενόμενος, τὴν πρᾶξιν εὗρες θεόπνευστε, εἰς θεωρίας ἐπίβασιν· διὰ τοῦτο τὸν λόγον τῆς ἀληθείας ὀρθοτομῶν, καὶ τῇ πίστει ἐνήθλησας μέχρις αἵματος, Ἱερομάρτυς (δεῖνα), πρέσβευε Χριστῷ τῷ Θεῷ, σωθῆναι τὰς ψυχὰς ἡμῶν.

Εἰς ἱεράρχην ὅσιον, ἦχος δ΄.

Κανόνα πίστεως, καὶ εἰκόνα πραότητος, ἐγκρατείας διδάσκαλον, ἀνέδειξέ σε τῇ ποίμνῃ σου, ἡ τῶν πραγμάτων ἀλήθεια· διὰ τοῦτο ἐκτήσω, τῇ ταπεινώσει τὰ ὑψηλά, τῇ πτωχείᾳ τὰ πλούσια. Πάτερ ἱεράρχα (δεῖνα), πρέσβευε Χριστῷ τῷ Θεῷ, σωθῆναι τὰς ψυχὰς ἡμῶν.

Εἰς μνήμην πολλῶν ἁγίων, ἦχος δ΄.

Ὁ Θεὸς τῶν Πατέρων ἡμῶν, ὁ ποιῶν ἀεὶ μεθ' ἡμῶν, κατὰ τὴν σὴν ἐπιείκειαν, μὴ ἀποστήσῃς τὸ ἔλεός Σου ἀφ' ἡμῶν· ἀλλὰ ταῖς αὐτῶν ἱκεσίαις, ἐν εἰρήνῃ, κυβέρνησον τὴν ζωὴν ἡμῶν.

Εἰς μάρτυρα, ἦχος δ΄. Ταχὺ προκατάλαβε.

Ὁ Μάρτυς Σου Κύριε ἐν τῇ ἀθλήσει αὐτοῦ, τὸ στέφος ἐκομίσατο τῆς ἀφθαρσίας, ἐκ Σοῦ τοῦ Θεοῦ ἡμῶν· ἔχων γὰρ τὴν ἰσχύν Σου, τοὺς τυράννους καθεῖλεν· ἔθραυσε καὶ δαιμόνων, τὰ ἀνίσχυρα θράση· αὐτοῦ ταῖς ἱκεσίαις, Χριστὲ ὁ Θεός, σῶσον τὰς ψυχὰς ἡμῶν.

Εἰς μάρτυρας, ἦχος δ΄. Ταχὺ προκατάλαβε.

Οἱ Μάρτυρές Σου Κύριε, ἐν τῇ ἀθλήσει αὐτῶν, στεφάνους ἐκομίσαντο τῆς ἀφθαρσίας, ἐκ Σοῦ τοῦ Θεοῦ ἡμῶν· σχόντες γὰρ τὴν ἰσχύν Σου, τοὺς τυράννους καθεῖλον· ἔθραυσαν καὶ δαιμόνων, τὰ ἀνίσχυρα θράση· αὐτῶν ταῖς ἱκεσίαις, Χριστὲ ὁ Θεός, σῶσον τὰς ψυχὰς ἡμῶν.

Εἰς ὅσιον, ἱεράρχην, ὁμολογητήν, ἦχος πλ. δ΄.

Ὀρθοδοξίας ὁδηγέ, εὐσεβείας διδάσκαλε καὶ σεμνότητος, τῆς οἰκουμένης ὁ φωστήρ, τῶν μοναζόντων (ἢ ἀρχιερέων) θεόπνευστον ἐγκαλλώπισμα, (δεῖνα) σοφέ, ταῖς διδαχαῖς σου πάντας ἐφώτισας, λύρα τοῦ Πνεύματος· πρέσβευε Χριστῷ τῷ Θεῷ, σωθῆναι τὰς ψυχὰς ἡμῶν.

Εἰς ὅσιον, ἦχος πλ. δ΄.

Ταῖς τῶν δακρύων σου ῥοαῖς, τῆς ἐρήμου τὸ ἄγονον ἐγεώργησας· καὶ τοῖς ἐκ βάθους στεναγμοῖς, εἰς ἑκατὸν τοὺς πόνους ἐκαρποφόρησας· καὶ γέγονας φωστήρ, τῇ οἰκουμένῃ λάμπων τοῖς θαύμασιν, (δεῖνα) Πατὴρ ἡμῶν ὅσιε· πρέσβευε Χριστῷ τῷ Θεῷ, σωθῆναι τὰς ψυχὰς ἡμῶν.

Εἰς μάρτυρας, ἦχος α΄.

Τὰς ἀλγηδόνας τῶν Ἁγίων, ἃς ὑπὲρ Σοῦ ἔπαθον, δυσωπήθητι Κύριε, καὶ πάσας ἡμῶν τὰς ὀδύνας, ἴασαι Φιλάνθρωπε δεόμεθα.

Εἰς ὅσιον, ἦχος α΄. Τοῦ λίθου σφραγισθέντος.

Τῆς ἐρήμου πολίτης, καὶ ἐν σώματι ἄγγελος, καὶ θαυματουργὸς ἀνεδείχθης, θεοφόρε Πατὴρ ἡμῶν (δεῖνα)· νηστείᾳ, ἀγρυπνίᾳ, προσευχῇ, οὐράνια χαρίσματα λαβών, θεραπεύεις τοὺς νοσοῦντας, καὶ τὰς ψυχὰς τῶν πίστει προστρεχόντων σοι. Δόξα Τῷ δεδωκότι σοι ἰσχύν· δόξα Τῷ σὲ στεφανώσαντι· δόξα Τῷ ἐνεργοῦντι διὰ σοῦ πᾶσιν ἰάματα.

Εἰς προφήτην, ἦχος β΄.

Τοῦ Προφήτου Σου (δεῖνος) τὴν μνήμην, Κύριε ἑορτάζοντες, δι’ αὐτοῦ Σὲ δυσωποῦμεν· σῶσον τὰς ψυχὰς ἡμῶν.

Εἰς μάρτυρας, ἦχος πλ. α΄. Τὸν συνάναρχον.

Τῶν Ἁγίων Μαρτύρων τὰ κατορθώματα, οὐρανῶν αἱ Δυνάμεις ὑπερεθαύμασαν, ὅτι ἐν σώματι θνητῷ, τὸν ἀσώματον ἐχθρόν, τῇ δυνάμει τοῦ Σταυροῦ, ἀγωνισάμενοι καλῶς, ἐνίκησαν ἀοράτως· καὶ πρεσβεύουσι τῷ Κυρίῳ, ἐλεηθῆναι τὰς ψυχὰς ἡμῶν.

«Παναγία Δέσποινα Θεοτόκε, ἀποδίωξον τοὺς πονηροὺς καὶ ἀκαθάρτους λογισμοὺς ἀπὸ τῆς ἀθλίας καὶ ταλαιπώρου μου ψυχῆς, καὶ καρδίας, καὶ κατάσβεσόν μου τὴν φλόγα τῶν παθῶν, καὶ ἐλέησόν με, ὅτι ἀσθενὴς καὶ ταλαίπωρός εἰμι ἐγώ· καὶ ῥῦσαί με ἀπὸ τῶν ἐπερχομένων μοι πονηρῶν ἐνθυμήσεων καὶ προλήψεων· ὅτι Ὑπερευλογημένη, ὑπάρχεις, καὶ τὸ ὄνομά Σου τὸ ἅγιον δεδοξασμένον εἰς τοὺς αἰῶνας τῶν αἰώνων. Ἀμήν.»

Τριῴδιον τὸ Κατανυκτικόν, Δευτέρα τῆς Α΄ Ἑβδομάδος ἑσπέρας.

«Ἔνδοξε Ἀειπάρθενε Θεοτόκε, Μήτηρ Χριστοῦ τοῦ Θεοῦ ἡμῶν, προσάγαγε τὴν ἡμετέραν προσευχὴν τῷ Υἱῷ Σου καὶ Θεῷ ἡμῶν, ἵνα σώσῃ διὰ Σοῦ τὰς ψυχὰς ἡμῶν».

Τριῴδιον τὸ Κατανυκτικόν, Δευτέρα τῆς Α΄ Ἑβδομάδος ἑσπέρας

Θεοτοκία εἰς ἕκαστον ἦχον ψαλλόμενα ἐν ὅλῳ τῷ ἐνιαυτῷ, εἰς τὸ Θεὸς Κύριος, μετὰ τὰ Ἀπολυτίκια τῶν Ἁγίων ἐχόντων Μικρὰν Δοξολογίαν

Εἰς τὸν Α´ ἦχον.

Τῇ Δευτέρᾳ.[171]

Θαῦμα θαυμάτων Κεχαριτωμένη, ἐν Σοὶ θεωροῦσα ἡ κτίσις ἀγάλλεται· συνέλαβες γὰρ ἀσπόρως, καὶ ἔτεκες ἀφράστως, Ὃν ταξιαρχίαι Ἀγγέλων, ὁρᾶν οὐ δεδύνηνται· Αὐτὸν ἱκέτευε ὑπὲρ τῶν ψυχῶν ἡμῶν.

Τῇ Τρίτῃ.

Συλλαβοῦσα ἀφλέκτως, τὸ πῦρ τῆς Θεότητος, καὶ τεκοῦσα ἀσπόρως, πηγὴν ζωῆς τὸν Κύριον, κεχαριτωμένη Θεοτόκε, περίσωζε τοὺς Σὲ μεγαλύνοντας.

Τῇ Τετάρτῃ καὶ τῇ Παρασκευῇ.

Οἱ τὴν Σὴν προστασίαν, κεκτημένοι Ἄχραντε, καὶ ταῖς Σαῖς ἱκεσίαις, τῶν δεινῶν ἐκλυτρούμενοι, τῷ Σταυρῷ τοῦ Υἱοῦ Σου, ἐν παντὶ φρουρούμενοι, κατὰ χρέος Σε πάντες, εὐσεβῶς μεγαλύνομεν.

Τῇ Πέμπτῃ.

Συλλαβοῦσα ἀφλέκτως,... (ὡς τῇ Τρίτῃ).

---

[171] Περιέχονται εἰς τὸ τέλος τῆς Παρακλητικῆς. Ἐπίσης περιέχονται εἰς τὸ Μ. Ὡρολόγιον, κεφάλαιον (μετὰ τὸ Πεντηκοστάριον) «ΘΕΟΤΟΚΙΑ εἰς ἕκαστον ἦχον ψαλλόμενα ἐν ὅλῳ τῷ ἐνιαυτῷ, μετὰ τὰ Ἀπολυτίκια τῶν μὴ ἑορταζομένων Ἁγίων» («εἰς τὸ Θεὸς Κύριος»).

Τῷ Σαββάτῳ.
(τό α΄ Θεοτοκίον τοῦ ἤχου)

Τοῦ Γαβριὴλ φθεγξαμένου Σοι Παρθένε τὸ Χαῖρε, σὺν τῇ φωνῇ ἐσαρκοῦτο ὁ τῶν ὅλων Δεσπότης, ἐν Σοὶ τῇ ἁγίᾳ κιβωτῷ, ὡς ἔφη ὁ δίκαιος Δαυΐδ. Ἐδείχθης πλατυτέρα τῶν οὐρανῶν, βαστάσασα τὸν Κτίστην Σου. Δόξα τῷ ἐνοικήσαντι ἐν Σοί· δόξα τῷ προελθόντι ἐκ Σοῦ· δόξα τῷ ἐλευθερώσαντι ἡμᾶς, διὰ τοῦ τόκου Σου.

Εἰς τὸν Β΄ ἦχον.

Τῇ Δευτέρᾳ.

Εὐσπλαγχνίας ὑπάρχουσα πηγή, συμπαθείας ἀξίωσον ἡμᾶς Θεοτόκε· βλέψον εἰς λαὸν τὸν ἁμαρτήσαντα, δεῖξον ὡς ἀεὶ τὴν δυναστείαν Σου· εἰς Σὲ γὰρ ἐλπίζοντες, τὸ Χαῖρε βοῶμέν Σοι, ὥς ποτε ὁ Γαβριήλ, ὁ τῶν Ἀσωμάτων ἀρχιστράτηγος.

Τῇ Τρίτῃ.

Θείας γεγόναμεν κοινωνοὶ φύσεως, διὰ Σοῦ Θεοτόκε ἀειπάρθενε· Θεὸν γὰρ ἡμῖν σεσαρκωμένον τέτοκας· διὸ κατὰ χρέος Σε πάντες, εὐσεβῶς μεγαλύνομεν.

Τῇ Τετάρτῃ καὶ τῇ Παρασκευῇ.

Ὑπερδεδοξασμένη ὑπάρχεις, Θεοτόκε Παρθένε, ὑμνοῦμέν Σε· διὰ γὰρ τοῦ Σταυροῦ τοῦ Υἱοῦ Σου, κατεβλήθη ὁ Ἅδης, καὶ ὁ θάνατος τέθνηκε· νεκρωθέντες ἀνέστημεν, καὶ ζωῆς ἠξιώθημεν· τὸν Παράδεισον ἐλάβομεν, τὴν ἀρχαίαν ἀπόλαυσιν· διὸ εὐχαριστοῦντες δοξολογοῦμεν, ὡς κραταιὸν Χριστὸν τὸν Θεὸν ἡμῶν, καὶ μόνον πολυέλεον.

Τῇ Πέμπτῃ.

Θείας γεγόναμεν κοινωνοὶ φύσεως,... (ὡς τῇ Τρίτῃ).

Τῷ Σαββάτῳ.
(τό α΄ Θεοτοκίον τοῦ ἤχου)

Πάντα ὑπὲρ ἔννοιαν, πάντα ὑπερένδοξα, τὰ Σὰ Θεοτόκε μυστήρια· τῇ ἁγνείᾳ ἐσφραγισμένη, καὶ παρθενίᾳ φυλαττομένη, Μήτηρ ἐγνώσθης ἀψευδής, Θεὸν τεκοῦσα ἀληθινόν· Αὐτὸν ἱκέτευε σωθῆναι τὰς ψυχὰς ἡμῶν.

Εἰς τὸν Γ΄ ἦχον.

Τῇ Δευτέρᾳ.

Τὴν ὡραιότητα τῆς παρθενίας Σου, καὶ τὸ ὑπέρλαμπρον τὸ τῆς ἁγνείας Σου, ὁ Γαβριὴλ καταπλαγείς, ἐβόα Σοι Θεοτόκε· Ποῖόν Σοι ἐγκώμιον, προσαγάγω ἐπάξιον; τί δέ ὀνομάσω Σε; ἀπορῶ καὶ ἐξίσταμαι· διὸ ὡς προσετάγην βοῶ Σοι· Χαῖρε ἡ Κεχαριτωμένη.

Τῇ Τρίτῃ.

Καταφυγὴ καὶ δύναμις ἡμῶν Θεοτόκε, ἡ κραταιὰ βοήθεια τοῦ κόσμου, ταῖς πρεσβείαις Σου σκέπε τοὺς δούλους Σου, ἀπὸ πάσης ἀνάγκης, μόνη εὐλογημένη.

Τῇ Τετάρτῃ καὶ τῇ Παρασκευῇ.

Ῥάβδον δυνάμεως κεκτημένοι, τὸν Σταυρὸν τοῦ Υἱοῦ Σου Θεοτόκε, ἐν αὐτῷ καταβάλλομεν, τῶν ἐχθρῶν τὰ φρυάγματα, οἱ πόθῳ Σε ἀπαύστως μεγαλύνοντες.

Τῇ Πέμπτῃ.

Προφῆται προεκήρυξαν, Ἀπόστολοι ἐδίδαξαν, Μάρτυρες ὡμολόγησαν, καὶ ἡμεῖς ἐπιστεύσαμεν, Θεοτόκον Σε κυρίως ὑπάρχουσαν· διὸ καὶ μεγαλύνομεν, τὸν Τόκον Σου τὸν ἄφραστον.

Τῷ Σαββάτῳ.
(τό α΄ Θεοτοκίον τοῦ ἤχου)

Σὲ τὴν μεσιτεύσασαν τὴν σωτηρίαν τοῦ γένους ἡμῶν, ἀνυμνοῦμεν Θεοτόκε Παρθένε· ἐν τῇ σαρκὶ γὰρ τῇ ἐκ Σοῦ προσληφθείσῃ, ὁ Υἱός Σου καὶ Θεὸς ἡμῶν, τὸ διὰ Σταυροῦ καταδεξάμενος πάθος, ἐλυτρώσατο ἡμᾶς, ἐκ φθορᾶς ὡς Φιλάνθρωπος.

Εἰς τὸν Δ΄ ἦχον.

Τῇ Δευτέρᾳ.

Τῇ ἀνατραφείσῃ ἐν τῷ ναῷ, εἰς τὰ Ἅγια τῶν Ἁγίων, τῇ περιβεβλημένῃ τὴν πίστιν καὶ τὴν σοφίαν, καὶ τὴν ἄμεμπτον παρθενίαν, ὁ ἀρχιστράτηγος Γαβριήλ, προσέφερεν οὐρανόθεν, τὸν ἀσπασμὸν καὶ τὸ χαῖρε· Χαῖρε εὐλογημένη, χαῖρε δεδοξασμένη, ὁ Κύριος μετὰ Σοῦ.

Τῇ Τρίτῃ.

Τῇ Θεοτόκῳ ἐκτενῶς, νῦν προσδράμωμεν, ἁμαρτωλοὶ καὶ ταπεινοί, καὶ προσπέσωμεν ἐν μετανοίᾳ, κράζοντες ἐκ βάθους ψυχῆς· Δέσποινα βοήθησον, ἐφ᾽ ἡμῖν σπλαγχνισθεῖσα· σπεῦσον ἀπολλύμεθα, ὑπὸ πλήθους πταισμάτων· μὴ ἀποστρέψῃς Σοὺς δούλους κενούς· Σὲ γὰρ καὶ μόνην ἐλπίδα κεκτήμεθα.

Τῇ Τετάρτῃ καὶ τῇ Παρασκευῇ.

Παρθένε πανάμωμε, Μήτηρ Χριστοῦ τοῦ Θεοῦ, ρομφαία διῆλθέ Σου, τὴν παναγίαν ψυχήν, ἡνίκα σταυρούμενον, ἔβλεψας ἐκουσίως, τὸν Υἱὸν καὶ Θεόν Σου· ὅν περ εὐλογημένη, δυσωποῦσα μὴ παύσῃ, συγχώρησιν πταισμάτων, ἡμῖν δωρήσασθαι.

Τῇ Πέμπτῃ.

Τὸν Λόγον τοῦ Πατρός, Χριστὸν τὸν Θεὸν ἡμῶν, ἐκ Σοῦ σαρκωθέντα ἔγνωμεν, Θεοτόκε Παρθένε, μόνη ἁγνή, μόνη εὐλογημένη· διὸ ἀπαύστως, Σὲ ἀνυμνοῦντες μεγαλύνομεν.

Τῷ Σαββάτῳ.
(τό α΄ Θεοτοκίον τοῦ ἤχου)

Τὸ ἀπ᾽ αἰῶνος ἀπόκρυφον, καὶ Ἀγγέλοις ἄγνωστον μυστήριον, διὰ Σοῦ Θεοτόκε, τοῖς ἐπὶ γῆς πεφανέρωται· Θεός, ἐν ἀσυγχύτῳ ἑνώσει σαρκούμενος, καὶ Σταυρὸν ἑκουσίως ὑπὲρ ἡμῶν καταδεξάμενος· δι᾽ οὗ ἀναστήσας τὸν Πρωτόπλαστον, ἔσωσεν ἐκ θανάτου τὰς ψυχὰς ἡμῶν.

Εἰς τὸν πλάγιον Α΄ ἦχον.

Τῇ Δευτέρᾳ.

Μετὰ Ἀγγέλων τὰ οὐράνια, μετὰ ἀνθρώπων τὰ ἐπίγεια, ἐν φωνῇ ἀγαλλιάσεως, Θεοτόκε βοῶμέν Σοι· Χαῖρε πύλη, τῶν οὐρανῶν πλατυτέρα· χαῖρε μόνη, τῶν γηγενῶν σωτηρία· χαῖρε Σεμνὴ κεχαριτωμένη, ἡ τεκοῦσα Θεὸν σεσαρκωμένον.

Τῇ Τρίτῃ.

Τὴν ταχεῖάν Σου σκέπην καὶ τὴν βοήθειαν, καὶ τὸ ἔλεος δεῖξον ἐπὶ τοὺς δούλους Σου, καὶ τὰ κύματα ἀγνὴ καταπράϋνον, τῶν ματαίων λογισμῶν· καὶ τὴν πεσοῦσάν μου ψυχὴν ἀνάστησον Θεοτόκε· οἶδα γὰρ ὅτι Παρθένε, ἰσχύεις ὅσα καὶ βούλεσαι.

Τῇ Τετάρτῃ καὶ τῇ Παρασκευῇ.

Τῷ Σταυρῷ τοῦ Υἱοῦ Σου Θεοχαρίτωτε, τῶν εἰδώλων ἡ πλάνη πᾶσα κατήργηται, καὶ τῶν δαιμόνων ἡ ἰσχὺς καταπεπάτηται· διὰ τοῦτο οἱ πιστοί, κατὰ χρέος Σε ἀεί, ὑμνοῦμεν καὶ εὐλογοῦμεν, καὶ Θεοτόκον κυρίως, ὁμολογοῦντες Σὲ μεγαλύνομεν.

Τῇ Πέμπτῃ.

Τὸ ξένον τῆς Παρθένου μυστήριον, τῷ κόσμῳ ἀνεδείχθη σωτήριον· ἐξ Αὐτῆς γὰρ ἐτέχθης ἄνευ σπορᾶς, καὶ σαρκὶ ἀνεδείχθης, δίχα φθορᾶς, ἡ πάντων χαρά. Κύριε δόξα Σοι.

Τῷ Σαββάτῳ.
(τό α΄ Θεοτοκίον τοῦ ἤχου)

Χαῖρε πύλη Κυρίου ἡ ἀδιόδευτος· Χαῖρε τεῖχος καὶ σκέπη τῶν προστρεχόντων εἰς Σέ· Χαῖρε ἀχείμαστε λιμήν, καὶ ἀπειρόγαμε· ἡ τεκοῦσα ἐν σαρκὶ τὸν Ποιητήν Σου καὶ Θεόν, πρεσβεύουσα μὴ ἐλλείπῃς, ὑπὲρ τῶν ἀνυμνούντων, καὶ προσκυνούντων τὸν τόκον Σου.

Εἰς τὸν πλάγιον Β΄ ἦχον.

Τῇ Δευτέρᾳ.

Ἀρχὴ σωτηρίας, ἡ τοῦ Γαβριὴλ προσηγορία, πρὸς τὴν Παρθένον γέγονεν· ἤκουσε γὰρ τὸ Χαῖρε, καὶ οὐκ ἀπέφυγε τὸν ἀσπασμόν· οὐκ ἐδίστασεν ὡς ἡ Σάῤῥα ἐν τῇ σκηνῇ, ἀλλ' οὕτως ἔλεγεν· Ἰδοὺ ἡ δούλη Κυρίου, γένοιτό μοι κατὰ τὸ ῥῆμά σου.

Τῇ Τρίτῃ.

Ἐλπὶς τοῦ κόσμου ἀγαθή, Θεοτόκε Παρθένε, τὴν Σὴν καὶ μόνην κραταιὰν προστασίαν αἰτοῦμεν· σπλαγχνίσθητι εἰς ἀπροστάτευτον λαόν· δυσώπησον τὸν ἐλεήμονα Θεόν, ῥυσθῆναι τὰς ψυχὰς ἡμῶν, ἐκ πάσης ἀπειλῆς, μόνη εὐλογημένη.

Τῇ Τετάρτῃ καὶ τῇ Παρασκευῇ.

Θεοτόκε Παρθένε, ἱκέτευε τὸν Υἱόν Σου, τὸν ἑκουσίως προσπαγέντα ἐν Σταυρῷ, καὶ τὸν κόσμον ἐκ πλάνης ἐλευθερώσαντα, Χριστὸν τὸν Θεὸν ἡμῶν, τοῦ ἐλεῆσαι τὰς ψυχὰς ἡμῶν.

Τῇ Πέμπτῃ.

Ἁγία Δέσποινα ἁγνή, τοῦ Θεοῦ ἡμῶν Μήτηρ, ἡ τὸν ἁπάντων Ποιητήν, ἀποῤῥήτως τεκοῦσα, ἱκέτευε σὺν Ἀποστόλοις ἱεροῖς, ἑκάστοτε τὴν ἀγαθότητα Αὐτοῦ, παθῶν ἡμᾶς λυτρώσασθαι, καὶ ἄφεσιν ἡμῖν, δοῦναι ἁμαρτημάτων.

Τῷ Σαββάτῳ.

Προϊστορεῖ ὁ Γεδεὼν τὴν σύλληψιν, καὶ ἑρμηνεύει ὁ Δαυΐδ, τὸν Τόκον Σου Θεοτόκε· κατέβη γὰρ ὡς ὑετὸς ἐπὶ πόκον, ὁ Λόγος ἐν τῇ γαστρί Σου, καὶ ἐβλάστησας ἄνευ σπορᾶς γῆ ἁγία, τοῦ κόσμου τὴν σωτηρίαν, Χριστὸν τὸν Θεὸν ἡμῶν, ἡ Κεχαριτωμένη.

Εἰς τὸν Βαρὺν ἦχον.

Τῇ Δευτέρᾳ.

Θεοτόκε Παρθένε ἀμίαντε, τὸν Υἱόν Σου δυσώπει, σὺν ταῖς ἄνω Δυνάμεσι, συγχώρησιν πταισμάτων ἡμῖν, πρὸ τοῦ τέλους δωρήσασθαι, τοῖς πιστῶς Σε δοξάζουσι.

Τῇ Τρίτῃ.

Τὸ Χαῖρέ Σοι προσάγομεν Θεοτόκε· τῶν Ἀγγέλων γὰρ ἀνωτέρα ἐδείχθης, Θεὸν κυήσασα.

Τῇ Τετάρτῃ καὶ τῇ Παρασκευῇ.

Τὸν σταυρωθέντα ὑπὲρ ἡμῶν, Χριστὸν τὸν Θεόν, καὶ καθελόντα τοῦ θανάτου τὸ κράτος, ἀπαύστως ἱκέτευε Θεοτόκε Παρθένε, ἵνα σώσῃ τὰς ψυχὰς ἡμῶν.

Τῇ Πέμπτῃ.

Ὁ καρπὸς τῆς κοιλίας Σου Ἄχραντε, τῶν Προφητῶν ὑπάρχει, καὶ τοῦ νόμου τὸ πλήρωμα· διό Σε Θεοτόκον, ἐν ἐπιγνώσει δοξάζοντες, εὐσεβῶς μεγαλύνομεν.

Τῷ Σαββάτῳ.
(τό α΄ Θεοτοκίον τοῦ ἤχου)

Ὡς τῆς ἡμῶν ἀναστάσεως θησαύρισμα, τοὺς ἐπὶ Σοὶ πεποιθότας Πανύμνητε, ἐκ λάκκου καὶ βυθοῦ πταισμάτων ἀνάγαγε· Σὺ γὰρ τοὺς ὑπευθύνους τῇ ἁμαρτίᾳ, ἔσωσας τεκοῦσα τὴν σωτηρίαν, ἡ πρὸ τόκου Παρθένος, καὶ ἐν τόκῳ Παρθένος, καὶ μετὰ τόκον πάλιν οὖσα Παρθένος.

Εἰς τὸν πλάγιον Δ΄ ἦχον.

Τῇ Δευτέρᾳ.

Χαῖρε, ἡ δι᾽ Ἀγγέλου, τὴν χαρὰν τοῦ κόσμου δεξαμένη· χαῖρε, ἡ τεκοῦσα, τὸν Ποιητήν Σου καὶ Κύριον· χαῖρε ἡ ἀξιωθεῖσα, γενέσθαι Μήτηρ Θεοῦ.

Τῇ Τρίτῃ.

Τὸ ἀσάλευτον στήριγμα τὸ τῆς Πίστεως, καὶ σεβάσμιον δώρημα τῶν ψυχῶν ἡμῶν, τὴν Θεοτόκον ἐν ὕμνοις μεγαλύνωμεν πιστοί· Χαῖρε ἡ τὴν πέτραν τῆς ζωῆς, ἐν γαστρί Σου χωρήσασα· χαῖρε τῶν περάτων ἡ ἐλπίς, θλιβομένων ἀντίληψις· χαῖρε Νύμφη ἀνύμφευτε.

Τῇ Τετάρτῃ καὶ τῇ Παρασκευῇ.

Τὸν Ἀμνὸν καὶ Ποιμένα, καὶ Σωτῆρα τοῦ κόσμου, ἐν τῷ Σταυρῷ θεωροῦσα, ἡ τεκοῦσα ἔλεγε δακρύουσα· Ὁ μὲν κόσμος ἀγάλλεται, δεχόμενος τὴν λύτρωσιν, τὰ δὲ σπλάγχνα μου φλέγονται, ὁρώσης Σου τὴν Σταύρωσιν, ἣν ὑπὲρ πάντων ὑπομένεις, ὁ Υἱὸς καὶ Θεός μου.

Τῇ Πέμπτῃ.

Ἡ νοητὴ πύλη τῆς ζωῆς, Ἄχραντε Θεοτόκε, τοὺς προστρέχοντάς Σοι πιστῶς, λύτρωσαι τῶν κινδύνων, ἵνα δοξάζωμεν τὸν πανάγιον Τόκον Σου, εἰς σωτηρίαν τῶν ψυχῶν ἡμῶν.

Τῷ Σαββάτῳ.
(τό α΄ Θεοτοκίον τοῦ ἤχου)

Ὁ δι᾽ ἡμᾶς γεννηθεὶς ἐκ Παρθένου, καὶ Σταύρωσιν ὑπομείνας Ἀγαθέ, ὁ θανάτῳ τὸν θάνατον σκυλεύσας, καὶ ἔγερσιν δείξας ὡς Θεός, μὴ παρίδῃς οὓς ἔπλασας τῇ χειρί Σου· δεῖξον τὴν φιλανθρωπίαν Σου Ἐλεῆμον· δέξαι τὴν τεκοῦσάν Σε Θεοτόκον, πρεσβεύουσαν ὑπὲρ ἡμῶν, καὶ σῶσον Σωτὴρ ἡμῶν, λαὸν ἀπεγνωσμένον.

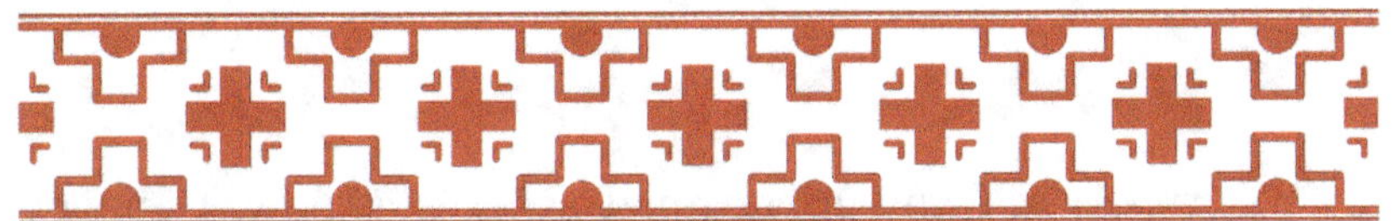

Θεοτοκία εἰς ἕκαστον ἦχον ψαλλόμενα ἐν ὅλῳ τῷ ἐνιαυτῷ, εἰς τὸ τέλος τοῦ Ὄρθρου, μετὰ τὰ Ἀπολυτίκια τῶν Ἁγίων ἐχόντων Μικρὰν Δοξολογίαν

Εἰς τὸν Α΄ ἦχον.

Τῇ Δευτέρᾳ.[172]

Ἄχραντε Θεοτόκε, ἡ ἐν οὐρανοῖς εὐλογημένη, καὶ ἐπὶ γῆς δοξολογουμένη, χαῖρε Νύμφη ἀνύμφευτε.

Τῇ Τρίτῃ.

Τὸν ἀμήτορα ἐν οὐρανῷ, ὑπὲρ ἔννοιαν καὶ ἀκοήν, ἐπὶ γῆς ἀπάτορα ἔτεκες. Αὐτὸν Θεοτόκε ἱκέτευε, ὑπὲρ τῶν ψυχῶν ἡμῶν.

Τῇ Τετάρτῃ καὶ τῇ Παρασκευῇ.

Ἄχραντε Θεοτόκε, ἡ ἐν οὐρανοῖς ... (ὡς τῇ Δευτέρᾳ).

Τῇ Πέμπτῃ.

Τὸν ἀμήτορα ἐν οὐρανῷ, ... (ὡς τῇ Τρίτῃ).

Τῷ Σαββάτῳ.

Τὸν ἀμήτορα ἐν οὐρανῷ, ... (ὡς τῇ Τρίτῃ).

Εἰς τὸν Β΄ ἦχον.

---

[172] Περιέχονται εἰς τὸ τέλος τῆς Παρακλητικῆς. Ἐπίσης περιέχονται εἰς τὸ Μ. Ὡρολόγιον, κεφάλαιον (μετὰ τὸ Πεντηκοστάριον) «ΘΕΟΤΟΚΙΑ εἰς ἕκαστον ἦχον ψαλλόμενα ἐν ὅλῳ τῷ ἐνιαυτῷ, μετὰ τὰ Ἀπολυτίκια τῶν μὴ ἑορταζομένων Ἁγίων» («εἰς τὸ τέλος τοῦ Ὄρθρου»).

Τῇ Δευτέρᾳ.

Μήτηρ ἁγία, ἡ τοῦ ἀφράστου Φωτός, ἀγγελικοῖς Σε ὕμνοις τιμῶντες, εὐσεβῶς μεγαλύνομεν.

Τῇ Τρίτῃ.

Σὲ μεγαλύνομεν Θεοτόκε βοῶντες· Χαῖρε ἀδύτου φωτὸς νεφέλη, Αὐτὸν βαστάσασα ἐν κόλποις, τῆς δόξης τὸν Κύριον.

Τῇ Τετάρτῃ καὶ τῇ Παρασκευῇ.

Σὲ μεγαλύνομεν Θεοτόκε βοῶντες· Χαῖρε ἡ ῥάβδος, ἐξ ἧς ἀσπόρως Θεὸς βλαστήσας, ἀνεῖλεν ἐν Ξύλῳ τὸν θάνατον.

Τῇ Πέμπτῃ.

Σὲ μεγαλύνομεν Θεοτόκε,... ἀδύτου ... (ὡς τῇ Τρίτῃ).

Τῷ Σαββάτῳ.

Μήτηρ ἁγία, ἡ τοῦ ἀφράστου Φωτός ... (ὡς τῇ Δευτέρᾳ).

Εἰς τὸν Γ΄ ἦχον.

Τῇ Δευτέρᾳ.

Ἕκαστος ὅπου σῴζεται, ἐκεῖ δικαίως καὶ προστρέχει· καὶ ποία ἄλλη τοιαύτη καταφυγή, ὡς Σὺ Θεοτόκε, σκέπουσα τὰς ψυχὰς ἡμῶν;

Τῇ Τρίτῃ.

Ἕκαστος ὅπου σῴζεται, ... (ὡς τῇ Δευτέρᾳ).

Τῇ Τετάρτῃ καὶ τῇ Παρασκευῇ.

Καταφυγὴ καὶ δύναμις ἡμῶν Θεοτόκε, ἡ κραταιὰ βοήθεια τοῦ κόσμου, ταῖς πρεσβείαις Σου σκέπε τοὺς δούλους Σου, ἀπὸ πάσης ἀνάγκης, μόνη εὐλογημένη.

Τῇ Πέμπτῃ.

Ἕκαστος ὅπου σῴζεται, ... (ὡς τῇ Δευτέρᾳ).

Τῷ Σαββάτῳ.

Προφῆται προεκήρυξαν, Ἀπόστολοι ἐδίδαξαν, Μάρτυρες ὡμολόγησαν, καὶ ἡμεῖς ἐπιστεύσαμεν, Θεοτόκον Σε κυρίως ὑπάρχουσαν· διὸ καὶ μεγαλύνομεν, τὸν Τόκον Σου τὸν ἄφραστον.

Εἰς τὸν Δ΄ ἦχον.

Τῇ Δευτέρᾳ.

Ὅτι πάντων ὑπάρχεις τῶν ποιημάτων ὑπερτέρα, ἀνυμνεῖν Σε ἀξίως, μὴ εὐποροῦντες Θεοτόκε, δωρεὰν αἰτοῦμέν Σε, ἐλέησον ἡμᾶς.

Τῇ Τρίτῃ.

Σὲ μεγαλύνομεν, Θεοτόκε, βοῶντες· Σὺ εἶ ἡ βάτος, ἐν ᾗ ἀφλέκτως Μωσῆς, κατεῖδεν ὡς φλόγα τὸ πῦρ τῆς Θεότητος.

Τῇ Τετάρτῃ καὶ τῇ Παρασκευῇ.

Σὲ μεγαλύνομεν, Θεοτόκε, βοῶντες· Σὺ εἶ τὸ ὄρος, ἐξ οὗ ἀρρήτως ἐτμήθη λίθος, καὶ πύλας τοῦ Ἅδου συνέτριψε.

Τῇ Πέμπτῃ.

Ὅτι πάντων ὑπάρχεις ... (ὡς τῇ Δευτέρᾳ).

Τῷ Σαββάτῳ.

Σὲ μεγαλύνομεν, Θεοτόκε, ... ἡ βάτος ... (ὡς τῇ Τρίτῃ).

Εἰς τὸν πλάγιον Α΄ ἦχον.

Τῇ Δευτέρᾳ.

Ὁ ἐκ Παρθένου ἀνατείλας τῷ κόσμῳ, Χριστὲ ὁ Θεός, υἱοὺς φωτὸς δι’ Αὐτῆς ἀναδείξας, ἐλέησον ἡμᾶς.

Τῇ Τρίτῃ.

Μήτηρ Θεοῦ Παναγία, τὸ τεῖχος τῶν Χριστιανῶν, ῥῦσαι λαόν Σου συνήθως, κραυγάζοντά Σοι ἐκτενῶς· Ἀντιτάχθητι αἰσχροῖς, καὶ ἀλαζόσι λογισμοῖς, ἵνα βοῶμέν Σοι· Χαῖρε Ἀειπάρθενε.

Τῇ Τετάρτῃ καὶ τῇ Παρασκευῇ.

Ὁ ἐκ Παρθένου ἀνατείλας ... (ὡς τῇ Δευτέρᾳ).

Τῇ Πέμπτῃ.

Μήτηρ Θεοῦ Παναγία ... (ὡς τῇ Τρίτῃ).

Τῷ Σαββάτῳ.

Ὁ ἐκ Παρθένου ἀνατείλας ... (ὡς τῇ Δευτέρᾳ).

Εἰς τὸν πλάγιον Β΄ ἦχον.

Τῇ Δευτέρᾳ.

Ἀρχαγγελικὸν λόγον ὑπεδέξω, καὶ χερουβικὸς θρόνος ἀνεδείχθης, καὶ ἐν ἀγκάλαις Σου ἐβάστασας, Θεοτόκε, τὴν ἐλπίδα τῶν ψυχῶν ἡμῶν.

Τῇ Τρίτῃ.

Οὐδεὶς προστρέχων ἐπὶ Σοί, κατησχυμένος ἀπὸ Σοῦ ἐκπορεύεται, ἁγνὴ Παρθένε Θεοτόκε, ἀλλ᾽ αἰτεῖται τὴν χάριν, καὶ λαμβάνει τὸ δώρημα, πρὸς τὸ συμφέρον τῆς αἰτήσεως.

Τῇ Τετάρτῃ καὶ τῇ Παρασκευῇ.

Τὸν πρὸ αἰώνων ἐκ Πατρός, ἄνευ μητρὸς γεννηθέντα, Υἱὸν καὶ Λόγον τοῦ Θεοῦ, ἐπ᾽ ἐσχάτων τῶν χρόνων, ἐκύησας σεσαρκωμένον, ἐξ ἁγνῶν αἱμάτων Σου, Θεοκυῆτορ ἄνευ ἀνδρός· ὃν αἴτησαι δωρήσασθαι, ἡμῖν ἁμαρτιῶν ἄφεσιν, πρὸ τοῦ τέλους.

Τῇ Πέμπτῃ.

Μεγάλων χαρισμάτων ἁγνή, Παρθένε Θεομῆτορ Σὺ ἠξιώθης, ὅτι ἔτεκες σαρκὶ τὸν ἕνα τῆς Τριάδος, Χριστὸν τὸν ζωοδότην, εἰς σωτηρίαν τῶν ψυχῶν ἡμῶν.

Τῷ Σαββάτῳ.

Τὸν πρὸ αἰώνων ἐκ Πατρός, ... (ὡς τῇ Τετάρτῃ).

Εἰς τὸν Βαρὺν ἦχον.

Τῇ Δευτέρᾳ.

Ὑπερέβης τὰς Δυνάμεις τῶν οὐρανῶν, ὅτι ναὸς ἐδείχθης Θεϊκός, εὐλογημένη Θεοτόκε, ὡς τεκοῦσα Χριστόν, τὸν Σωτῆρα τῶν ψυχῶν ἡμῶν.

Τῇ Τρίτῃ.

Εἰρήνευσον πρεσβείαις τῆς Θεοτόκου, τὴν ζωὴν ἡμῶν τῶν βοώντων Σοι· Ἐλεῆμον Κύριε, δόξα Σοι.

Τῇ Τετάρτῃ καὶ τῇ Παρασκευῇ.

Λύτρωσαι Θεοτόκε, τῶν συνεχουσῶν ἡμᾶς ἁμαρτιῶν, ὅτι ἄλλην ἐλπίδα οἱ πιστοὶ οὐκ ἔχομεν, εἰ μὴ Σέ, καὶ τὸν ἐκ Σοῦ τεχθέντα Θεόν.

Τῇ Πέμπτῃ.

Ὁ καρπὸς τῆς γαστρός Σου Θεόνυμφε, τοῖς ἀνθρώποις ἐδείχθη σωτηρίας πρόξενος· διό Σε Θεοτόκον, γνώμῃ καὶ γλώσσῃ δοξάζοντες, οἱ πιστοὶ μεγαλύνομεν.

Τῷ Σαββάτῳ.

Χαῖρε ἡ τὸν ἀχώρητον ἐν οὐρανοῖς, χωρήσασα ἐν μήτρα Σου· χαῖρε Παρθένε, τῶν Προφητῶν τὸ κήρυγμα, δι᾽ ἧς ἔλαμψεν ὁ Ἐμμανουήλ· Χαῖρε Μήτηρ Χριστοῦ τοῦ Θεοῦ.

Εἰς τὸν πλάγιον Δ΄ ἦχον.

Τῇ Δευτέρᾳ.

Χαῖρε ἡ πύλη τοῦ Βασιλέως τῆς δόξης, ἣν ὁ Ὕψιστος μόνος διώδευσε, καὶ μόνην ἐσφραγισμένην ἐφύλαξεν, εἰς σωτηρίαν τῶν ψυχῶν ἡμῶν.

Τῇ Τρίτῃ.

Παρθένε ἄχραντε, σῶσον ἡμᾶς ταῖς πρεσβείαις Σου, κινοῦσα σπλάγχνα μητρικά, τῷ Υἱῷ Σου καὶ Θεῷ ἡμῶν.

Ὁ καρπὸς τῆς κοιλίας Σου Ἄχραντε, τῶν Προφητῶν ὑπάρχει καὶ τοῦ νόμου τὸ πλήρωμα· διό Σε Θεοτόκον, ἐν ἐπιγνώσει δοξάζοντες, εὐσεβῶς μεγαλύνομεν.

Χαῖρε ἡ πύλη τοῦ Βασιλέως ... (ὡς τῇ Δευτέρᾳ).

Παρθένε ἄχραντε, σῶσον ἡμᾶς ... (ὡς τῇ Τρίτῃ).

Μέγας Βασίλειος

«Φανερὰ ἔκπτωσις πίστεως καὶ ὑπερηφανείας, ἢ τὸ ἀφαιρεῖν τι τῶν γεγραμμένων, ἢ τὸ ἐπεισάγειν τι τῶν μὴ γεγραμμένων»

[Ἁγίου Νεκταρίου Ποιμαντική, εἰς τὸ «Περὶ τῆς ὀρθῆς ἐπιτελέσεως τοῦ Μυστηρίου τοῦ Ἁγίου Βαπτίσματος», σ. 64, ἐκδ. Βασ. Ρηγοπούλου, Θεσ/νίκη, 1974.]

Κανών Κ΄ τῆς ἐν Γάγγρᾳ Τοπικῆς Συνόδου
(ἐπικυρωθεὶς ἀπὸ τὰς Δ΄, ΣΤ΄ καί Ζ΄ Οἰκουμενικὰς Συνόδους)

«Εἴ τις αἰτιῷτο, ὑπερηφάνῳ διαθέσει κεχρημένος καὶ βδελυσσόμενος τὰς συνάξεις τῶν Μαρτύρων, ἢ τὰς ἐν αὐτοῖς γινομένας λειτουργίας, καὶ τὰς μνήμας αὐτῶν, ἀνάθεμα ἔστω»

Κοντάκια τῆς ἑβδομάδος

Τῇ Δευτέρᾳ. Τῶν Ἀσωμάτων[173].
Ἦχος β΄.

Ἀρχιστράτηγοι Θεοῦ, λειτουργοὶ θείας δόξης, τῶν ἀνθρώπων ὁδηγοί, καὶ ἀρχηγοὶ Ἀσωμάτων, τὸ συμφέρον ἡμῖν πρεσβεύσατε, καὶ τὸ μέγα ἔλεος, ὡς τῶν Ἀσωμάτων Ἀρχιστράτηγοι.

Τῇ Τρίτῃ. Τοῦ Προδρόμου.
Ἦχος β΄. Τὰ ἄνω ζητῶν.

Προφῆτα Θεοῦ, καὶ Πρόδρομε τῆς Χάριτος, τὴν κάραν τὴν σήν, ὡς ῥόδον ἱερώτατον, ἐκ τῆς γῆς εὑράμενοι, τὰς ἰάσεις πάντοτε λαμβάνομεν· καὶ γὰρ πάλιν ὡς πρότερον, ἐν κόσμῳ κηρύττεις τὴν μετάνοιαν.

Τῇ Τετάρτῃ καὶ Παρασκευῇ. Τοῦ Σταυροῦ.
Ἦχος δ΄.

Ὁ ὑψωθεὶς ἐν τῷ Σταυρῷ ἑκουσίως, τῇ ἐπωνύμῳ Σου καινῇ πολιτείᾳ, τοὺς οἰκτιρμούς Σου δώρησαι, Χριστὲ ὁ Θεός· εὔφρανον ἐν τῇ δυνάμει Σου, τοὺς πιστοὺς βασιλεῖς ἡμῶν, νίκας χορηγῶν αὐτοῖς κατὰ τῶν πολεμίων· τὴν συμμαχίαν ἔχοιεν τὴν Σήν, ὅπλον εἰρήνης, ἀήττητον τρόπαιον.

Τῇ Πέμπτῃ. Τῶν Ἁγίων Ἀποστόλων.
Ἦχος β΄.

Τοὺς ἀσφαλεῖς καὶ θεοφθόγγους Κήρυκας, τὴν κορυφὴν τῶν Μαθητῶν Σου, Κύριε, προσελάβου εἰς ἀπόλαυσιν τῶν ἀγαθῶν Σου καὶ ἀνάπαυσιν· τοὺς πόνους γὰρ ἐκείνων καὶ τὸν θά

---

[173] Περιέχονται καὶ εἰς τὸ Ὡρολόγιον (Ἀκολουθία τῶν Τυπικῶν).

νατον, ἐδέξω ὑπὲρ πᾶσαν ὁλοκάρπωσιν, ὁ μόνος γινώσκων τὰ ἐγκάρδια.

Καὶ τοῦ Ἁγίου Νικολάου.

Ἦχος γ΄. Ἡ Παρθένος σήμερον.

Ἐν τοῖς Μύροις, Ἅγιε, ἱερουργὸς ἀνεδείχθης, τοῦ Χριστοῦ γάρ, Ὅσιε, τὸ Εὐαγγέλιον πληρώσας, ἔθηκας τὴν ψυχήν σου ὑπὲρ λαοῦ σου, ἔσωσας τοὺς ἀθώους ἐκ τοῦ θανάτου· διὰ τοῦτο ἡγιάσθης, ὡς μέγας μύστης Θεοῦ τῆς χάριτος.

Τῷ Σαββάτῳ. Κοντάκιον Νεκρώσιμον.

Ἦχος πλ. δ΄.

Μετὰ τῶν Ἁγίων ἀνάπαυσον Χριστέ, τὰς ψυχὰς τῶν δούλων Σου, ἔνθα οὐκ ἔστι πόνος, οὐ λύπη, οὐ στεναγμός, ἀλλὰ ζωὴ ἀτελεύτητος.

Τῷ Σαββάτῳ. Κοντάκιον Μαρτυρικόν.

Ἦχος πλ. δ΄.

Ὡς ἀπαρχὰς τῆς φύσεως, τῷ φυτουργῷ τῆς κτίσεως, ἡ οἰκουμένη προσφέρει Σοι Κύριε, τοὺς θεοφόρους Μάρτυρας· ταῖς αὐτῶν ἱκεσίαις, ἐν εἰρήνῃ βαθείᾳ, τὴν Ἐκκλησίαν Σου, διὰ τῆς Θεοτόκου συντήρησον, πολυέλεε.

Τὸ δὲ παρὸν λέγεται καθ᾽ ἑκάστην (ἐκτὸς τοῦ Σαββάτου, καὶ προεορτίων/μεθεόρτων).

Ἦχος β΄.

Προστασία τῶν Χριστιανῶν ἀκαταίσχυντε, μεσιτεία πρὸς τὸν Ποιητὴν ἀμετάθετε, μὴ παρίδῃς, ἁμαρτωλῶν δεήσεων φωνάς, ἀλλὰ πρόφθασον ὡς ἀγαθή, εἰς τὴν βοήθειαν ἡμῶν, τῶν πιστῶς κραυγαζόντων Σοι· τάχυνον εἰς πρεσβείαν, καὶ σπεῦσον εἰς ἱκεσίαν, ἡ προστατεύουσα ἀεί, Θεοτόκε, τῶν τιμώντων Σε.

Ἐξαποστειλάρια τῆς ἑβδομάδος

Ἦχος β΄. Γυναῖκες ἀκουτίσθητε.

Ἀρχάγγελοι καὶ Ἄγγελοι, Ἀρχαὶ καὶ Κυριότητες, Δυνάμεις καὶ Ἐξουσίαι, καὶ Θρόνοι, πολυόμματα, τὰ Χερουβείμ, καὶ Σεραφείμ, ἅμα τὰ Ἑξαπτέρυγα, ὑπὲρ ἡμῶν πρεσβεύσατε, τοῦ λυτρωθῆναι κινδύνων, καὶ τοῦ πυρὸς τοῦ ἀσβέστου.

Θεοτοκίον, ὅμοιον.

Σύ μου προστάτις Ἄχραντε, καὶ ἰσχυρὸν προπύργιον, καὶ προστασία τοῦ Κόσμου, καὶ Σοὶ προσπίπτω κραυγάζων· Τῶν ὀδυνῶν με λύτρωσαι, καὶ τοῦ πυρὸς ἐξάρπασον, τοῦ αἰωνίου Παρθένε, τὸν ἐπὶ Σοὶ πεποιθότα.

Τῇ Τρίτῃ. Τοῦ Προδρόμου.

Ἦχος γ΄. Ὁ οὐρανὸν τοῖς ἄστροις.

Τὸν Πρόδρομον Ἰωάννην, καὶ Βαπτιστὴν τοῦ Σωτῆρος, τὸν ἐν Προφήταις Προφήτην, καὶ τῆς ἐρήμου τὸ θρέμμα, τῆς Ἐλισάβετ τὸν γόνον, ἀνευφημήσωμεν πάντες.

Θεοτοκίον, ὅμοιον.

Σὲ καὶ μεσίτριαν ἔχω, πρὸς τὸν φιλάνθρωπον Θεόν· μή μου ἐλέγξῃ τὰς πράξεις, ἐνώπιον τῶν Ἀγγέλων. Παρακαλῶ Σε Παρθένε, βοήθησόν μοι ἐν τάχει.

Τῇ Τετάρτῃ. Τοῦ Σταυροῦ.

Ἦχος β΄. Γυναῖκες ἀκουτίσθητε.

---

[174] Περιέχονται καὶ εἰς τὸ τέλος τῆς Παρακλητικῆς. Διαφοροποιημένα περιέχονται καὶ εἰς τὸ Ὡρολόγιον (Ἀκολουθία τοῦ Ὄρθρου).

Τὸ ὅπλον τὸ ἀήττητον, τὸ στήριγμα τῆς Πίστεως, Σταυρὸν τὸν θεῖον ὑμνοῦμεν, καὶ προσκυνοῦμεν ἐν πίστει· τὸ μέγα καταφύγιον, Χριστιανῶν τὸ καύχημα, τῶν Ὀρθοδόξων φύλακα, τῶν Ἀθλοφόρων τὸ κλέος, ἀξίως σε εὐφημοῦμεν.

Σταυροθεοτοκίον, ὅμοιον.

Παρισταμένη Πάναγνε, ἐν τῷ Σταυρῷ καὶ βλέπουσα, τὸν Σὸν Υἱὸν ἐπὶ ξύλου, ταθέντα ἄπνουν ὁρῶσα, καὶ μητρικῶς ἠλάλαζες, δακρύουσα καὶ λέγουσα· Τί τοῦτο τὸ παράδοξον, ὅτι ὁ Κτίστης τοῦ Κόσμου, Σταυρῷ ταθῆναι ἠνέσχου;

Τῇ Πέμπτῃ.

Τῶν Ἁγίων Ἀποστόλων καὶ τοῦ Ἁγίου Νικολάου.

Ἦχος γ΄. Ὁ οὐρανὸν τοῖς ἄστροις.

Ἡ δωδεκὰς ἡ ἁγία, τῶν Ἀποστόλων τὸ κλέος, σὺν τῷ σεπτῷ Νικολάῳ, καὶ Ἱεράρχῃ Μυρέων, ὑπὲρ ἡμῶν τὸν Σωτῆρα, ἐκδυσωπεῖτε ἀπαύστως.

Θεοτοκίον, ὅμοιον.

Ἐλπὶς τῶν ἀπηλπισμένων, πανύμνητε Θεοτόκε, μετὰ δακρύων βοῶ Σοι, ἐκ βάθους μου τῆς καρδίας· Ἐξάρπασόν με Παρθένε, ἐκ τῶν τοῦ Ἅδου κευθμώνων.

Τῷ Παρασκευῇ. Τοῦ Σταυροῦ.

Ἦχος β΄. Αὐτόμελον.

Σταυρός, ὁ φύλαξ πάσης τῆς Οἰκουμένης· Σταυρὸς ἡ ὡραιότης τῆς Ἐκκλησίας· Σταυρὸς Βασιλέων τὸ κραταίωμα· Σταυρὸς Πιστῶν τὸ στήριγμα· Σταυρὸς Ἀγγέλων ἡ δόξα, καὶ τῶν δαιμόνων τὸ τραῦμα.

Σταυροθεοτοκίον.

Ἐν τῷ Σταυρῷ παρεστῶσα, ἡ Σὲ ἀσπόρως τεκοῦσα, καὶ θρηνῳδοῦσα ἐβόα· Οἴμοι! γλυκύτατον Τέκνον, πῶς ἔδυς ἐξ ὀφθαλμῶν μου; πῶς ἐν νεκροῖς ἐλογίσθης;

Τῷ Σαββάτῳ.

Ἦχος γ΄. Αὐτόμελον.

Ὁ οὐρανὸν τοῖς ἄστροις, κατακοσμήσας ὡς Θεός, καὶ διὰ τῶν Σῶν Ἁγίων, πᾶσαν τὴν γῆν φωταγωγῶν, Δημιουργὲ τῶν ἁπάντων, τοὺς ἀνυμνοῦντάς Σε σῷζε.

Νεκρώσιμον, ὅμοιον.

Ὁ καὶ νεκρῶν καὶ ζώντων, ἐξουσιάζων ὡς Θεός, ἀνάπαυσον τοὺς Σοὺς δούλους, ἐν ταῖς σκηναῖς τῶν ἐκλεκτῶν· εἰ γὰρ καὶ ἥμαρτον Σῶτερ, ἀλλ’ οὐκ ἀπέστησαν ἐκ Σοῦ.

Θεοτοκίον, ὅμοιον.

Ὁ γλυκασμὸς τῶν Ἀγγέλων, τῶν θλιβομένων ἡ χαρά, Χριστιανῶν ἡ προστάτις, Παρθένε Μήτηρ Κυρίου, ἀντιλαβοῦ μου καὶ ῥῦσαι, τῶν αἰωνίων βασάνων.

Ἀρχιμ. Δοσίθεος

Ἡγούμενος Ἱ.Μ. Παναγίας Τατάρνης

«Ἡ ἐποχὴ τῆς Τουρκοκρατίας τρία πράγματα διετήρησεν ὡς κόρην ὀφθαλμοῦ.

α) τὴν ἀκρίβειαν τῶν τυπικῶν διατάξεων,

β) τὴν ἀγάπην πρὸς τὴν Ἐκκλησιαστικὴν μουσικὴν καὶ τοὺς ψάλτας, καί,

γ) τὴν συνεχῆ ἐπαφὴν πρὸς τὴν Κωνσταντινούπολιν καὶ τὰ ἐν αὐτῇ ψαλλόμενα»

[Πρακτικὰ Α΄ Πανελληνίου Συνεδρίου Ψαλτικῆς Τέχνης, 2000, σ. 188]

«Αὐτὴν τὴν αὐστηρότητα ὡς πρὸς τὴν τήρησιν τῶν παραδεδομένων τὴν καταγράφουν καὶ ξένοι περιηγηταί. Εἰς τὰς ἀρχὰς τοῦ ΙΗ΄ αἰῶνος ὁ Γάλλος Tournefort εὑρίσκεται εἰς τὴν Μύκονον. Γράφει τὰς ἐντυπώσεις του, ἴσως μὲ κάποιαν δόσιν ὑπερβολῆς. Αἱ Λειτουργίαι τῆς Κυριακῆς ʽεἶναι ἀτελείωτες καὶ ἐξουθενωτικές. Διαρκοῦν ἓξ ὧρες. Διαβάζουν ὄχι μονάχα εὐχὲς καὶ ἀποσπάσματα τῆς Γραφῆς, ἀλλὰ καὶ συναξάρια τῶν Ἁγίων σὲ λαϊκὴ γλῶσσα. Ἡ Λειτουργία ἀρχίζει στὶς δύο τὸ πρωὶ τὴν ὥρα ποὺ κοιμοῦνται οἱ Τοῦρκοι ʼ»

[Πρακτικὰ Α΄ Πανελληνίου Συνεδρίου Ψαλτικῆς Τέχνης, 2000, σ. 189]

Εἰρμοὶ τῶν Ὠδῶν τῶν Νεκρωσίμων Κανόνων

Ἦχος α΄.

Ὠδὴ γ΄. Ὁ Εἱρμός.

Ὁ μόνος εἰδὼς τῆς τῶν βροτῶν, οὐσίας τὴν ἀσθένειαν, καὶ συμπαθῶς αὐτὴν μορφωσάμενος, περίζωσόν με ἐξ ὕψους δύναμιν, τοῦ βοᾶν Σοι· Ἅγιος ὁ Ναὸς ὁ ἔμψυχος, τῆς ἀφράστου Σου δόξης Φιλάνθρωπε.

Ὠδὴ ς΄. Ὁ Εἱρμός.

Ἐκύκλωσεν ἡμᾶς ἐσχάτη ἄβυσσος· οὐκ ἔστιν ὁ ῥυόμενος· ἐλογίσθημεν ὡς πρόβατα σφαγῆς· σῶσον τὸν λαόν Σου ὁ Θεὸς ἡμῶν· Σὺ γὰρ ἰσχὺς τῶν ἀσθενούντων, καὶ ἐπανόρθωσις.

Ὠδὴ η΄. Ὁ Εἱρμός.

Στίχ. Αἰνοῦμεν, εὐλογοῦμεν καὶ προσκυνοῦμεν τὸν Κύριον.

Ἐν καμίνῳ Παῖδες Ἰσραήλ, ὡς ἐν χωνευτηρίῳ, τῷ κάλλει τῆς εὐσεβείας καθαρώτερον χρυσοῦ, ἀπέστιλβον ψάλλοντες· Εὐλογεῖτε πάντα τὰ ἔργα, τὸν Κύριον ὑμνεῖτε, καὶ ὑπερυψοῦτε, εἰς πάντας τοὺς αἰῶνας.

Ὠδὴ θ΄. Ὁ Εἱρμός.

Τύπον τῆς ἀγνῆς λοχείας Σου, πυρπολουμένη βάτος ἔδειξεν ἄφλεκτος· καὶ νῦν καθ’ ἡμῶν τῶν πειρασμῶν ἀγριαίνουσαν, κατασβέσαι αἰτοῦμεν τὴν κάμινον, ἵνα Σὲ Θεοτόκε, ἀκαταπαύστως μεγαλύνωμεν.

Ἦχος β΄.

Ὠδὴ γ΄. Ὁ Εἱρμός.

Ἐν πέτρᾳ με τῆς πίστεως στερεώσας, ἐπλάτυνας τὸ στόμα μου ἐπ᾽ ἐχθρούς μου· εὐφράνθη γὰρ τὸ πνεῦμά μου ἐν τῷ ψάλλειν· οὐκ ἔστιν Ἅγιος, ὡς ὁ Θεὸς ἡμῶν, καὶ οὐκ ἔστι δίκαιος, πλήν Σου Κύριε.

Ὠδὴ ς΄. Ὁ Εἱρμός.

Ἐν ἀβύσσῳ πταισμάτων κυκλούμενος, τὴν ἀνεξιχνίαστον τῆς εὐσπλαγχνίας Σου, ἐπικαλοῦμαι ἄβυσσον· Ἐκ φθορᾶς, ὁ Θεός με ἀνάγαγε.

Ὠδὴ η΄. Ὁ Εἱρμός.

Στίχ. Αἰνοῦμεν, εὐλογοῦμεν καὶ προσκυνοῦμεν τὸν Κύριον.

Κάμινος ποτέ, πυρὸς ἐν Βαβυλῶνι, τὰς ἐνεργείας διεμέριζε, τῷ θείῳ προστάγματι, τοὺς Χαλδαίους καταφλέγουσα, τοὺς δὲ πιστοὺς δροσίζουσα ψάλλοντας, εὐλογεῖτε πάντα τὰ ἔργα Κυρίου τὸν Κύριον.

Ὠδὴ θ΄. Ὁ Εἱρμός.

Ἡ τὸν πρὸ ἡλίου Φωστῆρα, τὸν Θεὸν ἐξανατείλαντα, σωματικῶς ἡμῖν ἐπιδημήσαντα, ἐκ λαγόνων παρθενικῶν, ἀφράστως σωματώσασα· Εὐλογημένη Πάναγνε, Σὲ Θεοτόκε μεγαλύνομεν.

Ἦχος γ΄.

Ὠδὴ γ΄. Ὁ Εἱρμός.

Ὁ ἐκ μὴ ὄντων τὰ πάντα παραγαγών, τῷ Λόγῳ κτιζόμενα, τελειούμενα Πνεύματι, Παντοκράτορ Ὕψιστε, ἐν τῇ ἀγάπῃ τῇ Σῇ στερέωσόν με.

Ὠδὴ ς΄. Ὁ Εἱρμός.

Ἀνάγαγε ἐκ φθορᾶς με Κύριε ὁ Θεός μου, ὁ Ἰωνᾶς ἐβόα· κἀγὼ βοῶ Σοι, ἐκ τοῦ βυθοῦ ῥῦσαί με Σωτήρ, τῶν πολλῶν μου κακῶν, ὅπως αἴνεσιν φωνῆς, θύσω Σοι μόνε Φιλάνθρωπε.

Ὠδὴ η΄. Ὁ Εἱρμός.

Στίχ. Αἰνοῦμεν, εὐλογοῦμεν καὶ προσκυνοῦμεν τὸν Κύριον.

Λατρεύειν ζῶντι Θεῷ, οἱ ἐν Βαβυλῶνι Παῖδες προσκαρτερήσαντες, μουσικῶν ὀργάνων κατεφρόνησαν, καὶ φλογὸς μέσον ἑστῶτες, θεοτερπῆ ὕμνον ἀναμέλποντες ἔλεγον· Εὐλογεῖτε πάντα τὰ ἔργα Κυρίου τὸν Κύριον.

Ὠδὴ θ΄. Ὁ Εἱρμός.

Τὴν ἐν βάτῳ καὶ πυρὶ προγραφεῖσαν, ἐν Σινᾷ τῷ νομοθέτῃ Μωσεῖ, καὶ τὸ θεῖον ἐν γαστρὶ, ἀφλέκτως συλλαβοῦσαν Πῦρ, τὴν ὁλόφωτον καὶ ἄσβεστον λαμπάδα, τὴν ὄντως Θεοτόκον, ἐν ὕμνοις τιμῶντες Σὲ μεγαλύνομεν.

Ἦχος δ΄.

Ὠδὴ γ΄. Ὁ Εἱρμός.

Οὐκ ἐν σοφίᾳ, καὶ δυνάμει καὶ πλούτῳ καυχώμεθα, ἀλλ’ ἐν Σοὶ τῇ τοῦ Πατρός, ἐνυποστάτῳ Σοφίᾳ Θεοῦ, οὐ γάρ ἐστιν Ἅγιος, πλήν Σου Φιλάνθρωπε.

Ὠδὴ ς΄. Ὁ Εἱρμός.

Θύσω Σοι, μετὰ φωνῆς αἰνέσεως Κύριε, ἡ Ἐκκλησία βοᾷ Σοι, ἐκ δαιμόνων λύθρου κεκαθαρμένη, Τῷ δι’ οἶκτον, ἐκ τῆς πλευρᾶς Σου ῥεύσαντι Αἵματι.

Ὠδὴ η΄. Ὁ Εἱρμός.

Στίχ. Αἰνοῦμεν, εὐλογοῦμεν καὶ προσκυνοῦμεν τὸν Κύριον.

Χεῖρας ἐκπετάσας Δανιήλ, λεόντων χάσματα ἐν λάκκῳ ἔφραξε· πυρὸς δὲ δύναμιν ἔσβεσαν, ἀρετὴν περιζωσάμενοι, οἱ εὐσεβείας ἐρασταί, Παῖδες κραυγάζοντες· εὐλογεῖτε πάντα τὰ ἔργα Κυρίου τὸν Κύριον.

Ὠδὴ θ΄. Ὁ Εἱρμός.

Εὔα μὲν τῷ τῆς παρακοῆς νοσήματι, τὴν κατάραν εἰσῳκίσατο Σὺ δὲ Παρθένε Θεοτόκε, τῷ τῆς κυοφορίας βλαστήματι, τῷ κόσμῳ τὴν εὐλογίαν ἐξήνθησας· ὅθεν Σε πάντες μεγαλύνομεν.

Ἦχος πλ. α΄.

Ὠδὴ γ΄. Ὁ Εἱρμός.

Στερέωσον ἡμᾶς ὁ Θεός, τῇ Σῇ δυνάμει, καὶ κατάβαλε αἱρετικῶν τὰ φρυάγματα, καὶ ἀνύψωσον τὸ κέρας ἡμῶν.

Ὠδὴ ς΄. Ὁ Εἱρμός.

Ἐκύκλωσέ με ἄβυσσος, ταφή μοι τὸ κῆτος ἐγένετο· ἐγὼ δὲ ἐβόησα πρὸς Σὲ τὸν Φιλάνθρωπον, καὶ ἔσωσέ με, ἡ δεξιά Σου Κύριε.

Ὠδὴ η΄. Ὁ Εἱρμός.

Στίχ. Αἰνοῦμεν, εὐλογοῦμεν καὶ προσκυνοῦμεν τὸν Κύριον.

Τὸν ἐκ Πατρὸς πρὸ αἰώνων, γεννηθέντα Υἱὸν καὶ Θεόν, καὶ ἐπ’ ἐσχάτων τῶν χρόνων, σαρκωθέντα ἐκ παρθένου Μητρός, Ἱερεῖς ὑμνεῖτε, λαὸς ὑπερυψοῦτε, εἰς πάντας τοὺς αἰῶνας.

Ὠδὴ θ΄. Ὁ Εἱρμός.

Σὲ τὴν ὑπὲρ νοῦν, καὶ λόγον Μητέρα Θεοῦ, τὴν ἐν χρόνῳ τὸν ἄχρονον ἀφράστως κυήσασαν, οἱ πιστοὶ ὁμοφρόνως μεγαλύνομεν.

Ἦχος πλ. β΄.

Ὠδὴ γ΄. Ὁ Εἱρμός.

Οὐκ ἔστιν ἅγιος ὡς Σύ, Κύριε ὁ Θεός μου, ὁ ὑψώσας τὸ κέρας, τῶν πιστῶν Σου Ἀγαθέ, καὶ στερεώσας αὐτούς, ἐν τῇ πέτρᾳ τῆς ὁμολογίας Σου.

Ὠδὴ ς΄. Ὁ Εἱρμός.

Τοῦ βίου τὴν θάλασσαν, ὑψουμένην καθορῶν, τῶν πειρασμῶν τῷ κλύδωνι, τῷ εὐδίῳ λιμένι Σου προσδραμών, βοῶ Σοι· ἀνάγαγε, ἐκ φθορᾶς τὴν ζωήν μου Πολυέλεε.

Ὠδὴ η΄. Ὁ Εἱρμός.

Στίχ. Αἰνοῦμεν, εὐλογοῦμεν καὶ προσκυνοῦμεν τὸν Κύριον.

Ἐκ φλογὸς τοῖς Ὁσίοις δρόσον ἐπήγασας, καὶ Δικαίου θυσίαν, ὕδατι ἔφλεξας· ἅπαντα γὰρ δρᾷς Χριστέ, μόνῳ τῷ βούλεσθαι· Σὲ ὑπερυψοῦμεν, εἰς πάντας τοὺς αἰῶνας.

Ὠδὴ θ΄. Ὁ Εἱρμός.

Θεὸν ἀνθρώποις ἰδεῖν ἀδύνατον, Ὦ οὐ τολμᾷ Ἀγγέλων ἀτενίσαι τὰ τάγματα· διὰ Σοῦ δὲ Πάναγνε, ὡράθη βροτοῖς, Λόγος σεσαρκωμένος· Ὃν μεγαλύνοντες, σὺν ταῖς οὐρανίαις στρατιαῖς Σὲ μακαρίζομεν.

Ἦχος βαρύς.

Ὠδὴ γ΄. Ὁ Εἱρμός.

Ὁ κατ᾽ ἀρχὰς τοὺς οὐρανούς, παντοδυνάμῳ Σου Λόγῳ, στερεώσας Κύριε Σωτήρ, καὶ τῷ παντουργῷ καὶ θείῳ Πνεύματι, πᾶσαν τὴν δύναμιν αὐτῶν, ἐν ἀσαλεύτῳ με πέτρᾳ, τῆς ὁμολογίας Σου στερέωσον.

Ὠδὴ ϛ΄. Ὁ Εἱρμός.

Ναυτιῶν τῷ σάλῳ, τῶν βιωτικῶν μελημάτων, συμπλόοις ποντούμενος ἁμαρτίαις, καὶ ψυχοφθόρῳ θηρὶ προσριπτούμενος, ὡς ὁ Ἰωνᾶς Χριστὲ βοῶ Σοι· ἐκ θανατηφόρου με βυθοῦ ἀνάγαγε.

Ὠδὴ η΄. Ὁ Εἱρμός.

Στίχ. Αἰνοῦμεν, εὐλογοῦμεν καὶ προσκυνοῦμεν τὸν Κύριον.

Τὸν μόνον ἄναρχον, Βασιλέα τῆς δόξης, Ὃν εὐλογοῦσιν, οὐρανῶν αἱ Δυνάμεις, καὶ φρίττουσι τῶν Ἀγγέλων αἱ τάξεις, ὑμνεῖτε Ἱερεῖς, λαὸς ὑπερυψοῦτε, εἰς πάντας τοὺς αἰῶνας.

Ὠδὴ θ΄. Ὁ Εἱρμός.

Μήτηρ Θεοῦ, καὶ Παρθένος τίκτουσα, καὶ παρθενεύουσα πάλιν, οὐχὶ φύσεως ἔργον, ἀλλὰ Θεοῦ συγκαταβάσεως· ὅθεν ὡς μόνην τῶν θείων θαυμάτων, καταξιωθεῖσάν Σε, Ἀγνὴ μεγαλύνομεν.

Ἦχος πλ. δ΄.

Ὠδὴ γ΄. Ὁ Εἱρμός.

Οὐρανίας ἀψῖδος, ὀροφουργὲ Κύριε, καὶ τῆς Ἐκκλησίας δομῆτορ, Σύ με στερέωσον, ἐν τῇ ἀγάπῃ τῇ Σῇ, τῶν ἐφετῶν ἡ ἀκρότης, τῶν πιστῶν τὸ στήριγμα, μόνε Φιλάνθρωπε.

Ὠδὴ ς΄. Ὁ Εἱρμός.

Ἱλάσθητί μοι Σωτήρ· πολλαὶ γὰρ αἱ ἀνομίαι μου· καὶ ἐκ βυθοῦ τῶν κακῶν, ἀνάγαγε δέομαι· πρὸς Σὲ γὰρ ἐβόησα, καὶ ἐπάκουσόν μου, ὁ Θεὸς τῆς σωτηρίας μου.

Ὠδὴ η΄. Ὁ Εἱρμός.

Στίχ. Αἰνοῦμεν, εὐλογοῦμεν καὶ προσκυνοῦμεν τὸν Κύριον.

Μουσικῶν ὀργάνων συμφωνούντων, καὶ λαῶν ἀπείρων προσκυνούντων, εἰκόνι τῇ ἐν Δεηρᾷ, τρεῖς Παῖδες ἀνεβόων· τὸν Κύριον ὑμνεῖτε, καὶ ὑπερυψοῦτε, εἰς πάντας τοὺς αἰῶνας.

Ὠδὴ θ΄. Ὁ Εἱρμός.

Ἔφριξε πᾶσα ἀκοή, τὴν ἀπόρρητον Θεοῦ συγκατάβασιν, ὅπως ὁ Ὕψιστος ἑκὼν κατῆλθε μέχρι καὶ σώματος, παρθενικῆς ἀπὸ γαστρὸς γενόμενος ἄνθρωπος, διὸ τὴν Ἄχραντον, Θεοτόκον οἱ πιστοὶ μεγαλύνομεν.

Περὶ τοῦ Ψαλτηρίου

Ἡ Ἁγία Μήτηρ ἡμῶν Ἐκκλησία, τὸ Ψαλτήριον τοῦ Δαυίδ θεωροῦσα ὡς βάσιν τῶν τε ἀτομικῶν καὶ δημοσίων προσευχῶν, ἐπιβάλλει τὴν ἀνάγνωσιν καὶ μελέτην αὐτοῦ εἰς πάντα Χριστιανὸν καὶ ἰδίᾳ εἰς τοὺς κληρικούς, οἵτινες ἐγκόλπιον ἱερὸν καὶ συνέκδημον πολύτιμον ἔχοντες αὐτό, ὀφείλουσι νὰ μὴ παραλείπωσι τὴν τούτου ἀνάγνωσιν ἔν τε ταῖς κατ' ἰδίαν πρὸς Κύριον ἐντεύξεσιν αὐτῶν καὶ κατὰ τὰς ὑπὸ τοῦ Τυπικοῦ ὁριζομένας περιπτώσεις τῆς δημοσίας Θείας Λατρείας [ΔΕΕ(2003), σ. λδ΄], [ΤΜΕ, σ. 45].

Τὸ βιβλίον τοῦ Ψαλτηρίου χωρίζεται εἰς εἴκοσι (20) Καθίσματα. Εἰς κάθε στιχολογίαν ὅταν ἀναφερόμαστε στὸν Ὄρθρο, ἀναγινώσκεται ἕνα ὁλόκληρο Κάθισμα, σύμφωνα μὲ τοὺς παρακάτω πίνακες.

Τό Α΄, Β΄, Γ΄ εἰς τοὺς Πίνακες ἀναφέρεται εἰς τὴν Α΄, Β΄, Γ΄ στιχολογίαν τοῦ Ψαλτηρίου ἀντίστοιχα. Γιὰ παράδειγμα, βλέπε εἰς τὸν πρῶτον κάτωθι Πίνακα, **τὴν Κυριακή εἰς τὸν Ὄρθρον:**

- εἰς τὴν Α΄ στιχολογίαν τοῦ Ψαλτηρίου[175], θὰ ἀναγνώσουμε τό **β΄ Κάθισμα τοῦ βιβλίου τοῦ Ψαλτηρίου.**

- εἰς τὴν Β΄ στιχολογίαν τοῦ Ψαλτηρίου, θὰ ἀναγνώσουμε τό **γ΄ Κάθισμα τοῦ βιβλίου τοῦ Ψαλτηρίου.**

- εἰς τὴν Γ΄ στιχολογίαν τοῦ Ψαλτηρίου, θὰ ἀναγνώσουμε τό **ιζ΄ Κάθισμα τοῦ βιβλίου τοῦ Ψαλτηρίου.**

Τὴν Δευτέρα εἰς τὸν Ὄρθρον:

---

[175] Ἀλλοῦ, «α΄ στιχολογία τοῦ Ψαλτηρίου» = «α΄ Ψαλτήριον» καὶ οὕτω καθεξῆς.

- εἰς τὴν Α΄ στιχολογίαν τοῦ Ψαλτηρίου, θὰ ἀναγνώσουμε τό **δ΄ Κάθισμα τοῦ βιβλίου τοῦ Ψαλτηρίου.**

- εἰς τὴν Β΄ στιχολογίαν τοῦ Ψαλτηρίου, θὰ ἀναγνώσουμε τό **ε΄ Κάθισμα τοῦ βιβλίου τοῦ Ψαλτηρίου.**

Διακρίνομεν τὰς ἑξῆς περιπτώσεις:

Α΄. Κατὰ τὰς ἐκτὸς τῆς Μεγάλης Τεσσαρακοστῆς ἑβδομάδας, ἀναγινώσκονται τὰ ἑξῆς Καθίσματα τοῦ Ψαλτηρίου (στιχολογεῖται τὸ Ψαλτήριον ἅπαξ καθ' ἑκάστην ἑβδομάδα).

Ἡμέραι	Ὄρθρος			Ἑσπερινός
	Α΄	Β΄	Γ΄	
Κυριακή	β΄	γ΄	ιζ΄	–
Δευτέρα	δ΄	ε΄	–	ς΄
Τρίτη	ζ΄	η΄	–	θ΄
Τετάρτη	ι΄	ια΄	–	ιβ΄
Πέμπτη	ιγ΄	ιδ΄	–	ιε΄
Παρασκευή	ιθ΄	κ΄	–	ιη΄
Σάββατον	ις΄	ιζ΄	–	α΄

Εἶναι γεγονὸς ὅτι τὴν σήμερον σπανιότατα ἀκούγεται τὸ Ψαλτήριον καὶ μόνον σὲ ἐλάχιστες ἐνορίες. Συνεπῶς προτείνουμε ἐδὼ τοὐλάχιστον νὰ στιχολογεῖται τὸ Ψαλτήριον ἅπαξ ἀνὰ δύο ἑβδομάδες, τὸ ὁποῖο εἶναι νομίζομεν εὐκολότερον νὰ τηρηθεῖ τὴν σήμερον.

Α΄΄. <u>Κατ' οἰκονομίαν περίπτωσις</u>, ὅπου κατὰ τὰς ἐκτὸς τῆς Μεγάλης Τεσσαρακοστῆς ἑβδομάδας, ἀναγινώσκονται τὰ ἑξῆς Καθίσματα τοῦ Ψαλτηρίου (στιχολογεῖται τὸ Ψαλτήριον ἅπαξ ἀνὰ **δύο** ἑβδομάδες).

Εἰς τὰς **μονὰς** ἑβδομάδας:

Ἡμέραι	Ὄρθρος			Ἑσπερινός
	Α΄	**Β΄**	**Γ΄**	
Κυριακή	β΄	–	ιζ΄	–
Δευτέρα	δ΄	–	–	–
Τρίτη	ζ΄	–	–	θ΄
Τετάρτη	ι΄	–	–	–
Πέμπτη	ιγ΄	–	–	ιε΄
Παρασκευή	ιθ΄	–	–	–
Σάββατον	ιϛ΄	–	–	α΄

Εἰς τὰς **ζυγὰς** ἑβδομάδας:

Ἡμέραι	Ὄρθρος			Ἑσπερινός
	Α΄	**Β΄**	**Γ΄**	
Κυριακή	–	γ΄	ιζ΄	–
Δευτέρα	–	ε΄	–	ϛ΄
Τρίτη	–	η΄	–	–
Τετάρτη	–	ια΄	–	ιβ΄
Πέμπτη	–	ιδ΄	–	–
Παρασκευή	–	κ΄	–	ιη΄
Σάββατον	–	ιζ΄	–	α΄

Β΄. Τῇ Ἁγίᾳ καὶ Μεγάλῃ Τεσσαρακοστῇ, τελειοῦται τὸ Ψαλτήριον δὶς[176] καθ' ἑκάστην ἑβδομάδα, οὕτω [ΜΤΕ, σ. 12], [ΤΓΡ, σ. 34]·

---

[176] Ἀνακυκλοῦται δὶς λένε τὰ Λειτουργικὰ βιβλία [ΜΤΕ], ἀλλὰ δυστυχῶς τὴν σήμερον, εἰς τὴν Μ. Τεσσαρακοστὴν τὶς καθημερινές, πολλὲς ἐνορίες τελοῦν μόνο τὴν Θ΄ Ὥρα (χωρὶς φυσικὰ Ψαλτήριον), καὶ τὴν Προηγιασμένη. Οὔτε λόγος γιὰ Ὄρθρο. Ὅθεν μακάρι νὰ τελειωθεῖ τὸ Ψαλτήριον ἅπαξ (χρησιμοποιώντας τὴν Α΄ διάταξιν).

Κατὰ τήν Α΄, Β΄, Γ΄, Δ΄, καί ΣΤ΄ ἑβδομάδα τῶν Νηστειῶν·

Ἡμέραι	Ὄρθρος			Ὧρες				Ἑσπ.
	Α΄	Β΄	Γ΄	Α΄	Γ΄	ΣΤ΄	Θ΄	
Κυριακή	β΄	γ΄	ιζ΄	–	–	–	–	–
Δευτέρα	δ΄	ε΄	ς΄	–	ζ΄	η΄	θ΄	ιη΄
Τρίτη	ι΄	ια΄	ιβ΄	ιγ΄	ιδ΄	ιε΄	ις΄	ιη΄
Τετάρτη	ιθ΄	κ΄	α΄	β΄	γ΄	δ΄	ε΄	ιη΄
Πέμπτη	ς΄	ζ΄	η΄	θ΄	ι΄	ια΄	ιβ΄	ιη΄
Παρασκευή	ιγ΄	ιδ΄	ιε΄	–	ιθ΄	κ΄	–	ιη΄
Σάββατον	ις΄	ιζ΄	–	–	–	–	–	α΄

Κατὰ τήν Ε΄ ἑβδομάδα τῶν Νηστειῶν [ΤΓΡ, σ. 34]·

Ἡμέραι	Ὄρθρος			Ὧρες				Ἑσπ.
	Α΄	Β΄	Γ΄	Α΄	Γ΄	ΣΤ΄	Θ΄	
Κυριακή	β΄	γ΄	ιζ΄	–	–	–	–	–
Δευτέρα	δ΄	ε΄	ς΄	–	ζ΄	η΄	θ΄	ι΄
Τρίτη	ια΄	ιβ΄	ιγ΄	ιδ΄	ιε΄	ις΄	ιθ΄	κ΄
Τετάρτη	α΄	β΄	γ΄	δ΄	ε΄	ς΄	ζ΄	ιη΄
Πέμπτη	η΄	–	–	–	θ΄	ι΄	ια΄	ιβ΄
Παρασκευή	ιγ΄	ιδ΄	ιε΄	–	ιθ΄	κ΄	–	ιη΄
Σάββατον	ις΄	ιζ΄	–	–	–	–	–	α΄

Προψαλλόμενοι Στίχοι τῶν Κανόνων

Εἰς τὰ τροπάρια τῶν κανόνων, προτάσσονται οἱ ἑξῆς στίχοι:

Εἰς τὰ Ἀναστάσιμα· Δόξα τῇ Ἁγίᾳ Ἀναστάσει Σου, Κύριε.

Εἰς τὰ Σταυρώσιμα καὶ Σταυροαναστάσιμα· Δόξα Σοι ὁ Θεὸς ἡμῶν, δόξα Σοι.

Εἰς τὰ προεόρτια-μεθέορτα τῶν Δεσποτικῶν Ἑορτῶν· Δόξα Σοι ὁ Θεὸς ἡμῶν, δόξα Σοι.

Εἰς τοὺς κανόνας τῆς Θεοτόκου, καὶ Θεοτοκία, καὶ Σταυροθεοτοκία)· Ὑπεραγία Θεοτόκε, σῶσον ἡμᾶς.

Εἰς τὰ Τριαδικά· Ἁγία Τριὰς ὁ Θεός, ἐλέησον καὶ σῶσον ἡμᾶς.

Εἰς τοὺς Ἁγίους· Ἅγιε (ἢ Ἅγιοι ἢ Ὅσιε ἢ Ὅσιοι) τοῦ Θεοῦ πρέσβευε (ἢ πρεσβεύσατε) ὑπὲρ ἡμῶν.

Εἰς γυναῖκας Ἁγίας· Ἁγία (ἢ Ἅγιαι) τοῦ Θεοῦ πρέσβευε (ἢ πρεσβεύσατε) ὑπὲρ ἡμῶν.

Εἰς τοὺς Ἀρχαγγέλους· Ἀρχάγγελοι τοῦ Θεοῦ πρεσβεύσατε ὑπὲρ ἡμῶν.

Εἰς τὸν Τίμιον Πρόδρομον· Προφῆτα καὶ Βαπτιστὰ τοῦ Χριστοῦ, πρέσβευε ὑπὲρ ἡμῶν.

Εἰς τοὺς Ἀποστόλους· Ἀπόστολε (ἢ Ἀπόστολοι) τοῦ Χριστοῦ, πρέσβευε (ἢ πρεσβεύσατε) ὑπὲρ ἡμῶν.

Εἰς τοὺς Προφῆτας· Προφῆτα (ἢ Προφῆται) τοῦ Θεοῦ πρέσβευε (ἢ πρεσβεύσατε) ὑπὲρ ἡμῶν.

Εἰς τὰ κατανυκτικά· Δόξα Σοι, ὁ Θεὸς ἡμῶν, δόξα Σοι.

Εἰς τὰ μαρτυρικά· Ἅγιοι Μάρτυρες τοῦ Χριστοῦ, πρεσβεύσατε ὑπὲρ ἡμῶν.

Εἰς τὰ μαρτυρικὰ ἐν Σαββάτῳ· Πρεσβείαις τῶν Μαρτύρων Σου Χριστὲ ὁ Θεὸς ἀνάπαυσον τὰς ψυχὰς τῶν δούλων Σου.

Εἰς τὰ νεκρώσιμα· Αἱ ψυχαὶ αὐτῶν ἐν ἀγαθοῖς αὐλισθήσονται.

Εἰς τὸν κανόνα τῶν κεκοιμημένων· Μακάριοι οὓς ἐξελέξω καὶ προσελάβου, Κύριε.

Εἰς τὸ προτελευταῖον τροπάριον τοῦ τελευταίου ψαλλέντος κανόνος ἑκάστης ᾠδῆς λέγομεν, Δόξα, καὶ εἰς τὸ τελευταῖον, Καὶ νῦν.

Ἀπὸ τὸν βίον τοῦ Ἁγίου Ἰωάννου τοῦ Ἐλεήμονος

«... Ἀλλά κι' ἐκείνους ποὺ ἀσύνετα συζητοῦσαν μέσα στὴν ἐκκλησία, φρόντιζε ὅσο μποροῦσε νὰ τοὺς διορθώνει. Ἄν ὅμως ἔβλεπε κανέναν, μετὰ ἀπὸ μιὰ καὶ δυὸ συμβουλές, νὰ μὴ διορθώνεται, τὸν ἔβγαζε ἀμέσως ἔξω, λέγοντάς του καὶ τὸν Δεσποτικὸν λόγον: "Τὸν οἶκον τοῦ Θεοῦ, οἶκον προσευχῆς δεῖ εἶναι"...»

Μικρὸς Εὐεργετινός, Ἱερὰ Μονὴ Παρακλήτου, σσ. 141-142.

Ἅγιος Ἰωάννης τῆς Κλίμακος

«Συνέβη πολλὲς φορὲς νὰ διακρίνη ὁ Ποιμὴν μερικοὺς ἀδελφοὺς ποὺ συζητοῦσαν μεταξύ τους τὴν ὥρα τῆς Ἀκολουθίας. Καὶ τοὺς ἐπέβαλε, μολονότι ἦσαν κληρικοὶ - συγκεκριμένα Ἱερεῖς - νὰ ἵστανται ἔξω ἀπὸ τὴν Ἐκκλησία μία ἑβδομάδα καὶ νὰ βάζουν μετάνοια σὲ ὅλους ὅσους εἰσέρχονταν καὶ ἐξέρχονταν»

Λόγος Δ΄, λβ΄ (μετάφραση: Ἱερὰ Μονὴ Παρακλήτου)

Στιχολογία τῶν Θ´ Ὠδῶν

Συμπεριλαμβάνονται ἐδὼ οἱ βιβλικὲς Ὠδές[177] (διὰ τὴν ἀνά-
γνωσιν εἰς καθημερινὴν τῆς Μ. Τεσσαρακοστῆς[178] καὶ) εἰς περί-
πτωσιν ποὺ θέλει τις νὰ τὰς ἀναγνώσει ἢ ψάλλει εἰς τὰς Ἀγρυπνί-
ας καὶ ὄχι μόνον (ἐφ’ ὅσον ὑπάρχει χρόνος, καὶ εὐλογία ἀπὸ τὸν
προεστῶτα)[179], ἐπισυναπτομένων τῶν τροπαρίων τῶν Κανόνων.

Ὑπάρχουν τρεῖς τρόποι στιχολογίας τῶν Ὠδῶν [ΤΓΡ, σ. 91].
Ἐμεῖς ἀκολουθοῦμε ἐδὼ τὸν β´ τρόπον («Τῷ Κυρίῳ ἄσωμεν οὐ
στιχολογεῖται»), ποὺ ἀκολουθεῖται εἰς μνήμας Ἁγίων ἑορταζο-
μένων εἰς η´, εἰς τὰ προεόρτια/μεθέορτα, καὶ τὶς Κυριακές[180,181].
Κατ’ αὐτὸν τὸν τρόπον[182], οἱ στίχοι μὲ τὰ μικρὰ γράμματα κατα-
λιμπάνονται [ΤΓΡ, σ. 85].

Ὠδὴ Πρώτη.

Ὠδὴ Μωσέως ἐν τῇ Ἐξόδῳ (ιε´ 1-19)
Ἄρδην βυθίσας Φαραὼ Μωσῆς λέγει·

Εἰς στίχους ιδ´.

---

[177] βλ. καὶ Μ. Ὡρολόγιον, Ἀκολουθία τοῦ Ὄρθρου, καί [ΜΤΕ, σ. 84].

[178] Τὴν Μ. Τεσσαρακοστὴν διαβάζονται καὶ τὰ ψιλὰ γράμματα.

[179] Προσωπικῶς ἔτυχον εἰς ἱερὸν ἐνοριακὸν Ναόν, ποὺ τὸν διακονοῦν ἔγγαμοι
λίαν φιλακόλουθοι Ἱερεῖς, ποὺ ἐν καθημερινῇ λειτουργίᾳ ἀναγινώσκουν
ἐνίοτε τοὺς στίχους ἐκ τῶν βιβλικῶν ᾠδῶν, εἰς ὅλας τὰς ᾠδὰς τῶν Κανόνων
τοῦ Ὄρθρου.

[180] βλ. [ΤΓΡ, σσ. 84-92], [ΜΤΕ, σ. 84], [ΤΑΣ(2010), σ. 583], [ΔΤΑ, σ. 90],
[ΩΡΒ, σ. 48].

[181] Εἰς τὰς μονὰς ᾠδὰς α´, γ´, ε´, ζ´, θ´ ξεκινάει ὁ δεξιὸς χορός, εἰς τὰ ζυγὰς ὁ
ἀριστερός.

[182] Ἀντὶ τῶν συνηθισμένων οἰκείων στίχων (π.χ. «Ἅγιε τοῦ Θεοῦ πρέσβευε
ὑπὲρ ἡμῶν» κ.λπ.), λέγε τὸν ἀντίστοιχον στίχον ἐκ τῆς Ὠδῆς βάζοντας ἀνά-
λογους στίχους (π.χ. ἂν ἔχουμε σύνολο τριῶν κανόνων, καὶ λέγεις ἔκαστον
κανόνα εἰς δ´, ξεκίνησε ἀπὸ «εἰς στίχους ιβ´».

Ὁ Εἱρμός τοῦ α΄ κανόνος.

Εἶτα τροπάριον τοῦ κανόνος (ἄνευ στίχου).

Εἰς στίχους ιβ΄.[183]

Τῷ Κυρίῳ ᾄσωμεν, ἐνδόξως γὰρ δεδόξασται.[184]

Ἄσωμεν τῷ Κυρίῳ, ἐνδόξως γὰρ δεδόξασται· ἵππον καὶ ἀναβάτην ἔρριψεν εἰς θάλασσαν.

Βοηθὸς καὶ σκεπαστὴς ἐγένετό μοι εἰς σωτηρίαν, οὗτός μου Θεός καὶ δοξάσω Αὐτόν, Θεὸς τοῦ πατρός μου, καὶ ὑψώσω Αὐτόν.

Εἰς στίχους ι΄.

Κύριος συντρίβων πολέμους, Κ ύ ρ ι ο ς ὄνομα αὐτῷ.

Ἅρματα Φαραὼ καὶ τὴν δύναμιν αὐτοῦ ἔρριψεν εἰς θάλασσαν· ἐπιλέκτους ἀναβάτας τριστάτας κατεπόντισεν ἐν Ἐρυθρᾷ θαλάσσῃ.

Πόντῳ ἐκάλυψεν αὐτούς· κατέδυσαν εἰς βυθὸν ὡσεὶ λίθος.

Ἡ δεξιά Σου, Κύριε, δεδόξασται ἐν ἰσχύϊ· ἡ δεξιά Σου χείρ, Κύριε, ἔθραυσεν ἐχθρούς· καὶ τῷ πλήθει τῆς δόξης Σου συνέτριψας τοὺς ὑπεναντίους.

Ἀπέστειλας τὴν ὀργήν Σου, κατέφαγεν αὐτοὺς ὡσεὶ καλάμην·

Καὶ διὰ πνεύματος τοῦ θυμοῦ Σου διέστη τὸ ὕδωρ. Ἐπάγη ὡσεὶ τεῖχος τὰ ὕδατα, ἐπάγη τὰ κύματα ἐν μέσῳ τῆς θαλάσσης.

Εἶπεν ὁ ἐχθρός· Διώξας καταλήψομαι, μεριῶ σκῦλα, ἐμπλήσω ψυχήν μου, ἀνελῶ τῇ μαχαίρᾳ μου, κυριεύσει ἡ χείρ μου.

Ἀπέστειλας τὸ πνεῦμά Σου, ἐκάλυψεν αὐτοὺς θάλασσα, ἔδυσαν ὡσεὶ μόλυβδος ἐν ὕδατι σφοδρῷ.

---

[183] Εἶναι δυνατόν, π.χ. νὰ ἔχουμε τρεῖς κανόνες, καὶ νὰ ἀρχίσουμε εἰς στίχους ιβ΄ τὰ τροπάρια τῶν κανόνων, ἀλλὰ τὰ τροπάρια τῶν κανόνων νὰ «βγοῦν» π.χ. 5+6+4. Τότε ἢ θὰ ποῦμε μόνον 4+4+4 (4 ἀπὸ τὸν κάθε κανόνα), ἢ ἂν δὲν θέλουμε νὰ κόψουμε τροπάρια τῶν κανόνων, θὰ προσθέσουμε κοινοὺς στίχους ὥστε νὰ συμπληρωθοῦν τὰ τροπάρια, π.χ. θὰ προσθέσουμε στίχο «Ὑπεραγία Θεοτόκε σῶσον ἡμᾶς» στὸ Θεοτοκίον τοῦ α΄ κανόνος, καὶ στίχους «Ἅγιε τοῦ Θεοῦ...», καὶ «Ὑπεραγία Θεοτόκε σῶσον ἡμᾶς» στὰ 2 τελευταῖα τροπάρια τοῦ β΄ κανόνος (αὐτὸ τὸ εἶδα ἀπὸ εὐλαβῆ φιλακόλουθο ἱερέα ἐνορίας).

[184] Ἡ ἐπικεφαλίς (ἔντονα γράμματα) μὲ τὸν ἐπόμενο στίχο, λογίζονται ὡς ἕνας στίχος.

Τὶς ὅμοιός Σοι ἐν θεοῖς, Κύριε; τὶς ὅμοιός Σοι; Δεδοξασμένος ἐν ἁγίοις, θαυμαστὸς ἐν δόξαις, ποιῶν τέρατα.

Ἐξέτεινας τὴν δεξιάν Σου, κατέπιεν αὐτοὺς γῆ.

Ὠδήγησας τῇ δικαιοσύνῃ Σου τὸν λαόν Σου τοῦτον, ὃν ἐλυτρώσω· παρεκάλεσας τῇ ἰσχύϊ Σου εἰς κατάλυμα ἅγιόν Σου.

Ἤκουσαν ἔθνη, καὶ ὠργίσθησαν· ὠδῖνες ἔλαβον κατοικοῦντας Φιλιστιείμ.

Εἰς στίχους η΄.

Τότε ἔσπευσαν ἡγεμόνες Ἐδὼμ καὶ ἄρχοντες τῶν Μωαβιτῶν· ἔλαβεν αὐτοὺς τρόμος, ἐτάκησαν πάντες οἱ κατοικοῦντες Χαναάν.

Ἐπιπέσοι ἐπ' αὐτοὺς φόβος καὶ τρόμος, μεγέθει βραχίονός Σου ἀπολιθωθήτωσαν.

Εἰς στίχους ς΄.

Ἕως ἂν παρέλθῃ ὁ λαός Σου, Κύριε· ἕως ἂν παρέλθῃ ὁ λαός Σου οὗτος, ὃν ἐκτήσω.

Εἰσαγαγὼν καταφύτευσον αὐτοὺς εἰς ὄρος κληρονομίας Σου, εἰς ἕτοιμον κατοικητήριόν Σου, ὃ κατειργάσω, Κύριε, ἁγίασμα, ὃ ἡτοίμασαν αἱ χεῖρές Σου.

Εἰς στίχους δ΄.

Κύριος βασιλεύων τῶν αἰώνων, καὶ ἐπ' αἰῶνα, καὶ ἔτι.

Ὅτι εἰσῆλθεν ἵππος Φαραὼ σὺν ἅρμασι καὶ ἀναβάταις εἰς θάλασσαν. Καὶ ἐπήγαγεν ἐπ' αὐτοὺς Κύριος τὸ ὕδωρ τῆς θαλάσσης· οἱ δὲ υἱοὶ Ἰσραὴλ ἐπορεύθησαν διὰ ξηρᾶς ἐν μέσῳ τῆς θαλάσσης.

Δόξα. Καὶ νῦν.[185]

[μετὰ τὸ τροπάριον τοῦ Καὶ νῦν, εἰς τὸ τέλος ἑκάστης Ὠδῆς (ὡς εἰς τὸ Πάσχα), ψάλλεται ἡ Καταβασία τῆς περιόδου]

---

[185] Εἰς τὸ Δόξα λέγεται τὸ προτελευταῖον τροπάριον, καὶ εἰς τὸ Καὶ νῦν τὸ τελευταῖον.

Ὠδὴ Δευτέρα.
Ὠδὴ Μωσέως ἐν τῷ Δευτερονομίῳ (λβ΄ 1-43)

Στιχολογεῖται ἡ β΄ Ὠδὴ ἐν μόνῃ τῇ Ἁγίᾳ καὶ Μεγάλῃ Τεσσαρακοστῇ.
Μετὰ δὲ τὴν α΄ ᾠδὴν, στιχολογοῦμεν αὐτὴν ἕως τέλους.

Νόμου γραφέντος αὖθις ᾠδὴ Μωσέως.

Πρόσεχε, οὐρανέ, καὶ λαλήσω· καὶ ἀκουέτω ἡ γῆ ῥήματα ἐκ στόματός μου.

Προσδοκάσθω ὡς ὑετὸς τὸ ἀπόφθεγμά μου, καὶ καταβήτω ὡς δρόσος τὰ ῥήματά μου, ὡς ὄμβρος ἐπ᾽ ἄγρωστιν καὶ ὡσεὶ νιφετὸς ἐπὶ χόρτον.

Ὅτι τὸ ὄνομα Κυρίου ἐκάλεσα· δότε μεγαλωσύνην τῷ Θεῷ ἡμῶν.

Θεός, ἀληθινὰ τὰ ἔργα Αὐτοῦ, καὶ πᾶσαι αἱ ὁδοὶ Αὐτοῦ κρίσεις.

Θεὸς πιστός, καὶ οὐκ ἔστιν ἀδικία ἐν Αὐτῷ· δίκαιος καὶ ὅσιος ὁ Κύριος.

Ἡμάρτοσαν οὐκ αὐτῷ τέκνα μωμητά· γενεὰ σκολιὰ καὶ διεστραμμένη, ταῦτα Κυρίῳ ἀνταποδίδοτε;

Οὗτος λαὸς μωρὸς καὶ οὐχὶ σοφός· οὐκ αὐτὸς οὗτός σου Πατὴρ ἐκτήσατό σε, καὶ ἐποίησέ σε καὶ ἔπλασέ σε;

Μνήσθητε ἡμέρας αἰῶνος, σύνετε ἔτη γενεᾶς γενεῶν.

Ἐπερώτησον τὸν πατέρα σου, καὶ ἀναγγελεῖ σοι, τοὺς πρεσβυτέρους σου, καὶ ἐροῦσί σοι.

Ὅτε διεμέριζεν ὁ Ὕψιστος ἔθνη, ὡς διέσπειρεν υἱοὺς Ἀδάμ, ἔστησεν ὅρια ἐθνῶν κατὰ ἀριθμὸν ἀγγέλων Θεοῦ.

Καὶ ἐγενήθη μερὶς Κυρίου, λαὸς αὐτοῦ Ἰακώβ· σχοίνισμα κληρονομίας αὐτοῦ Ἰσραήλ.

Αὐτάρκησεν αὐτὸν ἐν τῇ ἐρήμῳ· ἐν δίψει καύματος, ἐν γῇ ἀνύδρῳ· ἐκύκλωσεν αὐτόν, καὶ ἐπαίδευσεν αὐτόν, καὶ διεφύλαξεν αὐτὸν ὡς κόρην ὀφθαλμοῦ.

Ὡς ἀετὸς σκεπάσαι νοσσιὰν αὐτοῦ, καὶ ἐπὶ τοῖς νεοσσοῖς αὐτοῦ ἐπεπόθησε· διεὶς τὰς πτέρυγας αὐτοῦ, ἐδέξατο αὐτούς, καὶ ἀνέλαβεν αὐτοὺς ἐπὶ τῶν μεταφρένων αὐτοῦ.

Κύριος μόνος ἦγεν αὐτούς, καὶ οὐκ ἦν μετ᾽ αὐτῶν θεὸς ἀλλότριος.

Ἀνεβίβασεν αὐτοὺς ἐπὶ τὴν ἰσχὺν τῆς γῆς· ἐψώμισεν αὐτοὺς γενήματα ἀγρῶν.

Ἐθήλασαν μέλι ἐκ πέτρας, καὶ ἔλαιον ἐκ στερεᾶς πέτρας.

Βούτυρον βοῶν καὶ γάλα προβάτων μετὰ στέατος ἀρνῶν καὶ κριῶν, υἱῶν ταύρων καὶ τράγων, μετὰ στέατος νεφρῶν πυροῦ καὶ αἷμα σταφυλῆς ἔπιον οἶνον.

Καὶ ἔφαγεν Ἰακὼβ καὶ ἐνεπλήσθη, καὶ ἀπελάκτισεν ὁ ἠγαπημένος· ἐλιπάνθη, ἐπαχύνθη, ἐπλατύνθη· καὶ ἐγκατέλιπε τὸν Θεὸν τὸν ποιήσαντα αὐτόν, καὶ ἀπέστη ἀπὸ Θεοῦ σωτῆρος αὐτοῦ.

Παρώξυνάν με ἐπ᾽ ἀλλοτρίοις, ἐν βδελύγμασιν αὐτῶν ἐξεπίκρανάν με.

Ἔθυσαν δαιμονίοις καὶ οὐ Θεῷ· θεοῖς, οἷς οὐκ ᾔδεισαν· καινοὶ καὶ πρόσφατοι ἥκασιν, οὓς οὐκ ᾔδεισαν οἱ πατέρες αὐτῶν.

Θεὸν τὸν γεννήσαντά σε ἐγκατέλιπες, καὶ ἐπελάθου Θεοῦ τοῦ τρέφοντός σε.

Καὶ εἶδε Κύριος, καὶ ἐζήλωσε καὶ παρωξύνθη δι᾽ ὀργὴν υἱῶν αὐτοῦ καὶ θυγατέρων.

Καὶ εἶπεν· Ἀποστρέψω τὸ πρόσωπόν μου ἀπ᾽ αὐτῶν, καὶ δείξω τί ἔσται αὐτοῖς ἐπ᾽ ἐσχάτων ἡμερῶν· ὅτι γενεὰ ἐξεστραμμένη ἐστίν· υἱοί, οἷς οὐκ ἔστι πίστις ἐν αὐτοῖς.

Αὐτοὶ παρεζήλωσάν με ἐπ᾽ οὐ Θεῷ, παρώργισάν με ἐν τοῖς εἰδώλοις αὐτῶν· κἀγὼ παραζηλώσω αὐτοὺς ἐπ᾽ οὐκ ἔθνει, ἐπὶ ἔθνει ἀσυνέτῳ παροργιῶ αὐτούς.

Ὅτι πῦρ ἐκκέκαυται ἐκ τοῦ θυμοῦ μου, καυθήσεται ἕως ᾅδου κατωτάτου· καταφάγεται γῆν καὶ τὰ γενήματα αὐτῆς, φλέξει θεμέλια ὀρέων.

Συνάξω εἰς αὐτοὺς κακά, καὶ τὰ βέλη μου συντελέσω εἰς αὐτούς.

Τηκόμενοι λιμῷ καὶ βρώσει ὀρνέων, καὶ ὀπισθότονος ἀνίατος· ὀδόντας θηρίων ἐξαποστελῶ εἰς αὐτούς, μετὰ θυμοῦ συρόντων ἐπὶ τῆς γῆς.

Ἔξωθεν ἀτεκνώσει αὐτοὺς μάχαιρα, καὶ ἐκ τῶν ταμιείων φόβος· νεανίσκος σὺν παρθένῳ, θηλάζων μετὰ καθεστηκότος πρεσβυτέρου.

Εἶπα· Διασπερῶ αὐτούς· παύσω δὲ ἐξ ἀνθρώπων τὸ μνημόσυνον αὐτῶν.

Εἰ μὴ δι᾽ ὀργὴν ἐχθρῶν, ἵνα μὴ μακροχρονίσωσι, καὶ ἵνα μὴ συνεπιθῶνται οἱ ὑπεναντίοι· μὴ εἴπωσιν· Ἡ χεὶρ ἡμῶν ἡ ὑψηλή, καὶ οὐχὶ Κύριος ἐποίησε ταῦτα πάντα.

Ὅτι ἔθνος ἀπολωλεκὸς βουλήν ἐστι, καὶ οὐκ ἔστιν ἐν αὐτοῖς ἐπιστήμη, καὶ οὐκ ἐφρόνησαν συνιέναι.

Ταῦτα πάντα καταδεξάσθωσαν εἰς τὸν ἐπιόντα χρόνον.

Πῶς διώξεται εἷς χιλίους, καὶ δύο μετακινήσουσι μυριάδας, εἰ μὴ ὁ Θεὸς ἀπέδοτο αὐτούς, καὶ ὁ Κύριος παρέδωκεν αὐτούς;

Οὐ γὰρ εἰσὶν οἱ θεοὶ αὐτῶν, ὡς ὁ Θεὸς ἡμῶν· οἱ δὲ ἐχθροὶ ἡμῶν ἀνόητοι.

Ἐκ γὰρ ἀμπέλων Σοδόμων ἡ ἄμπελος αὐτῶν, καὶ ἡ κληματὶς αὐτῶν ἐκ Γομόρρας· ἡ σταφυλὴ αὐτῶν σταφυλὴ χολῆς, βότρυς πικρίας αὐτοῖς.

Θυμὸς δρακόντων ὁ οἶνος αὐτῶν, καὶ θυμὸς ἀσπίδων ἀνίατος.

Οὐκ ἰδοὺ ταῦτα πάντα συνῆκται παρ᾽ ἐμοί, καὶ ἐσφράγισται ἐν τοῖς θησαυροῖς μου;

Ἐν ἡμέρᾳ ἐκδικήσεως ἀνταποδώσω, ἐν καιρῷ, ὅταν σφαλῇ ὁ ποῦς αὐτῶν· ὅτι ἐγγὺς ἡμέρα ἀπωλείας αὐτῶν, καὶ πάρεστιν ἕτοιμα ὑμῖν.

Ὅτι κρινεῖ Κύριος τὸν λαὸν Αὐτοῦ, καὶ ἐπὶ τοῖς δούλοις Αὐτοῦ παρακληθήσεται.

Εἶδε γὰρ αὐτοὺς παραλελυμένους, καὶ ἐκλελοιπότας ἐν ἐπαγωγῇ καὶ παρειμένους.

Καὶ εἶπε Κύριος· Ποῦ εἰσιν οἱ θεοὶ αὐτῶν, ἐφ᾽ οἷς ἐπεποίθεισαν ἐπ᾽ αὐτοῖς;

Ὧν τὸ στέαρ τῶν θυσιῶν αὐτῶν ἠσθίετε, καὶ ἐπίνετε τὸν οἶνον τῶν σπονδῶν αὐτῶν; Ἀναστήτωσαν καὶ βοηθησάτωσαν ὑμῖν, καὶ γενηθήτωσαν ὑμῶν σκεπασταί.

Ἴδετε ἴδετε ὅτι Ἐγώ εἰμι, καὶ οὐκ ἔστι Θεὸς πλὴν Ἐμοῦ· ἐγὼ ἀποκτενῶ, καὶ ζῆν ποιήσω· πατάξω, κἀγὼ ἰάσομαι· καὶ οὐκ ἔστιν, ὃς ἐξελεῖται ἐκ τῶν χειρῶν μου.

Ὅτι ἀρῶ εἰς τὸν οὐρανὸν τὴν χεῖρά μου καὶ ὀμοῦμαι τῇ δεξιᾷ μου καὶ ἐρῶ· ζῶ Ἐγὼ εἰς τὸν αἰῶνα.

Ὅτι παροξυνῶ ὡς ἀστραπὴν τὴν μάχαιράν μου, καὶ ἀνθέξεται κρίματος ἡ χείρ μου, καὶ ἀνταποδώσω δίκην τοῖς ἐχθροῖς, καὶ τοῖς μισοῦσί με ἀνταποδώσω.

Μεθύσω τὰ βέλη μου ἀφ᾽ αἵματος, καὶ ἡ μάχαιρά μου φάγεται κρέα, ἀφ᾽ αἵματος τραυματιῶν καὶ αἰχμαλωσίας, ἀπὸ κεφαλῆς ἀρχόντων ἐθνῶν.

Εὐφράνθητε, οὐρανοί, ἅμα Αὐτῷ, καὶ προσκυνησάτωσαν Αὐτῷ πάντες ἄγγελοι Θεοῦ.

Εὐφράνθητε, ἔθνη, μετὰ τοῦ λαοῦ Αὐτοῦ, καὶ ἐνισχυσάτωσαν αὐτῷ πάντες υἱοὶ Θεοῦ· ὅτι τὸ αἷμα τῶν υἱῶν Αὐτοῦ ἐκδικεῖται, καὶ ἐκδικήσει καὶ ἀνταποδώσει δίκην τοῖς ἐχθροῖς, καὶ τοῖς μισοῦσιν Αὐτὸν ἀνταποδώσει, καὶ ἐκκαθαριεῖ Κύριος τὴν γῆν τοῦ λαοῦ Αὐτοῦ.

Μετὰ τὸν τελευταῖον στίχον, ψάλλει ὁ β΄ χορὸς ἄνευ στίχου τὸν εἱρμὸν τῆς β΄ ᾠδῆς τοῦ τριῳδίου, καὶ ὁ α΄ χορὸς τὸν αὐτὸν ἄνευ στίχου. Εἶτα δὲ ψάλλονται τὰ τροπάρια μετὰ τοῦ στίχου Δόξα Σοι, ὁ Θεὸς ἡμῶν, δόξα Σοι. Εἰς τὸ Θεοτοκίον τοῦ α΄ τριῳδίου λέγεται ὁ στίχος Ὑπεραγία Θεοτόκε σῶσον ἡμᾶς. Εἰς δὲ τὰ δύο τελευταῖα τροπάρια τῆς β΄ ᾠδῆς λέγονται στίχοι, τό·

Δόξα. Καὶ νῦν.

Ὠδὴ Τρίτη.

Προσευχὴ Ἄννης τῆς μητρὸς Σαμουὴλ τοῦ Προφήτου (Α΄ Βασ. β΄ 1-10).

Θεὸν γεραίρει στεῖρα τίκτουσα ξένως.

Εἰς στίχους ιδ΄.

Ὁ Εἱρμός τοῦ α΄ κανόνος.

Εἶτα τροπάριον τοῦ κανόνος (ἄνευ στίχου).

Εἰς στίχους ιβ΄.[183]

Ἅγιος εἶ, Κύριε, καὶ Σὲ ὑμνεῖ τὸ πνεῦμά μου.[184]

Ἐστερεώθη ἡ καρδία μου ἐν Κυρίῳ, ὑψώθη κέρας μου ἐν Θεῷ μου.

Ἐπλατύνθη ἐπ' ἐχθρούς μου τὸ στόμα μου, εὐφράνθην ἐν σωτηρίῳ Σου.

Εἰς στίχους ι΄.

Ὅτι οὐκ ἔστιν Ἅγιος ὡς ὁ Κύριος, καὶ οὐκ ἔστι δίκαιος ὡς ὁ Θεὸς ἡμῶν, καὶ οὐκ ἔστιν Ἅγιος πλήν Σου.

Μὴ καυχᾶσθε καὶ μὴ λαλεῖτε ὑψηλὰ εἰς ὑπεροχήν· μηδὲ ἐξελθέτω μεγαλορρημοσύνη ἐκ τοῦ στόματος ὑμῶν.

Ὅτι Θεὸς γνώσεων Κύριος, καὶ Θεὸς ἑτοιμάζων ἐπιτηδεύματα Αὐτοῦ.

Τόξον δυνατῶν ἠσθένησε, καὶ οἱ ἀσθενοῦντες περιεζώσαντο δύναμιν.

Πλήρεις ἄρτων ἠλαττώθησαν, καὶ οἱ πεινῶντες παρῆκαν γῆν· ὅτι στεῖρα ἔτεκεν ἑπτά, καὶ ἡ πολλὴ ἐν τέκνοις ἠσθένησε.

Κύριος θανατοῖ καὶ ζωογονεῖ, κατάγει εἰς ᾅδου καὶ ἀνάγει.

Κύριος πτωχίζει καὶ πλουτίζει, ταπεινοῖ καὶ ἀνυψοῖ.

Ἀνιστᾷ ἀπὸ γῆς πένητα, καὶ ἀπὸ κοπρίας ἐγείρει πτωχόν, τοῦ καθίσαι αὐτὸν μετὰ δυναστῶν λαοῦ, καὶ θρόνον δόξης κατακληρονομῶν αὐτόν.

Εἰς στίχους η΄.

Διδοὺς εὐχὴν τῷ εὐχομένῳ, καὶ εὐλόγησεν ἔτη δικαίου.

Ὅτι οὐκ ἐνισχύει δυνατὸς ἀνὴρ ἐν τῇ ἰσχύϊ αὐτοῦ· Κύριος ἀσθενῆ ποιήσει τὸν ἀντίδικον αὐτοῦ, Κύριος Ἅγιος.

Εἰς στίχους ς΄.

Μὴ καυχάσθω ὁ σοφὸς ἐν τῇ σοφίᾳ αὐτοῦ, καὶ μὴ καυχάσθω ὁ δυνατὸς ἐν τῇ δυνάμει αὐτοῦ, καὶ μὴ καυχάσθω ὁ πλούσιος ἐν τῷ πλούτῳ αὐτοῦ.

Ἀλλ' ἢ ἐν τούτῳ καυχάσθω ὁ καυχώμενος, ἐν τῷ συνιεῖν καὶ γινώσκειν τὸν Κύριον, καὶ ποιεῖν κρῖμα καὶ δικαιοσύνην ἐν μέσῳ τῆς γῆς.

Εἰς στίχους δ´.

Κύριος ἀνέβη εἰς οὐρανοὺς καὶ ἐβρόντησεν· Αὐτὸς κρινεῖ ἄκρα γῆς, δίκαιος ὤν.

Καὶ δώσει ἰσχὺν τοῖς βασιλεῦσιν ἡμῶν, καὶ ὑψώσει κέρας χριστῶν Αὐτοῦ.

Δόξα. Καὶ νῦν.

Ὠδὴ Τετάρτη.

Προσευχὴ Ἀββακοὺμ τοῦ Προφήτου (γ´ 1-19).
Τὴν τοῦ Λόγου κένωσιν, Ἀββακούμ, φράσον.

Εἰς στίχους ιδ´.

Ὁ Εἱρμός τοῦ α´ κανόνος.

Εἶτα τροπάριον τοῦ κανόνος (ἄνευ στίχου).

Εἰς στίχους ιβ´.[183]

Δόξα τῇ δυνάμει Σου, Κύριε.[184]

Κύριε, εἰσακήκοα τὴν ἀκοήν Σου, καὶ ἐφοβήθην· Κύριε, κατενόησα τὰ ἔργα Σου καὶ ἐξέστην.

Ἐν μέσῳ δύο ζῴων γνωσθήσῃ, ἐν τῷ ἐγγίζειν τὰ ἔτη ἐπιγνωσθήσῃ, ἐν τῷ παρεῖναι τὸν καιρὸν ἀναδειχθήσῃ, ἐν τῷ ταραχθῆναι τὴν ψυχήν μου, ἐν ὀργῇ ἐλέους μνησθήσῃ.

Εἰς στίχους ι´.

Ὁ Θεὸς ἀπὸ Θαιμὰν ἥξει, καὶ ὁ Ἅγιος ἐξ ὄρους κατασκίου δασέος.

Ἐκάλυψεν οὐρανοὺς ἡ ἀρετὴ Αὐτοῦ, καὶ τῆς αἰνέσεως Αὐτοῦ πλήρης ἡ γῆ.

Καὶ φέγγος Αὐτοῦ ὡς φῶς ἔσται· κέρατα ἐν χερσὶν Αὐτοῦ, καὶ ἔθετο ἀγάπησιν κραταιὰν ἰσχύος αὐτοῦ.

Πρὸ προσώπου αὐτοῦ πορεύσεται λόγος, καὶ ἐξελεύσεται εἰς παιδείαν κατὰ πόδας Αὐτοῦ.

Ἔστη, καὶ ἐσαλεύθη ἡ γῆ· ἐπέβλεψε, καὶ ἐτάκη ἔθνη.

Διεθρύβη τὰ ὄρη βίᾳ, ἐτάκησαν βουνοὶ αἰώνιοι, πορείας αἰωνίους Αὐτοῦ ἀντὶ κόπων εἶδον.

Σκηνώματα Αἰθιόπων πτοηθήσονται, καὶ σκηναὶ γῆς Μαδιάμ.

Μὴ ἐν ποταμοῖς ὠργίσθης, Κύριε; μὴ ἐν ποταμοῖς ὁ θυμός Σου, ἢ ἐν θαλάσσῃ τὸ ὅρμημά Σου; ὅτι ἐπιβήσῃ ἐπὶ τοὺς ἵππους Σου, καὶ ἡ ἱππασία Σου σωτηρία.

Ἐντείνων ἐντενεῖς τὸ τόξον Σου ἐπὶ σκῆπτρα, λέγει Κύριος· ποταμῶν ῥαγήσεται γῆ.

Ὄψονταί Σε καὶ ὠδινήσουσι λαοί, σκορπίζων ὕδατα πορείας· ἔδωκεν ἡ ἄβυσσος φωνὴν αὐτῆς, ὕψος φαντασίας αὐτῆς.

Ἐπήρθη ὁ ἥλιος, καὶ ἡ σελήνη ἔστη ἐν τῇ τάξει αὐτῆς· εἰς φῶς βολίδες Σου πορεύσονται, εἰς φέγγος ἀστραπῆς ὅπλων Σου.

Ἐν ἀπειλῇ ὀλιγώσεις γῆν, καὶ ἐν θυμῷ κατάξεις ἔθνη.

Ἐξῆλθες εἰς σωτηρίαν λαοῦ Σου, τοῦ σῶσαι τοὺς χριστούς Σου ἐλήλυθας, ἔβαλες εἰς κεφαλὰς ἀνόμων θάνατον, ἐξήγειρας δεσμοὺς ἕως τραχήλου εἰς τέλος.

Διέκοψας ἐν ἐκστάσει κεφαλὰς δυναστῶν· σεισθήσονται ἐν αὐτοῖς, διανοίξουσι χαλινοὺς αὐτῶν, ὡς ὁ ἐσθίων πτωχὸς λάθρα.

Καὶ ἐπεβίβασας εἰς θάλασσαν τοὺς ἵππους Σου, ταράσσοντας ὕδατα πολλά.

Ἐφυλαξάμην, καὶ ἐπτοήθη ἡ καρδία μου, ἀπὸ φωνῆς προσευχῆς χειλέων μου.

Καὶ εἰσῆλθε τρόμος εἰς τὰ ὀστᾶ μου, καὶ ἐν ἐμοὶ ἐταράχθη ἡ ἰσχύς μου.

Ἀναπαύσομαι ἐν ἡμέρᾳ θλίψεώς μου, τοῦ ἀναβῆναί με εἰς λαὸν παροικίας μου.

Εἰς στίχους η΄.

Διότι συκῆ οὐ καρποφορήσει, καὶ οὐκ ἔσται γεννήματα ἐν ταῖς ἀμπέλοις.

Ψεύσεται ἔργον ἐλαίας, καὶ τὰ πεδία οὐ ποιήσει βρῶσιν.

Εἰς στίχους ϛ΄.

Ἐξέλιπον ἀπὸ βρώσεως πρόβατα, καὶ οὐχ ὑπάρξουσι βόες ἐπὶ φάτναις.

Ἐγὼ δὲ ἐν τῷ Κυρίῳ ἀγαλλιάσομαι, χαρήσομαι ἐπὶ τῷ Θεῷ τῷ Σωτῆρί μου.

Εἰς στίχους δ΄.

Κύριος ὁ Θεός μου, δύναμίς μου, καὶ τάξει τοὺς πόδας μου εἰς συντέλειαν.

Καὶ ἐπὶ τὰ ὑψηλὰ ἐπιβιβᾷ με, τοῦ νικῆσαί με ἐν τῇ ᾠδῇ Αὐτοῦ.

Δόξα. Καὶ νῦν.

Ὠδὴ Πέμπτη.

Προσευχὴ Ἡσαΐου τοῦ Προφήτου (κϛ΄ 9-20).
Ἡσαΐου πρόρρησις, εὐχὴ τὸ πλέον.

Εἰς στίχους ιδ΄.
Ὁ Εἱρμός τοῦ α΄ κανόνος.

Εἶτα τροπάριον τοῦ κανόνος (ἄνευ στίχου).

Εἰς στίχους ιβ΄.[183]

Κύριε, ὁ Θεὸς ἡμῶν, εἰρήνην δὸς ἡμῖν.[184]

Ἐκ νυκτὸς ὀρθρίζει τὸ πνεῦμά μου πρὸς Σέ, ὁ Θεός, διότι φῶς τὰ προστάγματά Σου ἐπὶ τῆς γῆς.

Δικαιοσύνην μάθετε οἱ ἐνοικοῦντες ἐπὶ τῆς γῆς.

Εἰς στίχους ι΄.

Πέπαυται γὰρ ὁ ἀσεβής· πᾶς ὃς οὐ μὴ μάθη δικαιοσύνην ἐπὶ τῆς γῆς, ἀλήθειαν οὐ μὴ ποιήση· ἀρθήτω ὁ ἀσεβής, ἵνα μὴ ἴδη τὴν δόξαν Κυρίου.

Κύριε, ὑψηλός Σου ὁ βραχίων, καὶ οὐκ ἤδεισαν· γνόντες δὲ αἰσχυνθήτωσαν.

Ζῆλος λήψεται λαὸν ἀπαίδευτον, καὶ νῦν πῦρ τοὺς ὑπεναντίους ἔδεται.

Κύριε, ὁ Θεὸς ἡμῶν, εἰρήνην δὸς ἡμῖν· πάντα γὰρ ἀπέδωκας ἡμῖν.

Κύριε, ὁ Θεὸς ἡμῶν, κτῆσαι ἡμᾶς· Κύριε, ἐκτός Σου ἄλλον οὐκ οἴδαμεν, τὸ ὄνομά Σου ὀνομάζομεν.

Οἱ δὲ νεκροὶ ζωὴν οὐ μὴ ἴδωσιν, οὐδὲ ἰατροὶ οὐ μὴ ἀναστήσουσι· διὰ τοῦτο ἐπήγαγες καὶ ἀπώλεσας, καὶ ἦρας πᾶν ἄρσεν αὐτῶν.

Εἰς στίχους η΄.

Πρόσθες αὐτοῖς κακά, Κύριε, πρόσθες αὐτοῖς κακὰ τοῖς ἐνδόξοις τῆς γῆς.

Κύριε, ἐν θλίψει ἐμνήσθημέν Σου· ἐν θλίψει μικρᾷ ἡ παιδεία Σου ἡμῖν.

Εἰς στίχους ς΄.

Καὶ ὡς ἡ ὠδίνουσα ἐγγίζει τοῦ τεκεῖν, καὶ ἐπὶ τῇ ὠδῖνι αὐτῆς ἐκέκραγεν, οὕτως ἐγενήθημεν τῷ ἀγαπητῷ Σου.

Διὰ τὸν φόβον Σου Κύριε, ἐν γαστρὶ ἐλάβομεν, καὶ ὠδινήσαμεν, καὶ ἐτέκομεν πνεῦμα σωτηρίας, ὃ ἐποιήσαμεν ἐπὶ τῆς γῆς. Οὐ πεσούμεθα, ἀλλὰ πεσοῦνται οἱ ἐνοικοῦντες ἐπὶ τῆς γῆς.

Εἰς στίχους δ΄.

Ἀναστήσονται οἱ νεκροί, καὶ ἐγερθήσονται οἱ ἐν τοῖς μνημείοις, καὶ εὐφρανθήσονται οἱ ἐν τῇ γῇ. Ἡ γὰρ δρόσος ἡ παρὰ Σοῦ ἴαμα αὐτοῖς ἐστιν, ἡ δὲ γῆ τῶν ἀσεβῶν πεσεῖται.

Βάδιζε λαός μου, εἴσελθε εἰς τὸ ταμεῖόν σου, ἀπόκλεισον τὴν θύραν σου, ἀποκρύβηθι μικρὸν ὅσον ὅσον, ἕως ἂν παρέλθῃ ἡ ὀργὴ Κυρίου.

Δόξα. Καὶ νῦν.

<h1 style="text-align:center">Ὠδὴ Ἕκτη.</h1>

Προσευχὴ Ἰωνᾶ τοῦ Προφήτου (β΄ 3-10).
Ἐκ θηρὸς ἐκραύγαζεν Ἰωνᾶς, λέγων.

Εἰς στίχους ιδ΄.
Ὁ Εἱρμός τοῦ α΄ κανόνος.

Εἶτα τροπάριον τοῦ κανόνος (ἄνευ στίχου).

Εἰς στίχους ιβ΄.[183]

Ὡς τὸν προφήτην Ἰωνᾶν, σῶσον ἡμᾶς, Κύριε.[184]

Ἐβόησα ἐν θλίψει μου πρὸς Κύριον τὸν Θεόν μου, καὶ εἰσήκουσέ μου· ἐκ κοιλίας Ἅδου κραυγῆς μου, ἤκουσας φωνῆς μου.

Ἀπέρριψάς με εἰς βάθη καρδίας θαλάσσης, καὶ ποταμοὶ ἐκύκλωσάν με.

Εἰς στίχους ι΄.

Πάντες οἱ μετεωρισμοί Σου καὶ τὰ κύματά Σου ἐπ᾽ ἐμὲ διῆλθον.

Κἀγὼ εἶπον· Ἀπῶσμαι ἐξ ὀφθαλμῶν Σου· ἄρα προσθήσω τοῦ ἐπιβλέψαι με πρὸς ναὸν τὸν ἅγιόν Σου;

Εἰς στίχους η΄.

Περιεχύθη μοι ὕδωρ ἕως ψυχῆς μου, ἄβυσσος ἐκύκλωσέ με ἐσχάτη, ἔδυ ἡ κεφαλή μου εἰς σχισμὰς ὀρέων, κατέβην εἰς γῆν, ἧς οἱ μοχλοὶ αὐτῆς κάτοχοι αἰώνιοι.

Καὶ ἀναβήτω ἐκ φθορᾶς ἡ ζωή μου πρὸς Σέ, Κύριε, ὁ Θεός μου.

Εἰς στίχους ϛ΄.

Ἐν τῷ ἐκλείπειν ἐξ ἐμοῦ τὴν ψυχήν μου, τοῦ Κυρίου ἐμνήσθην.

Καὶ ἔλθοι πρὸς Σὲ ἡ προσευχή μου πρὸς ναὸν τὸν ἅγιόν Σου.

Εἰς στίχους δ΄.

Φυλασσόμενοι μάταια καὶ ψευδῆ, ἔλεον αὐτοῖς ἐγκατέλιπον.

Ἐγὼ δὲ μετὰ φωνῆς αἰνέσεως καὶ ἐξομολογήσεως θύσω Σοι· ὅσα ηὐξάμην ἀποδώσω Σοι εἰς σωτηρίαν μου τῷ Κυρίῳ.

Δόξα. Καὶ νῦν.

Ὠδὴ Ἑβδόμη.

Προσευχὴ τῶν Ἁγίων Τριῶν Παίδων (Δαν. κεφ. γ΄).
Αἶνος φλόγα σβέννυσι τῶν τριῶν Νέων.

Εἰς στίχους ιδ΄.

Ὁ Εἱρμός τοῦ α΄ κανόνος.

Εἶτα τροπάριον τοῦ κανόνος (ἄνευ στίχου).

Εἰς στίχους ιβ΄.[183]

Τῶν Πατέρων καὶ ἡμῶν Θεὸς, εὐλογητὸς εἶ.[184]

Εὐλογητὸς εἶ, Κύριε, ὁ Θεὸς τῶν Πατέρων ἡμῶν, καὶ αἰνετὸν καὶ δεδοξασμένον τὸ ὄνομά Σου εἰς τοὺς αἰῶνας.

Ὅτι δίκαιος εἶ ἐπὶ πᾶσιν, οἷς ἐποίησας ἡμῖν· καὶ πάντα τὰ ἔργα Σου ἀληθινά, καὶ εὐθεῖαι αἱ ὁδοί Σου, καὶ πᾶσαι αἱ κρίσεις Σου ἀληθεῖς.

Εἰς στίχους ι΄.

Καὶ κρίματα ἀληθείας ἐποίησας κατὰ πάντα, ἃ ἐπήγαγες ἡμῖν, καὶ ἐπὶ τὴν πόλιν τὴν ἁγίαν τὴν τῶν Πατέρων ἡμῶν Ἱερουσαλήμ· ὅτι ἐν ἀληθείᾳ καὶ κρίσει ἐπήγαγες ταῦτα πάντα ἐφ᾽ ἡμᾶς, διὰ τὰς ἁμαρτίας ἡμῶν.

Ὅτι ἡμάρτομεν καὶ ἠνομήσαμεν ἀποστῆναι ἀπὸ Σοῦ, καὶ ἐξημάρτομεν ἐν πᾶσι, καὶ τῶν ἐντολῶν Σου οὐκ ἠκούσαμεν, οὐδὲ συνετηρήσαμεν, οὐδὲ ἐποιήσαμεν, καθὼς ἐνετείλω ἡμῖν, ἵνα εὖ ἡμῖν γένηται.

Καὶ πάντα ὅσα ἐποίησας ἡμῖν, καὶ πάντα ὅσα ἐπήγαγες ἡμῖν, ἐν ἀληθινῇ κρίσει ἐποίησας· καὶ παρέδωκας ἡμᾶς εἰς χεῖρας ἐχθρῶν ἀνόμων, ἐχθίστων ἀποστατῶν, καὶ βασιλεῖ ἀδίκῳ καὶ πονηροτάτῳ παρὰ πᾶσαν τὴν γῆν.

Καὶ νῦν οὐκ ἔστιν ἡμῖν ἀνοῖξαι τὸ στόμα ἡμῶν· αἰσχύνη καὶ ὄνειδος ἐγενήθημεν τοῖς δούλοις Σου καὶ τοῖς σεβομένοις Σε.

Μὴ δὴ παραδῷης ἡμᾶς εἰς τέλος διὰ τὸ ὄνομά Σου τὸ ἅγιον, καὶ μὴ διασκεδάσῃς τὴν διαθήκην Σου, καὶ μὴ ἀποστήσῃς τὸ ἔλεός Σου ἀφ᾽ ἡμῶν, διὰ Ἀβραὰμ τόν ἠγαπημένον ὑπὸ Σοῦ, καὶ διὰ Ἰσαὰκ τὸν δοῦλόν Σου, καὶ Ἰσραὴλ τὸν ἅγιόν Σου.

Οἷς ἐλάλησας πληθῦναι τὸ σπέρμα αὐτῶν, ὡς τὰ ἄστρα τοῦ οὐρανοῦ, καὶ ὡς τὴν ἄμμον τὴν παρὰ τὸ χεῖλος τῆς θαλάσσης.

Ὅτι, Δέσποτα, ἐσμικρύνθημεν παρὰ πάντα τὰ ἔθνη, καὶ ἐσμὲν ταπεινοὶ ἐν πάσῃ τῇ γῇ σήμερον διὰ τὰς ἁμαρτίας ἡμῶν.

Καὶ οὐκ ἔστιν ἐν τῷ καιρῷ τούτῳ ἄρχων, καὶ προφήτης, καὶ ἡγούμενος· οὐδὲ ὁλοκαύτωσις, οὐδὲ θυσία, οὐδὲ προσφορά, οὐδὲ θυμίαμα· οὐ τόπος τοῦ καρπῶσαι ἐνώπιόν Σου, καὶ εὑρεῖν ἔλεος.

Ἀλλ' ἐν ψυχῇ συντετριμμένῃ, καὶ πνεύματι ταπεινώσεως προσδεχθείημεν.

Ὡς ἐν ὁλοκαυτώμασι κριῶν καὶ ταύρων, καὶ ὡς ἐν μυριάσιν ἀρνῶν πιόνων, οὕτω γενέσθω ἡ θυσία ἡμῶν εὐπρόσδεκτος ἐνώπιόν Σου σήμερον, καὶ ἐκτελείσθω ὄπισθέν Σου· ὅτι οὐκ ἔστιν αἰσχύνη τοῖς πεποιθόσιν ἐπὶ Σέ.

Καὶ νῦν ἐξακολουθοῦμεν ἐν ὅλῃ καρδίᾳ, καὶ φοβούμεθά Σε, καὶ ζητοῦμεν τὸ πρόσωπόν Σου· μὴ καταισχύνῃς ἡμᾶς.

Ἀλλὰ ποίησον μεθ' ἡμῶν κατὰ τὴν ἐπιείκειάν Σου, καὶ κατὰ τὸ πλῆθος τοῦ ἐλέους Σου.

Ἐξελοῦ ἡμᾶς κατὰ τὰ θαυμάσιά Σου, καὶ δὸς δόξαν τῷ ὀνόματί Σου, Κύριε.

Καὶ ἐντραπείησαν πάντες οἱ ἐνδεικνύμενοι τοῖς δούλοις Σου κακά, καὶ καταισχυνθείησαν ἀπὸ πάσης δυναστείας, καὶ ἡ ἰσχὺς αὐτῶν συντριβείη.

Καὶ γνώτωσαν, ὅτι Σὺ εἶ Κύριος, Θεὸς μόνος, καὶ ἔνδοξος ἐφ' ὅλην τὴν οἰκουμένην.

Καὶ οὐ διέλιπον οἱ ἐμβαλόντες αὐτοὺς ὑπηρέται τοῦ Βασιλέως καίοντες τὴν κάμινον νάφθῃ, καὶ πίσσῃ, καὶ στυππίῳ, καὶ κληματίδι.

Καὶ διεχεῖτο ἡ φλὸξ ἐπάνω τῆς καμίνου ἐπὶ πήχεις τεσσαράκοντα ἐννέα· καὶ διώδευσε, καὶ ἐνεπύρισεν, οὓς εὗρε περὶ τὴν κάμινον τῶν Χαλδαίων.

Ὁ δὲ Ἄγγελος Κυρίου συγκατέβη ἅμα τοῖς περὶ τὸν Ἀζαρίαν εἰς τὴν κάμινον, καὶ ἐξετίναξε τὴν φλόγα τοῦ πυρὸς ἐκ τῆς καμίνου.

Καὶ ἐποίησε τὸ μέσον τῆς καμίνου, ὡς πνεῦμα δρόσου διασυρίζον· καὶ οὐχ ἥψατο αὐτῶν τὸ καθόλου τὸ πῦρ, οὐδὲ ἐλύπησεν, οὐδὲ παρηνώχλησεν αὐτούς.

Τότε οἱ Τρεῖς, ὡς ἐξ ἑνὸς στόματος, ὕμνουν, καὶ εὐλόγουν, καὶ ἐδόξαζον τὸν Θεὸν ἐν τῇ καμίνῳ, λέγοντες·

Ἡ τῶν τριῶν ὕμνησις, ἣν ᾖδον Νέοι.

Εἰς στίχους η΄.

Εὐλογητὸς εἶ, Κύριε ὁ Θεὸς τῶν Πατέρων ἡμῶν, καὶ ὑπερύμνητος καὶ ὑπερυψούμενος εἰς τοὺς αἰῶνας.

Καὶ εὐλογημένον τὸ ὄνομα τῆς δόξης Σου τὸ ἅγιον, τὸ ὑπερύμνητον καὶ ὑπερυψούμενον εἰς τοὺς αἰῶνας.

Εἰς στίχους ϛ΄.

Εὐλογημένος εἶ ἐν τῷ ναῷ τῆς ἁγίας δόξης Σου, ὁ ὑπερύμνητος καὶ ὑπερυψούμενος εἰς τοὺς αἰῶνας.

Εὐλογημένος εἶ ὁ βλέπων ἀβύσσους, ὁ καθήμενος ἐπὶ τῶν Χερουβείμ, ὁ ὑπερύμνητος καὶ ὑπερυψούμενος εἰς τοὺς αἰῶνας.

Εἰς στίχους δ΄.

Εὐλογημένος εἶ ὁ ἐπὶ θρόνου δόξης τῆς Βασιλείας Σου, ὁ ὑπερύμνητος καὶ ὑπερυψούμενος εἰς τοὺς αἰῶνας.

Εὐλογημένος εἶ ἐν τῷ στερεώματι τοῦ οὐρανοῦ, ὁ ὑπερύμνητος καὶ ὑπερυψούμενος εἰς τοὺς αἰῶνας.

Δόξα. Καὶ νῦν.

Ὠδὴ Ὀγδόη.

Προσευχὴ τῶν Ἁγίων Τριῶν Παίδων.
Τὸν Δεσπότην ὕμνησον ἡ κτιστῶν φύσις.

Εἰς στίχους ιδ΄.

Ὁ Εἱρμός τοῦ α΄ κανόνος.

Εἶτα τροπάριον τοῦ κανόνος (ἄνευ στίχου).

Εἰς στίχους ιβ΄.[183]

Τὸν Κύριον ὑμνεῖτε τὰ ἔργα, καὶ ὑπερυψοῦτε εἰς πάντας τοὺς αἰῶνας.[184]

Εὐλογεῖτε, πάντα τὰ ἔργα Κυρίου, τὸν Κύριον· ὑμνεῖτε καὶ ὑπερυψοῦτε Αὐτὸν εἰς τοὺς αἰῶνας.

Εὐλογεῖτε, Ἄγγελοι Κυρίου, οὐρανοὶ Κυρίου, τὸν Κύριον· ὑμνεῖτε καὶ ὑπερυψοῦτε Αὐτὸν εἰς τοὺς αἰῶνας.

Εἰς στίχους ι΄.

Εὐλογεῖτε ὕδατα πάντα τὰ ὑπεράνω τῶν οὐρανῶν, πᾶσαι αἱ Δυνάμεις Κυρίου, τὸν Κύριον· ὑμνεῖτε καὶ ὑπερυψοῦτε Αὐτὸν εἰς τοὺς αἰῶνας.

Εὐλογεῖτε, ἥλιος καὶ σελήνη, ἄστρα τοῦ οὐρανοῦ, τὸν Κύριον· ὑμνεῖτε καὶ ὑπερυψοῦτε Αὐτὸν εἰς τοὺς αἰῶνας.

Εὐλογεῖτε, πᾶς ὄμβρος καὶ δρόσος, πάντα τὰ πνεύματα, τὸν Κύριον· ὑμνεῖτε καὶ ὑπερυψοῦτε Αὐτὸν εἰς τοὺς αἰῶνας.

Εὐλογεῖτε, πῦρ καὶ καῦμα, ψῦχος καὶ καύσων, τὸν Κύριον· ὑμνεῖτε καὶ ὑπερυψοῦτε Αὐτὸν εἰς τοὺς αἰῶνας.

Εὐλογεῖτε, δρόσοι καὶ νιφετοί, πάγοι καὶ ψῦχος, τὸν Κύριον· ὑμνεῖτε καὶ ὑπερυψοῦτε Αὐτὸν εἰς τοὺς αἰῶνας.

Εὐλογεῖτε, πάχναι καὶ χιόνες, ἀστραπαὶ καὶ νεφέλαι, τὸν Κύριον· ὑμνεῖτε καὶ ὑπερυψοῦτε Αὐτὸν εἰς τοὺς αἰῶνας.

Εὐλογεῖτε, φῶς καὶ σκότος, νύκτες καὶ ἡμέραι, τὸν Κύριον· ὑμνεῖτε καὶ ὑπερυψοῦτε Αὐτὸν εἰς τοὺς αἰῶνας.

Εὐλογεῖτε, γῆ, ὄρη καὶ βουνοί, καὶ πάντα τὰ φυόμενα ἐν αὐτῇ, τὸν Κύριον· ὑμνεῖτε καὶ ὑπερυψοῦτε Αὐτὸν εἰς τοὺς αἰῶνας.

Εὐλογεῖτε, πηγαί, θάλασσα, καὶ ποταμοί, κήτη καὶ πάντα τὰ κινούμενα ἐν τοῖς ὕδασι, τὸν Κύριον· ὑμνεῖτε καὶ ὑπερυψοῦτε Αὐτὸν εἰς τοὺς αἰῶνας.

Εἰς στίχους η΄.

Εὐλογεῖτε, πάντα τὰ πετεινὰ τοῦ οὐρανοῦ, τὰ θηρία καὶ πάντα τὰ κτήνη, τὸν Κύριον· ὑμνεῖτε καὶ ὑπερυψοῦτε Αὐτὸν εἰς τοὺς αἰῶνας.

Εὐλογεῖτε, υἱοὶ τῶν ἀνθρώπων, εὐλογείτω Ἰσραήλ, τὸν Κύριον· ὑμνεῖτε καὶ ὑπερυψοῦτε Αὐτὸν εἰς τοὺς αἰῶνας.

Εἰς στίχους ς΄.

Εὐλογεῖτε, ἱερεῖς Κυρίου, δοῦλοι Κυρίου, τὸν Κύριον· ὑμνεῖτε καὶ ὑπερυψοῦτε Αὐτὸν εἰς τοὺς αἰῶνας.

Εὐλογεῖτε, πνεύματα καὶ ψυχαὶ Δικαίων, ὅσιοι καὶ ταπεινοὶ τῇ καρδίᾳ, τὸν Κύριον· ὑμνεῖτε καὶ ὑπερυψοῦτε Αὐτὸν εἰς τοὺς αἰῶνας.

Εἰς στίχους δ΄.

Εὐλογεῖτε, Ἀνανία, Ἀζαρία καὶ Μισαήλ, τὸν Κύριον· ὑμνεῖτε καὶ ὑπερυψοῦτε Αὐτὸν εἰς τοὺς αἰῶνας.

Εὐλογεῖτε, Ἀπόστολοι, Προφῆται καὶ Μάρτυρες Κυρίου, τὸν Κύριον· ὑμνεῖτε καὶ ὑπερυψοῦτε Αὐτὸν εἰς τοὺς αἰῶνας.

Εὐλογοῦμεν Πατέρα, Υἱόν καὶ Ἅγιον Πνεῦμα, τὸν Κύριον· ὑμνοῦμεν καὶ ὑπερυψοῦμεν Αὐτὸν εἰς τοὺς αἰῶνας.

Καὶ νῦν.

Αἰνοῦμεν, εὐλογοῦμεν, καὶ προσκυνοῦμεν τὸν Κύριον, ὑμνοῦντες καὶ ὑπερυψοῦντες Αὐτὸν εἰς τοὺς αἰῶνας.

Ὠδὴ Ἐνάτη.

Ὠδὴ τῆς Θεοτόκου (Λουκᾶ α΄ 46-55).
Τὸν Υἱὸν ὑμνεῖ καὶ Θεὸν Μήτηρ Κόρη.

Τὴν Θεοτόκον ἐν ὕμνοις μεγαλύνομεν[186]

Μεγαλύνει ἡ ψυχή μου τὸν Κύριον, καὶ ἠγαλλίασε τὸ πνεῦμά μου ἐπὶ τῷ Θεῷ τῷ σωτῆρί μου.

Ὅτι ἐπέβλεψεν ἐπὶ τὴν ταπείνωσιν τῆς δούλης Αὐτοῦ· ἰδού γὰρ ἀπὸ τοῦ νῦν μακαριοῦσί με πᾶσαι αἱ γενεαί.

Ὅτι ἐποίησέ μοι μεγαλεῖα ὁ δυνατός, καὶ ἅγιον τὸ ὄνομα Αὐτοῦ· καί τὸ ἔλεος Αὐτοῦ εἰς γενεὰν καὶ γενεὰν τοῖς φοβουμένοις Αὐτόν.

---

[186] Ἡ ἐνάτη Ὠδή τῆς Θεοτόκου, ψάλλεται εἰς τὴν «Τιμιωτέραν». Μετὰ τὸ τέλος τῆς «Τιμιωτέρας», ἐὰν ψάλλουμε τὴν θ΄ ᾠδὴν τῶν κανόνων καὶ βάλλουμε στίχους ἀπὸ τὶς βιβλικὲς Ὠδές, τότε συνεχίζουμε μὲ τὴν Προσευχὴ Ζαχαρίου.

Ἐποίησε κράτος ἐν βραχίονι Αὐτοῦ, διεσκόρπισεν ὑπερηφάνους διανοίᾳ καρδίας αὐτῶν.

Καθεῖλε δυνάστας ἀπὸ θρόνων, καὶ ὕψωσε ταπεινούς· πεινῶντας ἐνέπλησεν ἀγαθῶν, καὶ πλουτοῦντας ἐξαπέστειλε κενούς.

Ἀντελάβετο Ἰσραὴλ παιδὸς Αὐτοῦ, μνησθῆναι ἐλέους, καθὼς ἐλάλησε πρὸς τοὺς Πατέρας ἡμῶν, τῷ Ἀβραάμ, καὶ τῷ σπέρματι αὐτοῦ ἕως αἰῶνος.

(συνέχεια Ὠδῆς Ἐνάτης)

Προσευχὴ Ζαχαρίου,
τοῦ Πατρὸς τοῦ Προδρόμου (Λουκᾶ α΄ 68-79).

Εἰς στίχους ιδ΄.

Ὁ Εἱρμός τοῦ α΄ κανόνος.

Εἶτα τροπάριον τοῦ κανόνος (ἄνευ στίχου).

Εἰς στίχους ιβ΄.[183]

Ὁ Ζαχαρίας εὐλογεῖ παιδὸς τόκον.[184]

Εὐλογητὸς Κύριος, ὁ Θεὸς τοῦ Ἰσραήλ, ὅτι ἐπεσκέψατο, καὶ ἐποίησε λύτρωσιν τῷ λαῷ αὐτοῦ. Καὶ ἤγειρε κέρας σωτηρίας ἡμῖν, ἐν τῷ οἴκῳ Δαυὶδ τοῦ παιδὸς Αὐτοῦ.

Καθὼς ἐλάλησε διὰ στόματος τῶν ἁγίων, τῶν ἀπ᾽ αἰῶνος Προφητῶν Αὐτοῦ.

Εἰς στίχους ι΄.

Σωτηρίαν ἐξ ἐχθρῶν ἡμῶν, καὶ ἐκ χειρὸς πάντων τῶν μισούντων ἡμᾶς.

Ποιῆσαι ἔλεος μετὰ τῶν Πατέρων ἡμῶν, καὶ μνησθῆναι διαθήκης ἁγίας Αὐτοῦ.

Εἰς στίχους η΄.

Ὅρκον, ὃν ὤμοσε πρὸς Ἀβραὰμ τὸν πατέρα ἡμῶν, τοῦ δοῦναι ἡμῖν ἀφόβως ἐκ χειρὸς τῶν ἐχθρῶν ἡμῶν ῥυσθέντας.

Λατρεύειν Αὐτῷ ἐν ὁσιότητι καὶ δικαιοσύνῃ ἐνώπιον Αὐτοῦ, πάσας τὰς ἡμέρας τῆς ζωῆς ἡμῶν.

Εἰς στίχους ς΄.

Καὶ σύ, παιδίον, Προφήτης Ὑψίστου κληθήσῃ· προπορεύσῃ γὰρ πρὸ προσώπου Κυρίου ἑτοιμάσαι ὁδοὺς Αὐτοῦ.

Τοῦ δοῦναι γνῶσιν σωτηρίας τῷ λαῷ Αὐτοῦ, ἐν ἀφέσει ἁμαρτιῶν αὐτῶν, διὰ σπλάγχνα ἐλέους Θεοῦ ἡμῶν.

Εἰς στίχους δ΄.

Ἐν οἷς ἐπεσκέψατο ἡμᾶς Ἀνατολὴ ἐξ ὕψους, ἐπιφᾶναι τοῖς ἐν σκότει, καὶ σκιᾷ θανάτου καθημένοις.

Τοῦ κατευθῦναι τοὺς πόδας ἡμῶν εἰς ὁδὸν εἰρήνης.

Δόξα. Καὶ νῦν.

Ἅγιος Ἰωάννης ὁ Χρυσόστομος

«Εὔξασθαι μὲν γὰρ καὶ ἐπὶ τῆς οἰκίας δυνατόν, οὕτω δὲ εὔξασθαι ὡς ἐπὶ τῆς Ἐκκλησίας ἀδύνατον, ὅπου Πατέρων πλῆθος τοσοῦτον, ὅπου βοὴ πρὸς τὸν Θεὸν ὁμοθυμαδὸν ἀναπέμπεται. Οὐχ οὕτως εἰσακούῃ κατὰ σαυτὸν τὸν Δεσπότην παρακαλῶν, ὡς μετὰ τῶν ἀδελφῶν τῶν σῶν. Ἐνταῦθα γὰρ ἐστί τι πλέον, οἷον ἡ ὁμόνοια καὶ ἡ συμφωνία, καὶ τῆς ἀγάπης ὁ σύνδεσμος, καὶ αἱ τῶν ἱερέων εὐχαί. Διὰ γὰρ τοῦτο οἱ ἱερεῖς προεστήκασιν, ἵνα αἱ τοῦ πλήθους εὐχαὶ ἀσθενέστεραι οὖσαι, τῶν δυνατωτέρων τούτων ἐπιλαβόμεναι, ὁμοῦ συνανέλθωσιν αὐταῖς εἰς τὸν οὐρανόν»

PG 48,725

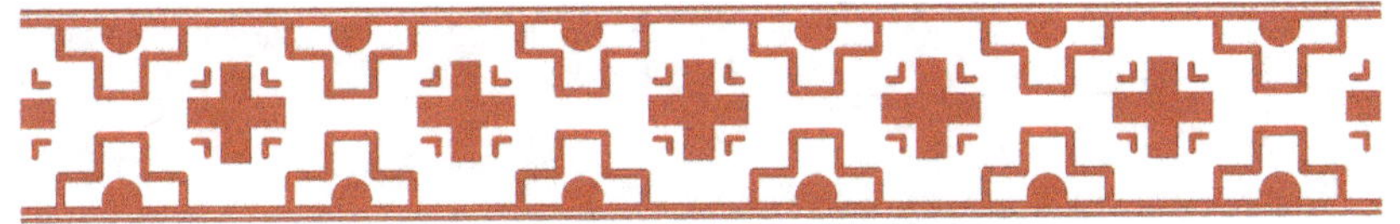

Ἐκφωνήσεις Ἱερέων

Ἡ ἑνότητα αὕτη ἀφορᾶ ὅλες τὶς τυπικὲς περιπτώσεις τοῦ βιβλίου, μετὰ τὸν Ἑξάψαλμον.

Ὅτι πρέπει Σοι πᾶσα δόξα, τιμὴ καὶ προσκύνησις, τῷ Πατρὶ καὶ τῷ Υἱῷ καὶ τῷ Ἁγίῳ Πνεύματι, νῦν καὶ ἀεὶ καὶ εἰς τοὺς αἰῶνας τῶν αἰώνων.

Ὅτι Σὸν τὸ κράτος, καὶ Σοῦ ἐστιν ἡ βασιλεία, καὶ ἡ δύναμις καὶ ἡ δόξα, τοῦ Πατρὸς καὶ τοῦ Υἱοῦ καὶ τοῦ Ἁγίου Πνεύματος, νῦν καὶ ἀεὶ καὶ εἰς τοὺς αἰῶνας τῶν αἰώνων.

Ὅτι ἀγαθὸς καὶ φιλάνθρωπος Θεὸς ὑπάρχεις καὶ Σοὶ τὴν δόξαν ἀναπέμπομεν, τῷ Πατρὶ καὶ τῷ Υἱῷ καὶ τῷ Ἁγίῳ Πνεύματι, νῦν καὶ ἀεὶ καὶ εἰς τοὺς αἰῶνας τῶν αἰώνων.

Ὅτι ηὐλόγηταί Σου τὸ ὄνομα, καὶ δεδόξασταί Σου ἡ Βασιλεία, τοῦ Πατρὸς καὶ τοῦ Υἱοῦ καὶ τοῦ Ἁγίου Πνεύματος, νῦν καὶ ἀεὶ καὶ εἰς τοὺς αἰῶνας τῶν αἰώνων.

Ἐὰν εἶναι Σάββατον μὲ Ἀλληλούια, μετὰ τὰ Καθίσματα, καὶ τὰ Νεκρώσιμα Εὐλογητάρια·

Ἡ Δέησις ὑπὲρ τῶν Κεκοιμημένων (ὑπὲρ ἀναπαύσεως πάντων τῶν ἐπ᾽ ἐλπίδι ἀναστάσεως ζωῆς αἰωνίου κεκοιμημένων εὐσεβῶς ὀρθοδόξων χριστιανῶν,...), καὶ μετὰ τὴν εὐχήν, **Ὁ Θεὸς τῶν πνευμάτων καὶ πάσης σαρκός...**, τὴν ἐκφώνησιν·

Ὅτι Σὺ εἶ ἡ ἀνάστασις ἡ ζωὴ καὶ ἡ ἀνάπαυσις τῶν κεκοιμημένων δούλων Σου, Χριστὲ ὁ Θεὸς ἡμῶν, καὶ Σοὶ τὴν δόξαν ἀναπέμπομεν, σὺν τῷ ἀνάρχῳ Σου Πατρὶ καὶ τῷ παναγίῳ καὶ ἀγαθῷ καὶ ζωοποιῷ Σου Πνεύματι, νῦν καὶ ἀεὶ καὶ εἰς τοὺς αἰῶνας τῶν αἰώνων.

Ἐὰν τύχει ἐντὸς Μ. Τεσ/κοστῆς, μετὰ τὸν Ν΄ Ψαλμόν·
Σῶσον, ὁ Θεός, τὸν λαόν Σου...
Καὶ μετὰ τὰ ιβ΄ Κύριε ἐλέησον·
Ἐλέει καὶ οἰκτιρμοῖς...

Μετὰ τὸν Εἱρμὸν τῆς γ΄ ᾠδῆς, ἡ μικρὰ Συναπτή (ἡ Αἴτησις), μὲ ἐκφώνησιν·

Ὅτι Σὺ εἶ ὁ Θεὸς ἡμῶν, καὶ Σοὶ τὴν δόξαν ἀναπέμπομεν, τῷ Πατρὶ καὶ τῷ Υἱῷ καὶ τῷ Ἁγίῳ Πνεύματι, νῦν καὶ ἀεὶ καὶ εἰς τοὺς αἰῶνας τῶν αἰώνων.

Μετὰ τὸν Εἱρμὸν τῆς στ΄ ᾠδῆς, ἡ μικρὰ Συναπτή (ἡ Αἴτησις), μὲ ἐκφώνησιν·

Σὺ γὰρ εἶ ὁ Βασιλεὺς τῆς εἰρήνης, καὶ Σωτὴρ τῶν ψυχῶν ἡμῶν, καὶ Σοὶ τὴν δόξαν ἀναπέμπομεν, τῷ Πατρὶ καὶ τῷ Υἱῷ καὶ τῷ Ἁγίῳ Πνεύματι, νῦν καὶ ἀεὶ καὶ εἰς τοὺς αἰῶνας τῶν αἰώνων.

Μετὰ τὸν Εἱρμὸν τῆς η΄ ᾠδῆς (μετὰ τοῦ «Αἰνοῦμεν, εὐλογοῦμεν, ...»)·

Τὴν Θεοτόκον καὶ Μητέρα τοῦ Φωτός, ἐν ὕμνοις τιμῶντες, μεγαλύνωμεν.

Μετὰ τὸν Εἱρμὸν τῆς θ΄ ᾠδῆς καὶ τὸ σύντομον Ἄξιόν ἐστιν, ἡ μικρὰ Συναπτή (ἡ Αἴτησις), μὲ ἐκφώνησιν·

Ὅτι Σὲ αἰνοῦσι πᾶσαι αἱ Δυνάμεις τῶν οὐρανῶν, καὶ Σοὶ τὴν δόξαν ἀναπέμπομεν[96]**, τῷ Πατρὶ καὶ τῷ Υἱῷ καὶ τῷ Ἁγίῳ Πνεύματι, νῦν καὶ ἀεὶ καὶ εἰς τοὺς αἰῶνας τῶν αἰώνων.**

Μετὰ τὴν ἀνάγνωσιν τῆς Μικρᾶς Δοξολογίας, ἡ Δέησις (τὰ Πληρωτικά), μὲ ἐκφώνησιν·

Σὸν γάρ ἐστι τὸ ἐλεεῖν καὶ σῴζειν ἡμᾶς, ὁ Θεὸς ἡμῶν, καὶ Σοὶ τὴν δόξαν ἀναπέμπομεν, τῷ Πατρὶ καὶ τῷ Υἱῷ καὶ τῷ Ἁγίῳ Πνεύματι, νῦν καὶ ἀεὶ καὶ εἰς τοὺς αἰῶνας τῶν αἰώνων.

Μετὰ τὰ Δοξαστικὰ τῶν Ἀποστίχων τῶν Αἴνων·

Ἀγαθὸν τὸ ἐξομολογεῖσθαι τῷ Κυρίῳ καὶ ψάλλειν τῷ ὀνόματί Σου, Ὕψιστε· τοῦ ἀναγγέλειν τὸ πρωῒ τὸ ἔλεός Σου καὶ τὴν ἀλήθειάν Σου κατὰ νύκτα.

Τὸν δακτύλοις γράψαντα ταύτην τὴν βίβλον
γράψον Κύριε, ἐπὶ τῆς ζώντων βίβλου.

Δόξα τῷ Θεῷ πάντων ἕνεκεν

ΕΚΔΟΘΕΝΤΑ ΒΙΒΛΙΑ ΤΟΥ ΣΥΓΓΡΑΦΕΩΣ

Δόξα τῷ Θεῷ πάντων ἕνεκεν

ΤΥΠΙΚΟΝ ΟΡΘΡΟΥ ΕΝΟΡΙΩΝ, α΄ ἐκδ. Ἄθως, 2008, ISBN 978-960-6677-37-3.

Ἐπειδὴ διαπιστώσαμε (ἐκ τῶν πρώτων μας χρόνων εἰς τὸ Ἀναλόγιον) ὅτι ὑπάρχουν δυσκολίες καταρτίσεως τῆς Τάξεως τῆς Ἀκολουθίας εἰς περιπτώσεις ποὺ τὸ Τυπικὸν δὲν ἀφιερώνει περισσότερες ἀπὸ δύο-τρεῖς γραμμές, θεωρήσαμε καλὸν τὴν συγγραφὴν ἑνὸς βιβλίου Τυπικοῦ, ποὺ νὰ παρουσιάζῃ μεθοδικῶς τὴν Τάξιν (ὥστε νὰ χρησιμοποιεῖται καὶ ὡς σχολικὸ βοήθημα γιὰ τὴν τάξη τοῦ Τυπικοῦ), ἀναλελυμένη συνάμα δὲ καὶ ἁπλουστευμένη γιὰ ὅλας τὰς περιπτώσεις (καὶ εἰδικὰ γιὰ τὰς καθημερινὰς καὶ τὰ προεόρτια/μεθέορτα).

ΤΥΠΙΚΟΝ ΕΝΟΡΙΩΝ Τόμος Α΄ – Ὄρθρος καθημερινῶν ἐὰν τύχει Ἅγιος μὴ ἑορταζόμενος, γ΄ ἔκδοσις[187], 2022, ISBN 978-618-84650-4-6.

ΤΥΠΙΚΟΝ ΕΝΟΡΙΩΝ Τόμος Β΄ – Ὄρθρος καθημερινῶν ἐὰν τύχει Ἅγιος ἑορταζόμενος, β΄ ἔκδοσις, 2022, ISBN 978-618-84650-1-5.

Πρόκειται περὶ τυπικοεγκολπίων, καθότι συνδυάζουν τυπικὸν καὶ ἐγκόλπιον μαζί. Ἀκολουθοῦν τὴν ῥοὴ τῆς ἀκολουθίας ἀναλυτικὰ καὶ διεξοδικά. Τὰ βιβλία αὐτὰ εἶναι γενικά, ἰσχύουν γιὰ ὅλα τὰ χρόνια, δὲν δεσμεύονται εἰς ἕνα συγκεκριμένο ἔτος. Μὲ τὴν σειρὰ «Τυπικὸν Ἐνοριῶν», κάλλιστα καὶ εὔκολα δύναται ἕνας ἱεροψάλτης, χρησιμοποιώντας ὁποιαδήποτε φυλλάδα, ἂν χρειαστεῖ, νὰ τὴν μετατρέψει σὲ ἡμιεορτάσιμη (ἢ καὶ μὴ ἑορτάσιμη) Ἀκολουθία, ὥστε νὰ ψαλλεῖ καὶ ἡ Παρακλητική, ἁπλὰ ἀκολουθῶντας τὴν ἀντίστοιχη τυπικὴν διάταξιν.

---

[187] http://analogion.gr/typikon/enorion

Ο ΓΕΡΩΝ ΕΥΔΟΚΙΜΟΣ ΜΟΝΑΣΤΕΡΛΗΣ, δ´ ἔκδοσις[188], 2022, ISBN: 978-618-84650-2-2.

Ὁ γέροντάς μας, ὁ Εὐδόκιμος, ὑπῆρξε ἀπὸ τοὺς μεγάλους γέροντες τῆς ἐποχῆς μας, ἄκρα ταπεινός, φιλόχριστος, Θεοτοκόφιλος, φιλάγιος, φιλακόλουθος, θεράπων τῆς νοερᾶς προσευχῆς, ἐκτελῶν καθημερινῶς τὶς ἱερὲς Ἀκολουθίες τῆς Ἐκκλησίας μας (στὸν ἱερὸ Ναό), Ἑσπερινό, Ὄρθρο, καὶ τὴν Θεία Λειτουργία. Ἦταν ἐμπειρώτατος γνώστης τοῦ ἀοράτου πολέμου, καὶ ἀπλανῆς πνευματικὸς καὶ ὁδηγὸς εἰς τὸ θέλημα τοῦ Κυρίου ἡμῶν Ἰησοῦ Χριστοῦ, τόσο τῶν λαϊκῶν ὅσο καὶ τῶν μοναχῶν. Ἀδικημένος ἀπὸ τὸν διάβολο ποὺ τοῦ στέρησε ἀπὸ δεκατριῶν ἐτῶν τὸ πόδι καὶ τὸ μάτι, καὶ συκοφαντημένος ἀπὸ ἀνθρώπους. Ἔχοντας πλούσια τὴν χάρη τοῦ Θεοῦ στὰ λόγια του, καὶ στὰ ἔργα του. Αὐστηρός, μὲ ὑπέρμετρη ἀγάπη. Ἐξομολογοῦσε μὲ τὶς ὧρες, καὶ ἦταν τόσο φιλόξενος ποὺ τὸ μοναστῆρι εἶχε ἕνα πιάτο φαγητὸ γιὰ κάθε ἐπισκέπτη. Μὲ τὴν χάρη τοῦ Θεοῦ, σὲ ἔβλεπε ἀκόμη καὶ ἀπὸ ὑπερωκεάνια ἀπόσταση, διεγνώριζε ἀπὸ τὶ ἀσθένεια πάσχεις (πρὶν πᾶς ἀκόμη στὸν γιατρό), θαυματουργοῦσε, προέβλεπε, καὶ διέβλεπε, καὶ στήριζε χιλιάδες ψυχὲς στὸν δρόμο τοῦ Θεοῦ.

ΕΦΑΡΜΟΓΕC ΤΟΥ ΙΔΙΟΥ

Δόξα τῷ Θεῷ πάντων ἕνεκεν

Η ΚΑΙΝΗ ΔΙΑΘΗΚΗ σύμφωνη μὲ τὴν ἔκδοση 1904 τοῦ Οἰκουμενικοῦ Πατριαρχείου, γιὰ Android, 2014 - .[189]

Η ΚΑΙΝΗ ΔΙΑΘΗΚΗ σύμφωνη μὲ τὴν ἔκδοση 1904 τοῦ Οἰκουμενικοῦ Πατριαρχείου, γιὰ Windows ὑπολογιστή/ταμπλέτα, 2014 - .[190]

ΠΡΟΣΕΥΧΗΤΑΡΙΟΝ, γιὰ iOS, 2011 - .[191]

---

[188] http://analogion.gr/gerontas-evdokimos
[189] https://play.google.com/store/apps/details?id=gr.psaltiki.nt
[190] https://www.microsoft.com/el-gr/p/Η-ΚΑΙΝΗ-ΔΙΑΘΗΚΗ/9wzdncrdxr8q
[191] https://apps.apple.com/gr/app/id1261473057 ,
[παλαιότερες, μὴ διαθέσιμες πλέον, ἐκδόσεις:

ΠΡΟΣΕΥΧΗΤΑΡΙΟΝ, *Windows ὑπολογιστή/ταμπλέτα*, *2014-2021.*[192]

ΠΡΟΣΕΥΧΗΤΑΡΙΟΝ, *γιά Windows Phone*, *2012-2019*[193]

CTOIXEIȜ EKΔOCEΩN

Ἔκδοσις 3η: Ἀθήνα, Ὀκτώβριος ͵βκβʹ (2022), ἐκδ. ΠΔΠαπαδημητρίου, ISBN: 978-618-84650-4-6. Ἡ τιμὴ τῆς ἔκδοσης (τιμὴ καταλόγου, list price) ὁρίζεται ἀπὸ τὸν συγγραφέα ἔτσι ὥστε νὰ μὴ λαμβάνει μερίδιο ἀπὸ τὶς πωλήσεις τοῦ βιβλίου. —*Ἔκδοσις 2α*: Ἀθήνα, 2019, ἐκδ. ΠΔΠαπαδημητρίου, ISBN: 978-618-84650-0-8. Ἐκτυπώθηκε α/μ μὲ ἔξοδα τοῦ συγγραφέως σὲ 100 ἀντίτυπα ποὺ διετέθησαν δωρεὰν ἀπὸ τὸν συγγραφέα. Ἡ ἔκδοσις ἐπίσης διετέθη δωρεὰν σὲ εἰκονο-pdf. —*Ἔκδοσις 1η*: Ἀθήνα ͵βιζʹ (2017), ἐκδ. Νεκτ. Δ. Παναγόπουλος, ISBN: 978-960-8034-63-1.

Δόξα τῷ Θεῷ πάντων ἕνεκεν

Τέλος, καὶ
τῷ Ἁγίῳ Θεῷ ἡμῶν,
τῷ Πατρὶ καὶ τῷ Υἱῷ καὶ τῷ Ἁγίῳ
Πνεύματι, τιμή, δόξα, κράτος,
εἰς τοὺς αἰῶνας.
Ἀμήν.

---

https://apps.apple.com/gr/app/id430759209 ,
https://apps.apple.com/gr/app/id604146485]
[192] Μὴ διαθέσιμο πλέον· http://microsoft.com/el-gr/p/Προσευχητάριον/9wzdncrdxr8t
[193] Μὴ διαθέσιμο πλέον· http://www.windowsphone.com/el-GR/apps/e5a4b990-fbd2-4e39-8cca-ac3025bb84b3

www.ingramcontent.com/pod-product-compliance
Lightning Source LLC
LaVergne TN
LVHW010454200726
843506LV00002B/104